谷口弘一・福岡欣治【編著】

対人関係と
適応の心理学

ストレス対処の理論と実践

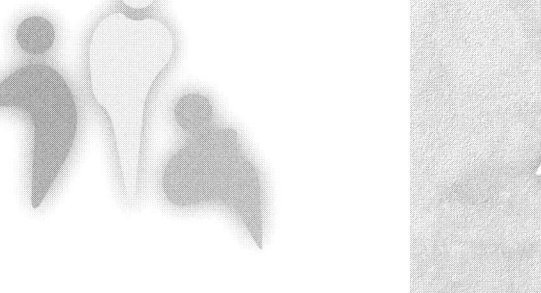

北大路書房

・JCOPY 〈(社)出版者著作権管理機構 委託出版物〉
本書の無断複写は著作権法上での例外を除き禁じられています。
複写される場合は，そのつど事前に，(社)出版者著作権管理機構
(電話 03-5244-5088, FAX 03-5244-5089, e-mail: info@jcopy.or.jp)
の許諾を得てください。

まえがき

　対人関係には，何か困ったときに助けてもらうことができるという良い面（ポジティブな側面）と，意見がぶつかりあって対立や衝突をしてしまうという悪い面（ネガティブな側面）の2つの側面がある。これら2つの側面は，いずれも個人の精神的健康や適応に対して大きな影響力をもっている。また，対人関係の中で自分自身をどのようにとらえ，相手にどのように伝えるかといういうことも，その人の精神的健康や適応を維持するうえでは無視することのできない重要な問題である。

　心理学では，これまでこうした問題については，ソーシャル・サポート（social support），対人ストレス（interpersonal stress），コーピング（coping），自己概念（self-concept），自己開示（self-disclosure）といった複数の研究テーマのもとで，精力的な検討が行われてきた。ソーシャル・サポート研究は対人関係のポジティブな側面，対人ストレスやコーピング研究は対人関係のネガティブな側面，自己概念や自己開示研究は対人関係における自己の問題について，それぞれ数多くの研究知見を蓄積してきている。

　本書は，従来，別々の領域で検討されることが多かった対人関係のポジティブな側面，ネガティブな側面，そして対人関係における自己の問題を同時に取り扱い，それらが個人の精神的健康や適応とどのようにかかわり合っているかについて解説を行うものである。1章では，対人関係のポジティブな側面とネガティブな側面が具体的にどのように定義され，どのような機能をもっているかについて解説を行っている。続く2章および3章では，対人ストレスやその他のさまざまなストレスに対してどのように対処をすれば精神的健康や適応を維持できるかについて，これまでの研究知見や理論の紹介をもとに幅広い観点から検討を行っている。4章および5章では，対人関係の中の自己に焦点を当て，自分に対するイメージ（自己概念）それ自体や自己に関する情報を開示・抑制することが個人の精神的健康や適応に対してどのような影響を与えているかについて解説を行っている。さらに7章および8章では，対人関係のポジティブな側面であるソーシャル・サポートについて詳細に言及している。

　本書のもう一つの目的は，対人関係に起因する問題の解決やストレス状態の改善を目的とした様々な介入例や実践例を紹介し，効果的なストレスマネジメントについて提言を行うことである。6章および9章では，児童・生徒を対象にしたストレスマネジメントを，そして最終章の10章では，職場におけるストレスマネジメントを取り上げている。

本書は，心理学や健康科学などを専攻する学部学生・大学院生や研究者の方，ならびに，対人関係やストレスといったトピックに関心をもつ一般読者の方を対象にして書かれたものである。本書を通して，対人関係のポジティブおよびネガティブな側面，対人関係における自己の問題，対人ストレスを含むさまざまなストレスに対する対処過程などについて，理論的かつ実践的な知識が身につくように意図されている。さらに，本書で取り上げた内容に関して興味関心をもち，より深く勉強したいと思われた読者の方は，各章ごとに引用文献を掲載しているので，ぜひ参考にしていただきたい。対人関係で生じるさまざまな問題に対して，適切かつ効果的に対処し精神的健康や適応を維持するうえで，本書が何か一つでも読者のお役に立つことがあれば幸いである。

　最後に，各執筆者の先生方には，編者の無理なお願いを快くお引き受けいただき非常に短期間の間に原稿を仕上げてくださったことに対して，深く感謝を申し上げたい。また，本書の企画を採用していただき，原稿の執筆ならびに編集作業に際して多くのアドバイスをしてくださった北大路書房の奥野浩之氏と北川芳美氏に心より御礼を申し上げる。

2006 年 8 月　　編者を代表して
谷口　弘一

もくじ

まえがき　i

1章 ストレスをもたらす対人関係　1
1節　対人関係の両面性　1
2節　対人感情の観点からみた「ネガティブな対人関係」　3
1. ネガティブ感情を喚起する対人関係とは　3
2. 特定のネガティブ感情を喚起する対人関係　5
3節　さまざまな対人関係における「ネガティブな対人関係」　6
1. 友人関係　6
2. 恋愛関係　8
3. 親子関係　10
4節　「ネガティブな対人関係」をまとめてみると　12
1. 対人ストレスは基本的に2種類ある　12
2. ストレス・プロセスにおける対人ストレス2類型　13
5節　対人ストレス研究の現状と今後　14
1. 対人ストレスは本当に2種類か──対人ストレスイベント尺度による検討　14
2. 対人ストレスの種類の再検討──対人ストレッサー尺度による検討　15
3. おわりに　18

2章 対人ストレスに対するコーピング　19
1節　心理的ストレス過程におけるコーピングの役割　19
1. コーピングとは　19
2. コーピングの種類　20
3. コーピングと精神的健康　21
2節　対人ストレスコーピング　22
1. 対人ストレスコーピングとは　22
2. 対人ストレスコーピングを測定する　24
3. 対人ストレスコーピングの種類　27
3節　対人ストレスコーピングと精神的健康　28
1. 対人ストレス過程における社会的相互作用モデル　28
2. ポジティブ関係コーピング　31
3. ネガティブ関係コーピング　31
4. 解決先送りコーピング　32
4節　さまざまな領域における対人ストレスコーピング研究　33
1. 介護に関する研究　33
2. 夫婦関係に関する研究　34
3. 親子関係に関する研究　35
4. 死別に関する研究　35

iii

5節　対人ストレスコーピングの展開　36
　1　関係焦点型コーピング研究　36
　2　対人ストレスコーピング訓練　37
　3　対人ストレス研究の課題と留意点　38

3章　特性的・状況的コーピングと適応　39

1節　特性的コーピングと状況的コーピングの測定　39
　1　特性的コーピングを扱うのか，状況的コーピングを扱うのか　39
　2　特性的コーピングと状況的コーピングの比較対照を可能にする測定　40
　3　特性的コーピングを扱うのならば，領域を限定するのか否か　41
　4　状況的コーピングを扱うのならば，どのような時間的枠組みを採用するのか　41
　5　ある時点での状況的コーピングは，別の時点での状況的コーピングを予測しうるのか　42
　6　特性的コーピングは状況的コーピングを予測しうるのか　42
　7　さまざまなコーピング測定法とその長所・短所　43
2節　特性的・状況的コーピングと適応に関する研究知見　45
　1　敵意，コーピング，適応の関係　45
　2　大学新入生の適応過程におけるコーピング　46
3節　コーピング研究の臨床実践への応用　50
　1　コーピングの測定は臨床現場でどのように応用することが可能か　50
　2　コーピング研究の知見の臨床応用　51

4章　自己概念と適応　53

1節　はじめに　53
2節　重要他者との相互作用　53
3節　抑うつ的な人の自己確証に関する研究　55
　1　自己確証理論　55
　2　抑うつ的な人の自己確証に関する研究　55
　3　親密な他者との関係における抑うつ的な人の自己確証に関する研究　58
　4　まとめ　59
4節　重要他者に対する再確認傾向に関する研究　60
　1　重要他者に対する再確認傾向　60
　2　重要他者への対人行動との関連　61
　3　重要他者からの拒否との関連　63
　4　抑うつ感情との関連　63
　5　まとめ　64
5節　おわりに　65

5章 開示・抑制と適応　67
- 1節　はじめに　67
- 2節　自己開示と精神的健康――話すことは健康の証？　67
  1. 自己開示の測定方法　68
  2. 自己開示と精神的健康との相関関係　69
  3. ネガティブな内容の開示と抑制　71
  4. 自己開示の最適水準　72
- 3節　会話中の発言抑制と精神的健康　74
  1. 発言抑制行動の分類　75
  2. 発言抑制行動と精神的健康との関連　75
- 4節　外傷体験の開示と心身の健康　77
  1. 外傷体験の開示の効果　78
  2. 健康を促進する開示の条件　79
- 5節　まとめ　82

6章 社会的スキルと適応　83
- 1節　近年の児童生徒の学校不適応問題　83
- 2節　社会的スキル（social skills）とは　83
- 3節　社会的スキル訓練の諸技法　85
- 4節　社会的スキル教育の実際　87
- 5節　社会的スキル訓練の実際　91

7章 ソーシャル・サポート研究の基礎と応用――よりよい対人関係を求めて　97
- 1節　はじめに　97
- 2節　ソーシャル・サポート研究を生み出したもの　98
  1. いくつかの背景要因　98
  2. 地域精神衛生における「ソーシャル・サポート・システム」　99
  3. 対人関係と健康に関する疫学的知見　99
- 3節　ソーシャル・サポートの概念と測定　100
  1. ソーシャル・サポートとは何か　100
  2. ソーシャル・サポートをどう測定するか　102
  3. 概念定義と測定における現状と問題　105
- 4節　ソーシャル・サポートの効果に関するモデル　108
  1. 心理的ストレス理論とソーシャル・サポート　108
  2. ソーシャル・サポートのストレス緩衝効果と直接効果　109
  3. 媒介変数としてのソーシャル・サポート――さまざまな可能性　111
- 5節　ソーシャル・サポートとよりよい対人関係――依存性との関連から　112
  1. 他者依存性研究とソーシャル・サポート研究　112
  2. 他者依存性とソーシャル・サポートの効果　113

3　他者依存性と心理的苦痛の関係に及ぼすソーシャル・サポートの影響　113
　　　4　他者依存性とソーシャル・サポートの関連性が示唆するもの　114
　6節　おわりに　115

8章　ソーシャル・サポートの互恵性と適応──個人内および個人間発達の影響　117
　1節　サポートの互恵性　117
　　　1　衡平理論　117
　　　2　サポートの互恵性と心身の健康　118
　　　3　互恵性の査定方法と査定対象　123
　2節　サポートの互恵性に影響を与える要因　124
　　　1　個人内発達　124
　　　2　個人間発達　130

9章　学校におけるストレスマネジメント　135
　1節　子どもたちの心理的ストレス　135
　2節　学校場面における対人ストレスに介入する意義　137
　3節　子どもたちの学校ストレッサーとコーピング　139
　4節　子どもたちの対人ストレスに対するコーピングスキル　139
　　　1　主張行動スキルに対する介入（行動的技法）　140
　　　2　心理的ストレスが生じるプロセスの知識に対する介入（心理的教育）　143
　　　3　ストレス評価と反応に対する介入（認知的技法，リラクセーション技法）　146
　5節　子どもたちに対するストレスマネジメント総合プログラム　151

10章　職場のストレスマネジメント──対人ストレスを中心に　153
　1節　はじめに　153
　2節　職場における対人関係　153
　　　1　職業性ストレスモデル　153
　　　2　ストレッサー　154
　　　3　ソーシャル・サポート　155
　　　4　職務満足感　157
　3節　職場におけるストレスマネジメント　158
　　　1　考え方と進め方　158
　　　2　積極的傾聴研修による上司サポートの強化　159
　　　3　アサーション訓練によるコミュニケーションスキルの強化──eラーニングによる学習　160
　　　4　グループディスカッションによるサポート知覚の強化　161
　4節　おわりに──効果的なストレスマネジメントに向けて　162

　　　引用・参考文献　165／人名索引　186／事項索引　188

1章
ストレスをもたらす対人関係

❶節 対人関係の両面性

　われわれは日々の生活において，ありとあらゆるストレスフルな状況に直面する。しかしそれでも多くの場合，何とか健康的な生活を維持していけるのは，本人の忍耐や努力，工夫もさることながら，周囲の人々からの支援によるところも大きい。つまり，何らかのトラブルに直面したときに，その問題解決を手助けしてくれたり，愚痴を聞いてくれたりする人がいることによって，われわれはストレスフルな状況を何とか乗り越えていけるのである。このような，「個人の心身の健康を増進・維持する機能を有している対人関係」のことを，心理学ではソーシャル・サポート（social support）と称しており，その効用等について，少なからずの知見が蓄積されている（詳細は本書7章，8章を参照）。

　しかし，だからといって，対人関係は常に有益ですばらしいものである，というのも極論に過ぎるであろう。そもそも，われわれの心身の健康を脅かすような，日々の生活で直面する問題とは，いったい何なのだろうか。この疑問をストレス（stress）という観点から考えれば，これは「人々にとってどのような出来事が，ストレッサー（stressor：ストレスの原因）となるのだろうか」という問いかけになるだろう。そして，その答えの最上位に位置するのもまた，実は対人関係なのである。たとえば，心理社会的ストレス研究において最も著名なストレッサー尺度のひとつである，社会的再適応評価尺度（Holmes & Rahe,1967）で挙げられているイベントの少なからずは，対人関係に関するものである（表1-1）。このような傾向は，その他のさまざまなストレッサー尺度（e.g.,Dohrenwend et al., 1978；Kanner et al., 1981；Sarason et al., 1978）においても共通している。また，小学生（長根，1991）から中学生（岡安ら，1992），高校生（大迫，1994），大学生（高比良,1998），成人（Bolger et al., 1989）といったあらゆる年齢層において，対人ストレッサーがもたらす悪影響は，それ以外のストレッサーによる影響力を上回ることが，一貫して見いだされている。さらに，個人の心身

1章 ストレスをもたらす対人関係

表1-1 ◆ 社会的再適応評価尺度（Holmes & Rahe, 1967）

		内容	LCU得点
☆	1	配偶者の死亡	100
☆	2	離婚	73
☆	3	夫婦別居	65
	4	刑務所などへの収容	63
☆	5	近親者の死亡	63
	6	本人の大きな怪我や病気	53
☆	7	結婚	50
	8	失業	47
☆	9	夫婦の和解	45
	10	退職・引退	45
☆	11	家族の健康・行動の大きな変化	44
☆	12	妊娠	40
☆	13	性生活の問題	39
☆	14	新しい家族メンバーの加入	39
(☆)	15	合併・組織替えなど勤め先の大きな変化	39
	16	家計状態の大きな変化	38
☆	17	親友の死	37
(☆)	18	転勤・配置転換	36
☆	19	夫婦の口論	35
	20	1万ドル以上の借金	31
	21	借金やローンの抵当流れ	30
(☆)	22	仕事上の地位（責任）の大きな変化	29
☆	23	子女の離家	29
☆	24	義理の親族とのトラブル	29
	25	個人的な成功	28
(☆)	26	妻の就職・退職	26
	27	進学・卒業	26
	28	生活条件の変更	25
	29	個人的習慣の変更	24
☆	30	職場の上司とのトラブル	23
	31	勤務時間や労働条件の大きな変化	20
(☆)	32	転居	20
(☆)	33	転校	20
	34	レクリエーションのタイプや量の大きな変化	19
	35	宗教（教会）活動上の大きな変化	19
(☆)	36	社会（社交）活動面での大きな変化	18
	37	1万ドル以下の借金	17
	38	睡眠習慣の大きな変化	16
☆	39	団らんする家族員の数の大きな変化	15
	40	食事習慣の大きな変化	15
	41	長期休暇	13
(☆)	42	クリスマス	12
	43	信号無視などのちょっとした法律違反	11

注）　☆：身近な対人関係にまつわるライフイベント（本章著者による）
　　 LCU得点（Life Change Unit Score）：人がその出来事を経験した際に，再適応にどの程度の労力を要するかを得点化したもの。その得点が高いほど，種々の不適応反応が生じやすくなると想定されている。

の健康に対して，ソーシャル・サポートと対人ストレスがそれぞれ有している相対的影響力を比較した研究では，対人ストレスの悪影響が，ソーシャル・サポートの好影響を上回ると指摘しているものが多い(e.g.,Fiore et al., 1983；橋本,1997a；Horwitz et al., 1997；Lakey et al., 1994；Rook,1984；Schuster et al., 1990；Vinokur & van Ryn,1993：レビューは橋本，2005b)。要するに，対人関係は良くも悪くも，個人の心身の健康に対して，多大な影響力を持つのである。したがって，対人関係と個人の健康・適応の関連を包括的に考えるためには，対人関係がもたらす好ましい影響のみならず，悪影響を及ぼす可能性についても理解することが必要であり，最近では，そのような観点の重要性を示唆する研究成果も，着実に蓄積されつつある（e.g.,Ryff & Singer, 2001）。

とはいえ，ここでまた，素朴だが重大な問題に直面する。そもそも，心身の健康に悪影響を及ぼすような対人関係――本書ではこれを「対人ストレス(interpersonal stress)」と称する――とは，具体的には，どのような対人関係のことをいうのであろうか？ ストレスの認知的評価・対処理論（Lazarus & Folkman, 1984）に基づけば，人は何らかの出来事に直面し，その出来事をストレスフルなものと評価したときに，ストレスを経験することとなる。さらに，その出来事の重大性やコーピング（coping：対処）可能性についての評価，そして実際のコーピング（詳細は2章参照）のあり方などによって，ストレスの程度は左右されることになるのだが，要するに，何らかの出来事に直面し，かつその出来事をネガティブ（有害・不快）なものと認識したときに，人はストレスを経験するということである。だとすれば，対人ストレスとは「われわれがネガティブな評価をしている対人関係」といえるかもしれない。

それでは，われわれはどのような対人関係をネガティブに評価するのだろうか。本章では，この疑問にまつわる先行研究を概観することを通じて，本書の中心的テーマのひとつでもある，「対人ストレス」とは何なのか，について議論する。

❷節 対人感情の観点からみた「ネガティブな対人関係」

1 ネガティブ感情を喚起する対人関係とは

われわれは対人関係において，さまざまな認知・感情を経験する。なかでも感情に着目すれば，ストレスをもたらす対人関係とは，「ネガティブ感情を喚起する対人関係」と言い換えることもできるだろう。

それでは，われわれはどのようなときにネガティブ感情を経験するのだろうか。人間の感情生起メカニズムについて，心理学では古くからさまざまな議論が展開されており，今日では，①ダーウィン説（感情は適応機能を有している），②ジ

ェームズ説（感情とは身体的反応である），③認知説（感情は出来事や状況の評価に基づく），④社会的構築主義説（感情は社会的目的に寄与する社会的構築体である）という4つの説明が有力であるようだ（Cornelius, 1996）。なかでも，「感情を引き起こす原因となった出来事や状況の認知評価によって，感情経験が規定される」という認知説／認知的評価理論（cognitive appraisal theory：レビューは唐沢，1996など）は，「どのような状況認識（評価）が，どのような感情と対応しているのか」についての理論であるともいえるので，「ネガティブ感情と対応する対人関係とはどのようなものか」という疑問を考えるうえで，とくに有用であろう。一例を挙げると，ラザルス（Lazarus, 1991）は，「情動は，混沌よりもむしろルールに基づいた現象であり，情動の質と強度は，個人 − 環境間の現在の関係性を示している」（p.22）と考え，そこで示される関係性（中核的関係性テーマ：core relational themes）をまとめている（表1−2）。そこからは，いかに多くの感情が対人関係によって喚起されるかがうかがえるとともに，とくにネガティブ感情の中核的関係性テーマとしては，「被害を受けること」「大切な何かを損なうこと」が鍵となっていることが推測される。つまり，われわれは，良好な状態が脅かされたり損なわれたりしうる対人関係をネガティブに評価するのであり，その原因帰属や経過段階によって，感情の種類が細分化するといえるのではないだろうか。ちなみに，われわれが社会的に傷つけられたり排除されたりすること――そして，それに伴い自尊心（self-esteem）が脅かされること――に，こんなにも敏感である理由として，「人間にとっては社会的に受容されるか否か

表1−2 ◆ それぞれの情動における中核的関係性テーマ（Lazarus,1991より作成）

怒り	（anger）	私（もしくは私に関連するもの）に対する品のない攻撃
不安	（anxiety）	不確実，もしくは実存的な脅威への直面
恐怖	（fright）	直接的，具体的，圧倒的な物理的攻撃
罪悪感	（guilt）	厳然たるモラルからの逸脱
羞恥	（shame）	自我理想に沿うことの失敗
悲しみ	（sadness）	取り返しのつかない喪失経験
羨望	（envy）	他者の所有物への欲求
嫉妬	（jealousy）	他者からの愛情喪失，もしくはその脅威による第三者への憤慨
嫌悪	（disgust）	咀嚼できない物体や観念への過度の接近
幸福	（happiness）	目標実現に向けての合理的進展
誇り	（pride）	価値あることの達成による自我同一性の高揚
安堵	（relief）	目標に沿わない苦痛な状況から良い方向への変化
希望	（hope）	悪化を恐れ好転を願う
愛	（love）	愛情への希求，しかし必ずしも互恵的とは限らない
同情	（compassion）	他者の傷つきに動揺し，助けてあげたいと願う

が，適応を大きく左右することになったからだ」という，適応論・進化論的観点に基づく見解に関する議論が，現在さかんに行われている。紙幅の都合でその詳細は割愛するが，たとえば所属欲求（need to belong：Baumeister & Leary, 1995），自尊心のソシオメーター仮説（sociometer hypothesis：Leary,1999；Leary et al., 1995），恐怖管理理論（terror management theory：Greenberg et al., 1986；Solomon et al., 1991）などは，そのような「人間にとっての対人関係の根本的重要性」を示唆する視点として興味深いものである。

　なお，山道でヘビに出会ったときに恐怖を感じるように，もちろんすべての感情が対人関係に起因するわけではない。感情には，対人関係に限定されない「基本的感情」と，対人関係にまつわる（これは同時に，自己意識や自己評価にまつわる感情という意味でもある）「社会的感情」があり，ネガティブな基本的感情としては「怒り」「不安」「悲しみ」などが，ネガティブな社会的感情としては「妬み」「罪悪感」「恥」などが挙げられる。しかしそのいずれにせよ，それらの感情が対人関係によって喚起されたならば，それは「ストレスをもたらす対人関係」であると解釈できよう。なかでも，「健康への危険因子となりうる"おそろしき２大要因（the terrible twos）"」（Suinn, 2001）と称されることもある「怒り（anger）」と「不安（anxiety）」は，最も典型的なネガティブ対人感情であるように思われる。

２　特定のネガティブ感情を喚起する対人関係

　さらに，これらネガティブ感情の一つ一つに注目して，各感情がどのような状況で喚起されるかを，より詳細に検討する試みもなされている。たとえば，基本的ネガティブ感情の代表格であろう「怒り」について，大学生を対象に，怒りを感じる場面の自由記述を求めた研究（日比野ら，2005；湯川・日比野，2003）では，「自分勝手」なふるまいをされた場面を挙げた人が最も多く，次いで「侮辱」「不誠実」などの場面が挙げられやすかった。これらはいずれも，他者のせいで自身が何らかの被害を受けかねない場面であると考えられよう。湯川（2005）は，このような状況解釈に加えて，怒りという感情の適応的な意味や社会的な意味も含めて，怒りとは「自己もしくは社会への，不当なもしくは故意による，物理的もしくは心理的な侵害に対する，自己防衛もしくは社会維持のために喚起された，心身の準備状態」と述べている（Pp.107-108）。これを逆にいえば，怒りが喚起されやすい状況とは，「自己もしくは社会への，不当なもしくは故意による，物理的もしくは心理的な侵害状況」ということになるであろう。

　また，社会的ネガティブ感情のひとつである「罪悪感」について，有光（2002）は罪悪感喚起状況尺度を作成し，因子分析によりその下位類型を検討している。その結果，罪悪感喚起状況には，①他傷（友人を裏切ったとき，約束を破ったと

き，など），②他者への配慮不足（友人を仲間はずれにしたとき，困っている人を見て見ぬふりをしたとき，など），③利己的行動（他人のお菓子を食べたとき，間違って多くもらったお釣りをそのままにしたとき，など），④他者への負い目（高価な物を買ってもらったとき，相手の好意を無駄にしたとき，など）の4種類あることが見いだされている。

　さらに，感情・情動といえるかは定かでないが，日向野・小口（2002）は，特定の人物を避けたい，関わりになりたくない，またその人の前ではぎこちなくなるなど，特定の人物に対する苦手だという思いを「対人苦手意識」と命名して，職場でミスを犯した部下に対する対人苦手意識についての調査を行っている。その結果，対人苦手意識には「わずらわしさ」（その部下をうっとうしく思う，イライラする，など）と「懸念」（自分のことをどう思われるだろうかとあれこれ思い悩む，どのように伝えようかと考えてしまう，など）の2側面があること，そしてその両方で，社会人では男性より女性のほうが高得点であることなどが見いだされた。これらの結果は，対人苦手意識には「相手へのネガティブ評価に伴う不快感」と「相手からのネガティブ評価に伴う不快感」があること，そしてそのどちらについても，女性のほうが敏感である可能性を示唆している。

　もちろん，これらは対人ネガティブ感情にまつわる研究のほんの一例に過ぎず，「対人関係に起因するネガティブ感情」に関する言説を簡潔にまとめることは難しい。しかし少なくとも，他者との関わりを通じて，自身が身体的・物理的・心理的に有している好ましい何かが損なわれる（もしくはその可能性がある）ときに，われわれはその対人関係をネガティブに評価する，ということは共通しているのではないだろうか。

❸節　さまざまな対人関係における「ネガティブな対人関係」

　もちろん，対人感情に関する研究のほかにも，どのような対人関係がポジティブ／ネガティブと評価されるかについての言説には，さまざまなものがある。たとえば，親子関係，友人関係，恋愛関係，夫婦関係などのそれぞれについて，どのようなあり方が「健康的・適応的」なのか，という観点からの議論もある。そこで次に，それら関係の種類に着目しながら，「ネガティブな対人関係とは何か」について考えてみよう。

1　友人関係

　家族関係のような血縁や制度を前提とせず，恋愛関係のような排他性も問題とせず，幼少期から高齢期に至るまでの生涯を通じて形成・維持されうる「友人関係」

という対人関係は、最もありがちな対人関係であるが、それゆえの難しさもある。たとえば、青年期の友人関係はお互いに切磋琢磨し、自身のアイデンティティを確立するうえで重要であると考えられているが、その一方で、お互いに傷つけ合うことは極力回避すべきという規範もあり、これらはときに相反することとなる。また、家族関係や恋愛関係に比べて、友人関係は開始が容易であり、一緒にいて楽しい、居心地がいいなどの要件を満たすだけで関係が形成されうる。しかしそれは、それらの要件が満たされなければ関係解消も容易に行われることと表裏一体であり、適度な距離感を保つこと、場の空気を読めることなどが、友人関係ではとくに重要視されることになる。

　そのような、適度な心理的距離をとることの難しさについて、心理学では「ヤマアラシのジレンマ」という寓話がしばしば取り上げられる。これは、寒さに凍えていたヤマアラシたちが、寒さをしのぐために身を寄せ合おうとしたものの、身を寄せるとお互いのトゲで傷つけ合ってしまう。かといって痛みに耐えかねて離れると、今度は寒さに耐えられなくなり、再び身を寄せ合おうとする……というたとえ話であり、この話からベラック（Bellak, 1970）は、適度な親密さを求めるために生じるジレンマを、「ヤマアラシ・ジレンマ（porcupine dilemma）」と命名した。さらに近年、藤井（2001）は日本の大学生を対象に、同性友人関係におけるヤマアラシ・ジレンマを検討し、そこには自分が傷つくこと／相手を傷つけることの回避である「近づきたい―近づきたくない」ジレンマと、自分が寂しい思いをすること／相手が寂しい思いをすることの回避である「離れたい―離れたくない」ジレンマがあることを見いだしている。すなわち、青年の友人関係では、①近づきすぎることによって自分が傷つくこと、②近づきすぎることによって相手を傷つけること、③離れすぎることによって自分が寂しい思いをすること、④離れすぎることによって相手に寂しい思いをさせること、の4パターンがネガティブな状態と見なされており、それらの状態を回避すべく、適度な心理的距離の取り方を模索していると考えられよう。

　ただし、たとえヤマアラシ・ジレンマに直面していても、それは適切な友人関係のあり方をめざしているがゆえの悩みであり、まだ健全なものであるともいえるかもしれない。現実には少なからずの児童・生徒が、ヤマアラシ・ジレンマよりももっと深刻な、友人関係にまつわる問題に悩んでいる。その最たるものが「いじめ」であり、いじめに苦しみ、ときには自殺という選択肢を選んでしまう子どもが後を絶たない、という痛ましい状況は現在も続いている。いじめは被害者に抑うつや不安などのストレス反応をもたらし（岡安・高山, 2000）、その悪影響は長期に及びうる（坂西, 1995）といった指摘を待たずとも、いじめが「ネガティブな対人関係」であることは自明であろう。ところで、いじめにおける具体

的行動内容を検討した先行研究（e.g., 坂西，1995；小石ら，1994）からは，いじめと見なされる対人的相互作用には，大きく2種類あることがうかがえる。それは，身体的・言語的な攻撃やからかいを行う，いわゆる「攻撃・嫌がらせ」タイプのものと，被害者が他者とコミュニケーションをとれない状況を構築する，いわゆる「無視・仲間はずれ」タイプのものである。ちなみに，男子は攻撃タイプ，女子は無視タイプのほうが相対的に多いという性差（坂西，1995；岡安・高山，2000）や，小学生では無視よりも攻撃のほうが顕現性（その行動がいじめと認識されやすい程度）は高いが，中学生だとその差は小さくなるという発達段階差（笠井，1998）もあるようだ。そして，「無視」は「攻撃」に比して顕現性が低いにもかかわらず，攻撃を上回るインパクトをもちうることもあるだろう。そのことは，「無視されるよりはまだマシだ」という認識の元に，たとえいじめられても，集団からの離脱を望まない児童・生徒がいることからもうかがえる。人はときに，攻撃されることよりも無視されることのほうに，より深く傷つくのである。

　ちなみに，児童・生徒の不適応行動は，大まかには「反社会的行動（antisocial behavior：暴力や非行など，社会規範から逸脱した攻撃・破壊的行動）」と，「非社会的行動（asocial behavior：不登校や引きこもりなど，他者や社会との関わりを回避するような行動）」の2種類に区分される。これらは多少極端な例かもしれないが，この区分も，ネガティブな対人関係のあり方には，「規範を逸脱した過剰なあり方」と「適正水準に満たない過少な関与」という2種類があることを反映しているように思われる。

2　恋愛関係

　青年期になると対人関係のなかでも，友人関係にもまして，恋愛関係の重要性が相対的に高くなることも多い。実際に，恋愛関係の成就・維持は，他に代えがたい幸福感や満足感をもたらすものであるが，にもかかわらず恋愛関係は，最も問題が生じやすい対人関係でもある。なぜなら，対人関係は一般的に，親密性が高いほど，ポジティブな相互作用のみならず，ネガティブな相互作用も経験しやすくなるからである（Braiker & Kelley, 1979；Davis, 1985；飛田，1989；Rands & Levinger, 1979）。その意味で，恋愛関係や夫婦関係は，最もネガティブな出来事を経験しやすい対人関係，といえるかもしれない。

　それでは，人が恋愛関係において経験するネガティブ感情とは，どのようなものであろうか。立脇（2005）は大学生を対象とした調査を通じて，異性交際において生じる否定的感情には，大まかに2種類あることを見いだしている。ひとつは，「悲しい」「つらい」「寂しい」「不安」「嫉妬」「自己嫌悪」「恐い」といった感情群であり，これらは相手に近づきたいという親和欲求や独占欲が満たされず，

相手と距離があることを意識させられる出来事によって生じる感情と考えられるので、「親和不満感情」と名づけられた。もうひとつは、「いらだち」「怒り」「面倒」「困る」「嫌悪」「憎しみ」といった感情群であり、こちらは相手から過剰に干渉される出来事や、自分が不利益を被る出来事によって生じる感情と考えられるので、「攻撃・拒否感情」と命名された。また、これら2種類の感情について、性差や関係差（恋人群、片思い群、友人群による違い）を検討したところ、親和不満感情（図1-1）については、性差（女性＞男性）と群間差（片思い群・恋人群＞友人群）がともに有意であり、攻撃・拒否感情（図1-2）についても、性

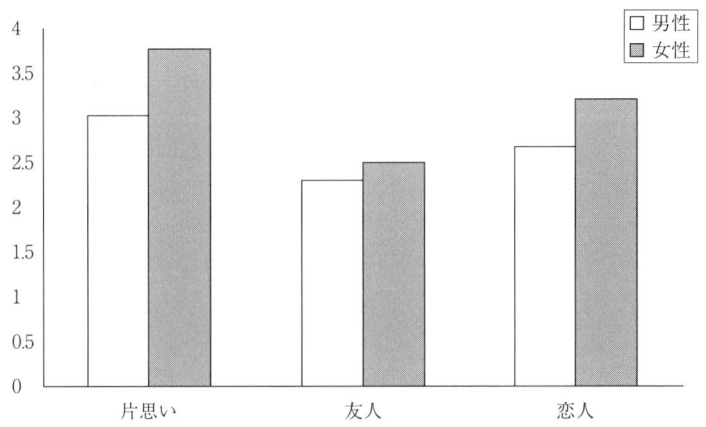

図1-1 ◆性別と関係による「親和不満感情」（立脇，2005より）

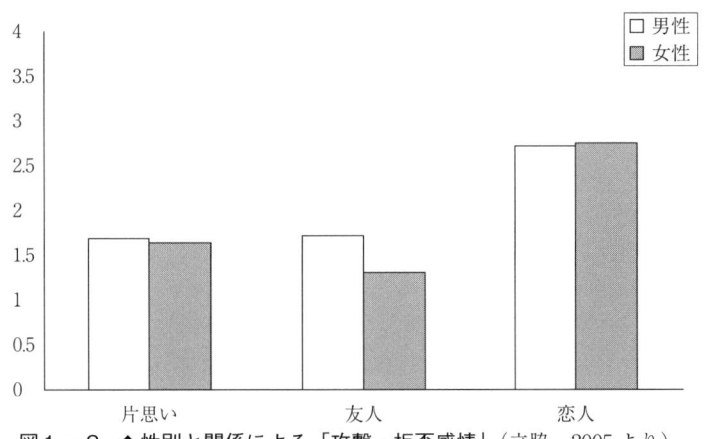

図1-2 ◆性別と関係による「攻撃・拒否感情」（立脇，2005より）

差はなかったが群間差（恋人群＞片思い群・友人群）が有意であった。これらの結果は，「異性交際では，離れすぎても近づきすぎても，それなりのネガティブ感情を経験する」こと，そして「単なる異性友人関係の場合に比べて，片思い関係では親しく関われないことの辛さを経験しやすく，さらに両思い関係では，親しくできない辛さと親しすぎることのうっとうしさの両方を経験しやすい」ことを意味している。

しかし，恋愛関係においてネガティブな出来事や感情を経験すること自体,「相手がいるだけマシ」という意味で，まだ幸せなのかもしれない。現代の恋愛至上主義的風潮のなかでは，恋人がほしくてもうまくコミュニケーションをとることができないシャイな人や，対異性不安を抱える人は，恋人ができなかったり，それ以前に異性交際のきっかけすらつかめないこと自体に，淋しさやいらだちを感じることもあるだろう。また，好きになった相手が自分にふり向いてくれない状況，つまり片思い（unrequited love）もまた，恋愛が人の心を苦しめる状況の典型例のひとつである。ちなみに，片思いをしている人（求愛者）がその思いに苦しむことは想像に難くないが，実は片思いをされている人（拒絶者）にとっても，その状況は少なからず苦痛をもたらすものである（Baumeister et al., 1993；Bratslavsky et al., 1998）。さらに，一方向的な愛情に由来する心理や行動が常軌を逸したものとなるとき，それはストーキング（stalking）という問題行動につながることもある。それに加えて，デート・レイプなどの性暴力やドメスティック・バイオレンス，そしてセクシュアル・ハラスメントなど，恋愛関係・夫婦関係や異性関係にまつわる，社会的にも許容しがたいような，人を傷つける出来事は少なくない。もちろん，そのような問題とは一見無縁そうな普通の恋人関係・夫婦関係においても，ときに嫉妬に苦しんだり，別れる・別れないで揉めたりすることはある。そして，破局にせよ死別にせよ，そのような大切な関係を喪失したときの悲しみもまた，対人関係が個人の心身に悪影響を及ぼす重要な側面の一つである。

3　親子関係

ポジティブ／ネガティブな親子関係のあり方については，養育態度（child-rearing attitude）に関する研究において，古くからさまざまな議論がなされている。なかでも養育態度の次元に関する，シェーファー（Schaefer,E.S.）による「敵意－愛情」「統制－自律」の２次元や，サイモンズ（Simonds,P.M.）による「受容－拒否」「支配－服従」の２軸は有名であるが，これらはともに，前者が「ポジティブ－ネガティブ」の次元，後者は「関与－非関与」の次元と見なすこともできよう。すなわち，ネガティブな親子関係の基本類型にも，「関与しすぎるこ

とによるネガティブ関係」（過干渉）と，「関与しないことによるネガティブ関係（放置・無視）の2種類があると思われる。

　このことは，ボウルビィ（Bowlby,J.）が提唱した愛着／アタッチメント（attachment：特定の他者との間に築く情緒的結びつき）に関する言説とも，少なからず類似しているように思われる。アタッチメントに関する言説のなかでもとくに著名な，エインズワース（Ainsworth,M.D.S.）らによるストレンジ・シチュエーション法による研究では，子どもに対して敏感に反応し，調和的な関わりをする親の子どもは安定型アタッチメント（Bタイプ：養育者との分離に際して混乱を示すが，再会すると落ち着きを取り戻し，喜びと安堵の表情を示す）を形成しやすいが，拒否的な関わりをする親の子どもは回避型アタッチメント（Aタイプ：養育者との分離に際して，さほど混乱・困惑したようすを示さず，再会時もよそよそしい態度を示す）を，親の反応が一貫性に欠ければ子どもはアンビバレント型アタッチメント（Cタイプ：養育者との分離に際して混乱を示し，再会時も静穏化せず，近接を求めながらも怒りや抵抗を表出するといった両価的態度を示す）を，それぞれ形成しやすいことが指摘されている。

　そして，これら乳幼児期に形成されたアタッチメントを内在化した内的作業モデル（internal working model：IWM）が，その後のさまざまな対人関係にも適用されるという仮定のもとに，近年，成人期の愛着関係（恋愛関係など）についても少なからずの議論が展開されている。そしてそこでは，安定型愛着スタイル（親密さや依存を快く思っており，対人関係における不安もない）を有している人のほうが，回避型愛着スタイル（親密さを不快に感じており，他人に依存することを嫌う）や，とらわれ型愛着スタイル（幼児期におけるアンビバレント型に対応し，極端な親密性を求め，相手から見捨てられることや愛の欠如への不安を感じている）の人よりも，関係の質や満足度が高く，サポーティブな関係にあることが指摘されている（e.g.,Collins & Feeney, 2004；金政, 2003, 2005）。これらの見解から，安定型に比して，回避型やアンビバレント型（とらわれ型）のアタッチメントを，ネガティブなものと解釈することもできなくはない。また，これら2類型の特徴は，本章でこれまで述べてきた「ネガティブな対人関係の2類型」にも合致している。ここから，ネガティブな親子関係の類型についても，基本的パターンとして「規範超過」と「過少関与」という2種類を想定することは可能であろう。ただし，とくにアタッチメントについては，回避型やアンビバレント型が一概に不適応とは言い切れない，ということについても留意すべきである。たとえば，成人の愛着関係の安定性について，「○○型は安定性が高い／低い」と一概にいえるものではなく，両者の愛着スタイルの組み合わせによるという指摘がある（Kirkpatirck & Davis, 1994）。また，アメリカに比して日本の子ども

はアンビバレント型が，ドイツの子どもは回避型が相対的に多い傾向にあるが（数井・利根川，2005；北山，1998），このように各類型の出現比率が国によって少なからず異なることは，社会文化的要因によって各アタッチメント・スタイルの適切性が異なっている可能性を示唆している。すなわち，過剰でも過少でもない，適正水準の関与を行うことが大切であることは確かであるにせよ，どのくらいの関与が適正水準の範囲内であるのか，その基準は社会環境的要因によって少なからず左右される，ということであろう。

❹節 「ネガティブな対人関係」をまとめてみると

1 対人ストレスは基本的に2種類ある

さて，対人感情の観点から，そして各種の対人関係から，ネガティブな対人関係とはどのようなものであるかについて考えてみた。それらをまとめると，ネガティブなものと見なされる対人関係には，どうやら大まかには2種類あるのではないだろうか。ひとつは，健全で親密なコミュニケーションが欠如・不足している「過少型」の対人関係，そしてもうひとつは，適正水準や対人規範を超過・逸脱しているネガティブなコミュニケーションに従事しなければならない「逸脱型」の対人関係である。言い換えれば，「好ましい対人関係」とは量的にも質的にも適正なコミュニケーションが行われている対人関係であり，それに対して「好ましくない対人関係」とは，コミュニケーションが適正水準よりも「過少」もしくは「過剰」である対人関係，といえよう。

対人心理学においてこれまでに議論されてきた，さまざまな「対人関係にまつわる問題」も，大まかにはこの2類型に集約することができそうである。まず前者（過少型対人関係）に関する対人関係の問題としては，対人不安（social anxiety），孤独感（loneliness）などがあげられる。これらはいずれも，現実の対人関係やコミュニケーションが，自身の欲求水準に満たないがゆえに，不安を中心としたネガティブな心理状態に陥る，という点において共通している。一方，後者（逸脱型対人関係）に関する代表的な問題としては，対人葛藤（interpersonal conflict），攻撃（aggression）があげられよう。これらはともに円滑な対人関係の形成・維持において妨げとなるような，そして社会規範に反するような敵対的コミュニケーションによって，怒りを中心としたネガティブ感情が喚起される，という共通項があると思われる。すなわち，人間関係の悩みとは，「自分が望んでいるような対人関係が実現できないこと」か，「自分が望まない対人関係に関わらなければならないこと」なのであろう。社会的スキル（social skills：対人関係を円滑かつ効果的に営むための技能。本書6章なども参照）の観点からも，好

ましくない対人関係のあり方として「攻撃的」と「非主張的」の2類型が想定されている（平木,1993）。これらの視点はいずれも、対人関係の問題には、基本的に2種類が想定されるという見解に合致するものと思われる。

2 ストレス・プロセスにおける対人ストレス2類型

そこで橋本（2003, 2005b）は、ネガティブな対人関係には基本的に2種類あるという前提のもとに、それらが心理社会的ストレス・プロセスの4段階にそれぞれ想定されうるという図式を提唱している（図1-3）。この図式によれば、まず第1段階として、対人関係はストレッサー（ライフイベントやデイリーハッスルズ）の生起可能性そのものを左右する。すなわち、対人関係が量的・質的に不足している「社会的孤立」状況にある人は、好ましいイベントを経験する機会もまた少なくなるであろうし、トラブル・メーカーを含む対人ネットワークを有

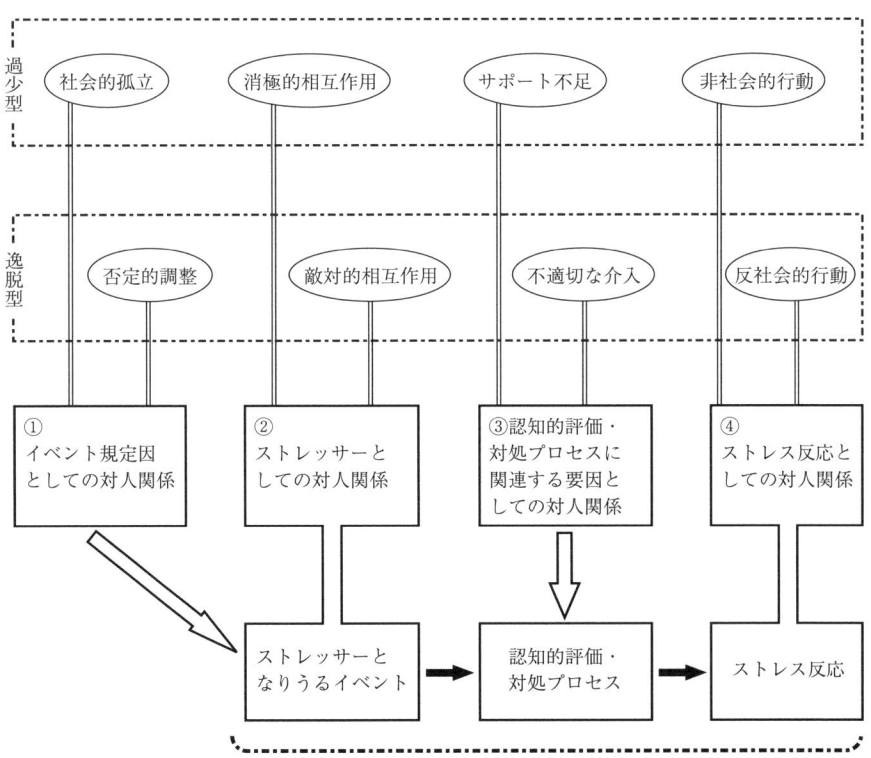

図1-3 ◆ 心理社会的ストレス・プロセスにおける「ネガティブな対人関係」の位置づけ
（橋本 2003, 2005b を参考に作成）

している人は，そのネットワーク成員にまつわるネガティブ・イベントが生起しやすいという「否定的調整」機能によって，好ましくないイベントを経験しやすくなるであろう。次に第2段階として，対人関係はそれ自体がストレッサーとなるものであり，その類型として，シャイな人がいいたいことをいえないなどの「消極的相互作用」と，ケンカや対立などの「敵対的相互作用」の2種類が想定されるであろうことは，これまで議論してきたとおりである。さらに第3段階として，対人関係はストレスに対する認知的評価や対処にも影響するであろう。すなわち，周囲からの援助が不十分である「サポート不足」状況では，ストレッサーのインパクトはより深刻になり，対処資源としてのサポート利用にも限界がある。その一方で，周囲からの「不適切な介入」，すなわち余計なお世話なども，個人がストレスに対処するための資源を損ねたり，それ自体が新たなストレッサーとして悪影響を及ぼしうるであろう。そして最後に，対人関係はときにストレス反応としても位置づけられる。すなわち，他者との関わりを回避する「非社会的行動」も，社会規範を逸脱したような「反社会的行動」も，ともにストレスが過度に蓄積された結果としての，対人行動様式と見なすこともできるのではないだろうか。

❺節　対人ストレス研究の現状と今後

1　対人ストレスは本当に2種類か──対人ストレスイベント尺度による検討

　ところで，われわれの日常的なコミュニケーションでは，対人関係のストレスを避けることが，ある程度は規範化されている。すなわち，過少型対人ストレスを避けるための規範として，なるべく積極的に他者と関わることが奨励されており，同時に逸脱型対人ストレスを避けるための規範として，コミュニケーションにおいては他者の心情にも配慮することが要求されている。したがって，対人ストレスは，これらのコミュニケーション規範を逸脱したときに生じるものであり，その生起はわりと顕現的である。

　つまり，それらの問題が顕現化したとき──たとえばコミュニケーションに消極的であったり，他者の心情を逆なでするような言動がなされたとき──に対人ストレスが生起するであろうことは自明である。しかし，逆もまた真なのだろうか？　つまり，問題が顕在化していなければ，そこに対人ストレスはないのだろうか？　おそらくその答えは「否」であろう。そのことは，対人ストレスが，けんかっ早い人やシャイな人に特有の問題ではなく，ごく普通の多くの人々にとっても少なからず問題となりうることからもうかがえよう。それでは，そこにはどのような対人ストレスがあるのだろうか？

　そこで橋本（1997b）は，ふだんの対人関係でストレスを感じる出来事につい

て自由記述調査を行い,そこから「対人ストレスイベント尺度」を作成した。さらに因子分析という統計手法を用いて,それらの項目が大まかには何種類に分類されるかを検討したところ,対人ストレスイベントの類型として,①対人葛藤(「無理な要求をされた」「軽蔑された」など,社会規範から逸脱した顕在的対人葛藤事態);②対人劣等(「何をしゃべったらいいのか分からなくなった」「言いたいことが上手く伝わらなかった」など,社会的スキルの欠如・不足などにより劣等感を触発するような事態);そして③対人摩耗(「親しくない人と会話した」「無理に相手に合わせた会話をした」など,社会規範から逸脱しているわけではないが,配慮や気遣いによるストレスが生起する事態)という3類型が見いだされた。ちなみに,これら3類型の生起頻度およびストレス度(もしその出来事が生じたら,どのくらいストレスを感じるか)を相対的に比較したところ,対人葛藤は生起頻度は低いがストレス度が高く,対人劣等は生起頻度もストレス度も相対的に高く,対人摩耗は生起頻度は高いがストレス度は低かった。

　これら3類型を,先述した「ネガティブな対人関係」の基本2類型と照らし合わせると,おそらく対人葛藤は「逸脱型対人ストレス」に,対人劣等は「過少型対人ストレス」に,それぞれ対応するものであろう。しかし対人摩耗は,そのどちらに該当するともいえず,そもそもそれが「ネガティブな対人関係」であるのかすら不明瞭である。しかし,それを逆に考えれば,このようにいえるのではないだろうか。すなわち,「ストレスをもたらす対人関係」と,「ネガティブな対人関係」は,必ずしも同義ではなく,人はネガティブでない対人関係にストレスを感じることもあるのだろう。

2　対人ストレスの種類の再検討──対人ストレッサー尺度による検討

　ただし,橋本(1997b)の対人ストレスイベント尺度は,特定二者関係における対人ストレスを測定するには適していない,などいくつかの問題点を有していた。そこで橋本(2005a)は,全般的対人関係から特定二者関係までの,さまざまな対人関係における対人ストレッサーを測定するための「対人ストレッサー尺度」を新たに作成した(表1-3)。そして,やはり因子分析による項目の分類を試みたところ,①対人葛藤(他者が自身に対してネガティブな態度や行動を表出する事態);②対人過失(自身に非があって相手に迷惑や不快な思いをさせてしまうような事態);③対人摩耗(自他共にネガティブな心情や態度を明確に表出してはいないが,円滑な対人関係を維持するためにあえて意に添わない行動をしたり,相手に対する期待はずれを黙認するような事態)という3類型が見いだされた。これらは,対人ストレスイベント尺度で見いだされた3類型の内容とおおむね対応しており,やはり対人ストレスをもたらす対人的相互作用には,3種

1章　ストレスをもたらす対人関係

表1－3　◆対人ストレッサー尺度（橋本，2005a）

【教示】あなたと，●●とのあいだで，最近およそ1ヶ月のあいだ，以下のようなできごとが，どのくらいありましたか。1（まったくなかった）～4（しばしばあった）のなかからもっともよくあてはまると思うもの，いずれかひとつに○をつけてください。

1　あなたの落ち度を，●●にきちんと謝罪・フォローできなかった。
2　●●に対して果たすべき責任を，あなたが十分に果たせなかった。
3　あなたの意見を●●が真剣に聞こうとしなかった。
4　あなたのミスで●●に迷惑や心配をかけた。
5　●●からけなされたり，軽蔑された。
6　あなたのあからさまな本音や悪い部分が出ないように気を使った。
7　●●にとってよけいなお世話かもしれないことをしてしまった。
8　あなたと関わりたくなさそうな態度やふるまいをされた。
9　●●に過度に頼ってしまった。
10　●●が都合のいいようにあなたを利用した。
11　その場を収めるために，本心を抑えて●●を立てた。
12　●●に合わせるべきか，あなたの意見を主張すべきか迷った。
13　あなたを信用していないような発言や態度をされた。
14　●●の仕事や勉強，余暇のじゃまをしてしまった。
15　●●の機嫌を損ねないように，会話や態度に気を使った。
16　本当は指摘したい●●の問題点や欠点に目をつむった。
17　●●の問題点や欠点について注意・忠告をしたら，逆に怒られた。
18　本当は伝えたいあなたの悩みやお願いを，あえて口にしなかった。

注）対人葛藤項目（3，5，8，10，13，17），対人過失項目（1，2，4，7，9，14），対人摩耗項目（6，11，12，15，16，18）

類が想定されることが示唆された。

　しかし，大学生を対象に，さまざまな特定二者関係において，これら3種類の対人ストレッサー経験頻度を尋ねたところ，その経験頻度は関係の種類によって少なからず異なっていた（図1－4）。まず全般的に，対人葛藤は対人過失・対人摩耗と比べて経験頻度が低く，われわれが日常生活において経験しやすい対人ストレッサーとは，あからさまな対立・衝突よりもむしろ，他者に迷惑をかけてしまったり，不本意ながらも他者に同調するようなタイプの対人的相互作用であることがうかがえる。また，3種類すべての対人ストレッサーについて，友人関係よりも恋人関係のほうが経験頻度が高かった。このことは先述した，「対人関係は親しくなるほど，肯定的相互作用のみならず，否定的相互作用も増加する」という対人関係の親密化過程に関する知見と合致するものと思われる。ただし，母親との関係では，対人過失の経験頻度は高いが，対人摩耗の経験頻度はさほど

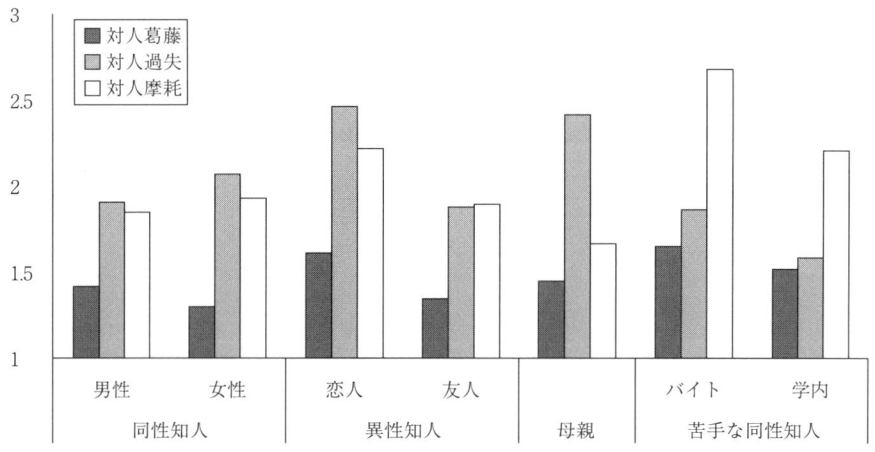

図1−4 ◆特定二者関係における対人ストレッサー経験頻度（橋本，2005a より）

高くない。これはおそらく，家族関係では長年の共同生活を通じてコミュニケーション規範が共有されているので，規範の個人差に戸惑う機会が少ないことや，本音でのコミュニケーションが行われやすいことによるのではないだろうか。ちなみに，対人葛藤の経験頻度が低いこと，友人関係に比べて親子関係では対人摩耗の経験頻度が低いことなどは，大学生のみならず，中学生（谷口ら，2005），高校生（橋本ら，2005）を対象に実施された調査でも，同様に見いだされている。

さらに，苦手な同性知人との関係では対人摩耗の経験頻度が相対的に高いが，これは過度の関与によって対人葛藤的な事態が生じるのを避けるために，あえて本音を隠すようなコミュニケーションに従事しているのかもしれない。ここから，対人摩耗とは，個人内ではストレスが生じるものの，個人間でストレスを顕現化させないためにあえて行われる，ある意味で戦略的なコミュニケーション・パターンである可能性も考えられよう。そして，ここからさらに，対人ストレスのあり方を文化が左右する可能性も推測される。文化が対人関係の諸相と双方向的に関連することは，「相互独立的自己／相互協調的自己」という文化的自己観（北山，1998；Markus & Kitayama,1991）や，「個人主義／集団主義」（Triandis,1995）に関する議論において，少なからず指摘されている。そして，「アジア圏は個人よりも集団の和を重視する傾向にある」という主張に則れば，日本人の対人関係には，たとえその結果として対人摩耗を経験することとなっても，対人葛藤を極力回避すべきという規範があるのかもしれない。またその一方で，個人の主張を明確に示すことが重視される欧米圏では逆に，たとえその結果として対人葛藤に直面することになっても，対人摩耗的なコミュニケーションは行われにくいかも

しれない。これらはいずれも現時点では仮説に過ぎないが，対人ストレスを考えるうえで，文化もまた興味深く，かつ重要な要因であると思われる。

3 おわりに

2章以降では，われわれが日常生活におけるさまざまなストレスをいかに乗り越え，いかに適応的な生活を実現していくかについて，さまざまな観点から議論されることとなる。しかし，それらの議論が短絡的になるのを防ぐためにも，われわれが経験する肯定的／否定的感情の多くが対人関係に由来するという「対人関係の両面性」には，常に留意する必要があるだろう。

また，本章の議論はかなり概括的である。本章で取り上げたトピックのひとつひとつが，実はひとつの章を構成するに値するようなテーマである。ネガティブな対人関係に関する理解を深めるためには，これらの各テーマについてより深く理解するとともに，さらにそれらの相互関連の理解を促すような研究の活性化が求められよう。

最後に，本章ではおもに日常的な対人関係におけるネガティブな側面に焦点を当てたが，非日常的な対人イベントが，個人の心身に悪影響を及ぼすこともある。その最たるものが，死別・離別による喪失経験であり，配偶者や家族，友人などの喪失経験は，個人の心身に多大なダメージを及ぼしうるものである（e.g.,Harvey, 2000, 2002）。そして，喪失以前の対人関係が好ましいものであればあるほど，それを失ったときの悲しみもより深くなるということは，対人関係の肯定性／否定性を考えるうえで無視することのできない，重要な側面のひとつであろう。対人関係には常に光と影があり，光は影によって，影は光によって，その輪郭を際立たせるのである。

2章 対人ストレスに対するコーピング

　われわれは,日常生活でさまざまなストレスフルな状況に遭遇する。なかでも,最も遭遇頻度が高く,われわれを困らせるのが人間関係であろう。本章では,そうした人間関係で発生するストレスにいかに対応すべきか,最新の研究知見を含め,説明する。

❶節　心理的ストレス過程におけるコーピングの役割

1　コーピングとは

　コーピング(coping)は to strike を意味する古代ギリシアの kolaphos に由来し,元来 to meet, to encounter, to strike against という意味で用いられていた。その後,社会的・文化的変化にともない,コーピングは「何とかうまく処理すること（to manage successfully)」を意味するようになった（加藤・今田, 2001)。

　コーピング研究には,コーピングを防衛機制と見なす研究,知覚スタイルと見なす研究,プロセスと見なす研究,パーソナリティ特性と見なす研究の4つのアプローチに大別することができる（加藤, 2004a; 加藤・今田, 2001)。それぞれのアプローチによって,コーピングのとらえ方は異なるが,科学的研究がなされていないコーピングを防衛機制と見なす研究を除き,いずれのアプローチにおいても,以下の点で,共通した立場を有している。第1に,コーピングは,潜在的にストレスフルとなりうる状況に対処する個人の方略を意味することである。第2に,同一のストレスフルな環境に置かれても,その影響の現れ方は個人によって異なることが知られているが,コーピングはその主要な個体内要因のひとつ

図2-1　◆ストレス過程におけるコーピングの役割

である,という見解である。すなわち,ストレスフルな状況に遭遇した際のコーピングの選択が,その後の精神的健康や適応に影響を及ぼすということである(図2-1参照)。そのため,現在では,コーピングという学術用語は医学,看護学,心理学,社会福祉学など,さまざまな領域において用いられ,健康や適応を考える際に重要な意味を持つことが,多くの研究者の共通した見解となっている。

2　コーピングの種類

どのような種類のコーピング方略があるのだろうか。現在,最も,使用頻度の高いフォルクマンとラザルス(Folkman & Lazarus, 1988)のコーピング尺度(Ways of Coping Questionnaire: WCQ)では,2つの次元および8つの方略が仮定されている(後者については、表2-1参照)。前者の2つの次元とは,問題焦点型と情動焦点型である。問題焦点型とは,ストレスフルな状況において生じている問題を解決することで,ストレスを減少させるコーピング方略群である。たとえば,上司が自分の能力を評価してくれないことでストレスを感じているならば,誰もが納得できるような業績を上げるように努力することなどがそうである。一方,情動焦点型とは,ストレスフルな状況で喚起された不快な情動を鎮め,調節するコーピング方略群である。たとえば,同じように,上司が自分の能力を評価してくれないことでストレスを感じているならば,同僚とやけ酒を飲んだり,部下に八つ当たりをしたりすることなどがそうである。ほかにも,さまざまなコーピング方略が知られているが,両次元はコーピングの基本的次元として多くの研究者に認知されている。

表2-1　◆コーピング方略の種類

コーピングの種類	コーピングの内容
計画的問題解決	問題を解決するために計画を立てたり,積極的な解決方法を考え出したりする
対決型コーピング	ストレスフルな状況を変えるために,積極的に取り組もうとする
自己コントロール	自分の感情や考えを表に出さず,コントロールする
責任受容	自分の行動を自覚し,反省する
サポート希求	他者から何らかの援助を得ようとする
逃避・回避	問題を解決する意欲を失い,ストレスフルな状況に直面することを避けようとする
離隔型コーピング	ストレスフルな状況は自分と関係がないものであると思い込む
肯定的解釈	ストレスフルな状況を肯定的に解釈する

3 コーピングと精神的健康

さて,このようなコーピングを用いることと,精神的健康や適応との間にはどのような関連性があるのだろうか。コーピングをプロセスと見なすラザルスらの研究では,コーピングは刻々と変化するプロセスであり,コーピングと精神的健康との関連性は一義的ではなく,状況の変化にともない変化していると仮定している。すなわち,状況が変化すれば,コーピングの選択が精神的健康や適応に及ぼす影響が異なるというわけである。それでは,実際の研究では,どのような結果が得られているのであろうか。

表2−2は,コーピングと精神的健康との関連性を報告した国内外150もの学術論文を加藤(2005d)がまとめたものを修正したものである。表2−2にある肯定的な精神的健康とは,生きがい,生活の質(Quality of Life)に代表されるように,肯定的な指標を意味している。否定的な精神的健康とは,抑うつ,不安など否定的な指標を意味している。そして,+印は,コーピング方略と精神的健康とに正の関連性を報告している研究が圧倒的に多いことを意味し,−印は負の関連性を報告している研究が圧倒的に多いことを意味している。?印は,研究結果が一貫していないことを意味し,*印は,研究報告がほとんどないことを意味している。たとえば,問題焦点型のコーピングと肯定的精神的健康との間には+印が記されているが,それは,問題焦点型のコーピングを用いるほど,より精神的に健康である,という結果が,多くの研究で示されていることを意味する。

表2−2 ◆ コーピングと精神的健康との関連性

	コーピング	肯定的 精神的健康	否定的 精神的健康
2次元	問題焦点型	+	−
	情動焦点型	−	+
8方略	計画的問題解決	*	−
	対決型コーピング	*	?
	自己コントロール	*	+
	責任受容	−	+
	サポート希求	+	?
	逃避・回避	−	+
	離隔型コーピング	*	?
	肯定的解釈	+	?

注) +は正の報告,−は負の報告,*は報告例がほとんどなされていない。
?は報告内容が一貫していないことを意味する。

具体的にいえば，問題焦点型のコーピングと精神的健康との関連性を報告している 75 の研究のうち，67 の研究で，問題焦点型のコーピングを用いるほど，より精神的に健康である，という結果が得られている（ただし因果関係に関する結果ではない）。表2-2から，問題焦点型のコーピングを用いると，肯定的な結果に至り，逆に，積極的に問題解決を避けるような情動焦点型のコーピングや逃避・回避を用いると否定的な結果に至るということがわかる。ペンリーら（Penley et al., 2002）などのメタ分析の結果においても，同様の結果が報告されており，コーピングをプロセスととらえるラザルスとともに，長年にわたり研究を進めてきたフォルクマンとモスコビッチ（Folkman & Moskowitz, 2004）も，このような傾向が見られることを認めている。

❷節　対人ストレスコーピング

1　対人ストレスコーピングとは

「友だちと気まずい雰囲気になった」，「上司が自分の提案を受け入れてくれない」，「公衆道徳を守らず迷惑している」など，われわれは，対人関係において，日常，さまざまなストレスフルなイベントを経験している。こうした対人関係に起因して生じるストレスフルなイベントを対人ストレスイベントという。対人ストレスイベントは，日常生活で最も遭遇する頻度の高いストレスフルな状況である。対人ストレスコーピング（interpersonal stress coping）とは，このような対人ストレスイベントに対するコーピングであると定義されている（加藤，2000, 2003b）。たとえば，対人不安，怒り，孤独感など，対人関係によって生じると考えられるネガティブな感情に対するコーピングなどは，対人ストレスコーピングではない。

対人ストレスコーピングという用語は，国内外を通じて，加藤（2000）によって初めて用いられた学術用語であり，ストレス研究分野で産出された。しかし，ストレス研究以外の分野においても，対人ストレスコーピングに関連する研究と思われる領域がある。

最も多くの研究知見が蓄積されている領域が対人葛藤（interpersonal conflict）研究である。対人葛藤とは，個人の行動，感情，思考の過程が他者によって妨害されている状態であり，対人葛藤状況において，葛藤解決を目的とし，方略行使者が葛藤相手に対して何らかの影響力を行使しようとする行動を対人葛藤方略という。ストレス研究の文脈で考えるならば，対人葛藤は対人ストレスイベントに，対人葛藤方略は対人ストレスコーピングに相当する（加藤，2003a）。しかし，両概念はまったく同一の概念ではない。対人葛藤研究における対人葛藤状況には，

入学時，入社時など，新しい集団や新たな集団になじむ，気恥ずかしさを感じるような状況などの対人ストレスイベントが含まれず，対人葛藤状況は対人ストレスイベントに包括されると考えられる（対人ストレスイベントについては本書1章を参照）。対人葛藤方略は葛藤解決を目標とし，葛藤相手に何らかの影響力を行使しようとする行動であることから，対人葛藤方略は，特定の対人ストレスイベントに対する対人ストレスコーピングの一種と考えることができる。対人葛藤研究は，おもに社会心理学の研究テーマのひとつとして研究が進められ，対人葛藤方略の分類や，対人葛藤方略と方略行使の結果（葛藤解決状態や対人関係）との関連性などに関する研究がなされている。ストレス研究ではストレス反応の生起に焦点が当てられるが，対人葛藤研究では葛藤の解決に関心が寄せられている。ストレス反応や精神的健康の予測因として対人葛藤方略を用いた研究もあるが，一般的に，対人葛藤方略のストレス反応や精神的健康に対する説明力は低い。しかし，そのような研究から得られた知見は，対人ストレスコーピング研究を進めていくうえで重要な情報となる場合もある。

　対人葛藤研究のほか，対人ストレスコーピングに関連する研究に，社会的スキル（social skill）研究や社会的問題解決（social problem solving）研究がある。社会的スキルとは，対人関係を円滑に営む行動あるいは能力を意味する（本書6章を参照）。対人関係における個人の行動を研究対象とする点において，社会的スキルと対人ストレスコーピングの両概念は類似している。たとえば，社会的スキル研究では，ストレスフルな状況（潜在的にストレスフルであると判断することのできる状況）における行動を測定することで，個人の社会的スキルの指標とする研究もなされている。具体的な対人ストレス場面を想定し，その状況で，どのような行動をするのか測定するのである。このような研究で測定しているものは社会的スキルであると同時に，対人ストレスコーピングであるとも考えられる。しかし，社会的スキルは明らかに適切な方略を意味し，そこで測定されているものは，（対人関係を円滑に営むために）適切である対人ストレスコーピングであるが，対人ストレスコーピングには，状況によっては対人関係を円滑に営むために不適切な方略が含まれている。その意味において，一部の社会的スキル研究が，対人ストレスコーピング研究に通じる領域である。

　社会的問題解決とは，個人や集団が日常生活において出合う諸問題に対処する効果的な手段を識別し，発見する諸反応を意味する。社会的問題解決研究では，必ずしも，対人関係のみを研究対象としているわけではない。また，必ずしも，潜在的にストレスフルな状況に対する反応を測定するわけでもない。しかし，社会的問題解決研究は，ラザルスをはじめとするストレス研究の影響を強く受けている。また，社会的問題解決研究における諸問題を対人ストレスイベント，その

問題に対する反応を対人ストレスコーピングととらえると，社会的問題解決のある種の研究は，対人ストレスコーピングの研究と考えることもできる。

具体的には後述するが，対人ストレスコーピングの研究はほとんど進んでいない。ストレス研究の文脈からだけでなく，対人葛藤，社会的スキル，社会的問題解決，さまざまな研究分野から，対人ストレスコーピングの研究に役立つ有意義な知見を吸収することが重要である。また，洗練されたストレス研究の枠組みから，これらの研究をとらえ直すことも重要であろう。

2　対人ストレスコーピングを測定する

対人ストレスコーピングの測定には，さまざまな方法があるが，最もよく用いられている方法が質問紙法である。コーピングを測定する質問紙の形式には2つの側面があり，その組み合わせによって，コーピングの質問形式は4種類に分類することができる（加藤，2004a）。本項では，この2つの側面のうちの1つの側面である包括的コーピング尺度による測定か，イベント特定コーピング尺度による測定か，という観点から，対人ストレスコーピングの測定について説明する。この分類は，コーピングの対象となるストレスフルな状況の範囲によって，質問形式を分けたものである。すなわち，すべての生活領域で遭遇するストレスフルな状況に対するコーピングを測定目的とする尺度と，特定のストレスフルな状況に対するコーピングを測定目的とする尺度である。前者が包括的コーピング尺度であり，後者がイベント特定コーピング尺度である。

（1）　包括的コーピング尺度による対人ストレスコーピング研究

代表的な包括的コーピング尺度には，フォルクマンとラザルス（1988）のコーピング尺度（WCQ）やカーバーら（Carver et al., 1989）のコーピング尺度（COPE）などがある。包括的コーピング尺度を用いた対人ストレス研究では，このようなコーピング尺度がよく用いられている。たとえば，ボルガーとズッカーマン（Bolger & Zuckerman, 1995）やキューイケンとブリューウィン（Kuyken & Brewin, 1999）はWCQを用い，対人ストレスコーピングを測定している。このような包括的コーピング尺度を用い，対人ストレスコーピングを測定する場合には，調査参加者が回答することのできない不適切な項目があり，尺度全体の信頼性および妥当性を損ねるという問題や，逆に，必要な項目が欠けているという問題点が指摘されている（加藤，2000, 2004a）。

しかし，実際には，イベント特定コーピング尺度を用いた研究よりも，包括的コーピング尺度を用いた研究が多く見られる。その理由として，以下のことが考えられる。第1に，対人ストレスコーピングそのものが研究の中心的テーマではない，ということがあげられる。たとえば，ボルガーとズッカーマン（1995）

の研究は，対人ストレスコーピング研究の例としてよく紹介されているが，彼らのおもな目的は，パーソナリティ，具体的には神経症傾向がストレス発生過程で果たす役割を検証することにあり，対人ストレスコーピングに焦点を当てた研究ではない。このような研究では，ストレスフルな状況には，さまざまな状況が存在するため，ストレスフルな状況を統制する，という目的のために，日常生活で多くの人々が経験する対人ストレスイベントが取り上げられている。また，包括的コーピング尺度は，対人関係，学業場面，健康問題，役割葛藤など，さまざまなストレス状況に対するコーピングの使用頻度を比較したり，それぞれのストレス状況におけるコーピング方略と精神的健康との関連性を比較したりする場合にも用いられる（たとえば，Mattlin et al., 1990）。この場合も，研究の焦点は対人ストレスコーピングではない。加えて，いく種かのストレス状況において，ある特定の包括的コーピング尺度を用い，その包括的コーピング尺度の妥当性を検証する場合もあるが，この場合も，対人ストレスコーピングは研究の焦点ではない（しかし，これらの研究報告は数少ない対人ストレスコーピングに関する貴重なデータである）。

第2に，対人ストレスコーピングを測定するための，信頼性と妥当性が検証されたイベント特定コーピング尺度が開発されていないことである。コーピング研究において，最も使用頻度の高いコーピング尺度はWCQであり，次いでCOPEの使用頻度が高く，これらの包括的コーピング尺度は，さまざまなストレス状況に対して，頻繁に用いられている。そのため，対人ストレスコーピングの測定においても，これらのコーピング尺度が用いられるのであろうが，そればかりがその原因ではない。イベント特定コーピング尺度の使用頻度が高い研究領域も存在する。たとえば，医学や看護学の分野では，慢性の痛み（疼痛）や疲労に対するコーピング研究が注目を集めているが，そこでは，疼痛に対するコーピングを測定するローゼンティールとキーフ（Rosenstiel & Keefe, 1983）のコーピング尺度（Coping Strategies Questionnaire）やジェンセンら（Jensen et al., 1995）のコーピング尺度（Chronic Pain Coping Inventory）などが頻繁に用いられており，尺度開発もさかんである。このような研究分野では，繰り返し尺度の信頼性や妥当性の検証が行われ，どのようなイベント特定コーピング尺度を用いることが適切であるのか検討がなされている。しかし，対人ストレス研究では，現在のところ，対人ストレスコーピングを測定するための代表的な尺度が存在せず，そのような試みはほとんどなされていない。そのような必要性を感じている研究者は限られているのかもしれない。

（2） イベント特定コーピング尺度による研究

学術論文に対人ストレスコーピングを測定するための尺度作成過程が初めて

明示されたイベント特定コーピング尺度は，クエイヘイゲンとクエイヘイゲン（Quayhagen & Quayhagen, 1982）のコーピング尺度（Coping Strategies Inventory）であろう。クエイヘイゲンとクエイヘイゲン（1982）は，代表的な包括的コーピング尺度に関する先行研究をもとに，6つのカテゴリー40項目からなるコーピング尺度を作成した。クエイヘイゲンとクエイヘイゲン（1982）が提唱した6つのカテゴリーは，「問題解決」「サポート希求」「現実生活の成長」「情動的処理」「空想」「脅威の低減」である。「問題解決」は，情報収集，以前の経験分析，計画，行動のリハーサルなどにより，問題の解決に努める方略である。「サポート希求」は，他者に相談したり，同意を求めたりする方略である。「現実生活の成長」は，新たな信念の発見，重要な事柄の再発見などにより，ストレスフルな状況を豊かな見解に結びつける方略である。「情動的処理」は不快な感情をぶつける方略である。「空想」は，願望や白昼夢などによって，快適な時間を過ごす方略である。「脅威の低減」は，問題を無視したり，気分転換をしたりする方略である。このコーピング尺度は，たしかに，対人ストレスイベント（正確には，対人葛藤状況）に対するコーピングを測定するイベント特定コーピング尺度ではあるが，いずれのカテゴリーも，包括的コーピング尺度にも見られるカテゴリーであり，項目レベルで見ても，1つの項目（腰を落として，言い争いについて話し合う）を除いて，対人ストレスコーピング特有の項目が含まれていない。クエイヘイゲンとクエイヘイゲン（Quayhagen & Quayhagen, 1982）以降，2000年代に入るまで，学会学術論文レベルで，ストレス研究の文脈における対人ストレスコーピングそのものを測定する試みはなされなかった。

　2000年代に入ると，コナースミスら（Connor-Smith et al., 2000）は，対人ストレスコーピングを測定するためのコーピング尺度（Responses to Stress Questionnaire: Social Stress Version）を作成し，対人ストレスコーピングを測定する尺度としてよく用いられるようになった。従来，包括的コーピング尺度を用いて対人ストレスコーピングを測定する場合には，包括的コーピング尺度の項目をそのまま用いるか，あるいは，研究者の判断で，項目を修正あるいは削除したり，別の項目を加えたりしていた。そのため，同じ包括的コーピング尺度を用いた研究でも，用いたコーピング項目が異なるという問題があった。一方，コナースミスら（2000）のコーピング尺度（Responses to Stress Questionnaire）は，ストレスフルな状況に応じて，あらかじめ，項目の一部が変えられており，修正することなく使用することができる。たとえば，コナースミスら（2000）のコーピング尺度の社会的ストレス版（Social Stress Version）の質問項目で「ほかの子どもたち（others kids）」と表現されている箇所は，家族葛藤版（Family Conflict Version）では「家族（my family）」となっている。コナースミスら（2000）

のコーピング尺度は，一見，対人ストレスコーピングを測定するイベント特定コーピング尺度のように思える。しかし，彼らの尺度は，項目内でのある特定の単語が，ストレスフルな状況に応じて別の単語に変化するだけであり，ある特定のストレスフルな状況に対するコーピングを測定するために開発された尺度とはいえない。その意味において，コナー-スミスら（2000）のコーピング尺度はイベント特定コーピング尺度ではなく，包括的コーピング尺度なのである。そのため，社会的ストレス版として変えられた項目箇所を除くと，対人ストレスコーピング特有の項目はなく，対人ストレス特有のコーピング方略（下位尺度）も存在しない。

このようなことから，加藤（2000, 2003b）は対人ストレスコーピングの個人差を測定するための対人ストレスコーピング尺度を作成している。加藤（2000, 2003b）の対人ストレスコーピング尺度34項目は，実際に対人ストレスイベントに対して用いたコーピングの自由記述をもとに作成されたものである。その点において，クエイヘイゲンとクエイヘイゲン（1982）やコナー-スミス（2000）とは異なり，加藤（2000, 2003b）の尺度では多くの項目が対人ストレスコーピング特有であり，下位カテゴリーも対人ストレスコーピング特有のものである。対人ストレスコーピング尺度に関しては，次項で説明する。

3　対人ストレスコーピングの種類

対人ストレスコーピングも，いくつかの種類に分類できることが知られている。加藤（2000, 2003b）の対人ストレスコーピング尺度は，ポジティブ関係コーピング，ネガティブ関係コーピング，解決先送りコーピングの3つの下位カテゴリーがある（表2-3参照）。ポジティブ関係コーピングは，対人ストレスイベントに対して，積極的にその関係を改善し，よりよい関係を築こうと努力するコーピング方略群である。たとえば，ある友人とささいなけんかをしたとする。その場合，そのけんかの原因である誤解を解くように努力するようなことである。加藤（2002a）は共感に基づいたコーピングを測定する共感性コーピング尺度を作成しているが，これは，ポジティブ関係コーピングの特殊な方略を測定するものである。ネガティブ関係コーピングは，対人ストレスイベントに対して，そのような関係を放棄・崩壊するようなコーピング方略群である。たとえば，上司にいやみをいわれた場合，その上司に仕返しをしたり，その上司とは，仕事上の付き合いしかしないようにしたりすることである。解決先送りコーピングは，ストレスフルな対人関係を問題とせず，時間が解決するのを待つようなコーピング方略群である。たとえば，ある友人と気まずいことになったとする。その友人と気まずいことがあったという問題はひとまずおいておき，時間が解決するのを待つようなことである。これらの3つの方略は，ラザルスらが提唱している問題焦点型

表2−3 ◆対人ストレスコーピングの分類

対人ストレスコーピング	内容（＊具体例）
ポジティブ関係コーピング	対人ストレスイベントに対して，積極的にその関係を改善し，よりよい関係を築こうと努力するコーピング方略群。 ＊相手のことをよく知ろうとした ＊積極的に話しをするようにした
ネガティブ関係コーピング	対人ストレスイベントに対して，そのような関係を放棄・崩壊するようなコーピング方略群。 ＊無視するようにした ＊友だち付き合いをしないようにした
解決先送りコーピング	ストレスフルな対人関係を問題とせず，時間が解決するのを待つようなコーピング方略群。 ＊自然のなりゆきに任せた ＊気にしないようにした

や情動焦点型のいずれにも分類することのできない，別次元の方略であることが確認されている。

❸節 対人ストレスコーピングと精神的健康

それでは，対人ストレスイベントに遭遇したとき，どのようなコーピングを選択すれば，精神的健康を維持することができるのであろうか。表2−4は，対人ストレスコーピング尺度を用い，わが国の青年を中心とした研究報告をまとめたものである。表2−4の結果を理解するために，加藤（印刷中）は対人ストレス過程における社会的相互作用モデルを提唱し，モデルの検証を行っている。図2−2は対人ストレス過程における社会的相互作用モデルを図式化したものである。以下，この対人ストレス過程における社会的相互作用モデルを説明し，それぞれの対人ストレスコーピング方略と精神的健康との関連性をモデルに基づき解説する。

1 対人ストレス過程における社会的相互作用モデル

対人関係は他者との相互作用によって成立する。対人ストレスコーピングもまた，他者との相互作用のなかで生じる。対人ストレス過程における社会的相互作用モデルは，この社会的相互作用を考慮に入れたモデルであり，対人ストレスコーピングが精神的健康や適応に影響を及ぼす2つの過程を仮定している点に特徴がある。

第1の過程は，対人ストレスコーピングを使用することによって，コーピング

表2−4 ◆対人ストレスコーピングと精神的健康との関係

コーピング方略	精神的健康の指標	結果	研究報告例
ポジティブ関係コーピング	ストレス反応	関連性なし	加藤（2000），加藤（2001b），加藤（2001c），加藤（2002b），加藤（2003c），加藤（2003d），加藤・今田（2000a），加藤・今田（2000b），友野・橋本（2004a），友野・橋本（2004b）
	不安	正の関連性	加藤（2004b）
		関連性なし	加藤（2003d）
	抑うつ	正の関連性	加藤（2004b）
		関連性なし	加藤（2003d）
	孤独感	負の関連性	加藤（2002b），加藤（2002c）
	友人関係満足感	正の関連性	加藤（2000），加藤（2001c）
	職務満足感	正の関連性	加藤（2002d）
	ハッピネス	関連性なし	友野・橋本（2004b）
ネガティブ関係コーピング	ストレス反応	正の関連性	加藤（2000），加藤（2001b），加藤（2001c），加藤（2002b），加藤（2003c），加藤（2003d），加藤・今田（2000a），加藤・今田（2000b）
	不安	正の関連性	加藤（2003d），加藤（2004b）
	抑うつ	正の関連性	加藤（2000），加藤（2003d），加藤（2004b）
	孤独感	正の関連性	加藤（2002b），加藤（2002c）
	友人関係満足感	負の関連性	加藤（2000），加藤（2001c），加藤（2002b）
	職務満足感	負の関連性	加藤（2002d）
解決先送りコーピング	ストレス反応	負の関連性	加藤（2001c），加藤（2002b），加藤（2003c），加藤（2003d），加藤（2005c），加藤・今田（2000b），加藤・今田（2000a），友野・橋本（2004b）
		関連性なし	加藤・今田（2000a），友野・橋本（2004a），友野・橋本（2004b）
	不安	負の関連性	加藤（2003d），加藤（2004b）
	抑うつ	負の関連性	加藤（2003d），加藤（2004b）
		関連性なし	加藤（2000）
	孤独感	負の関連性	加藤（2002b），加藤（2002c）
	友人関係満足感	正の関連性	加藤（2000），加藤（2001c），加藤（2002b）
	職務満足感	正の関連性	加藤（2002d）
	ハッピネス	正の関連性	伊澤（2004）

2章 対人ストレスに対するコーピング

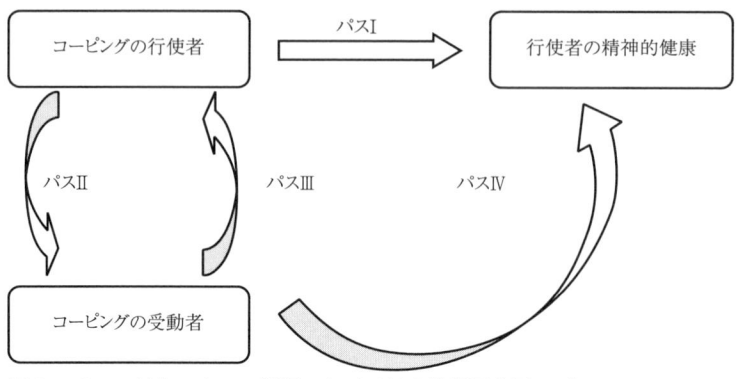

図2－2 ◆ 対人ストレス過程における社会的相互作用モデル

行使者自身の精神的健康や適応に，直接影響を及ぼす過程であり，パスⅠに対応している。すなわち，コーピングを行使することによって，問題を解決したり，不快な情動を鎮めたりし，その結果，心理的ストレス反応が増減する場合である。この過程では他者との社会的相互作用は仮定されておらず，ストレス発生過程は個人内で帰結する。この過程は，一般的に，コーピングと精神的健康や適応との関連性を説明する場合に用いられるラザルスらの心理的ストレス理論におけるストレス発生過程と同様の過程である(図2－1参照)。従来のコーピング研究では，この過程にのみ注目した研究が行われており，このようなコーピング研究に対して，徹底的な個人主義であるという批判がなされている（加藤，2002b）。

第2の過程は，社会的相互作用を考慮に入れた過程であり，パスⅡ，パスⅢ，パスⅣに対応している。第2の過程ではコーピングの主体であるコーピング行使者に加え，コーピングの客体，すなわち対象となるコーピング受領者が登場する。コーピング受領者はコーピングの対象となる個人や集団だけでなく，コーピング行使者の所属する社会も含まれる。たとえば，「無視された」という対人ストレスイベントに遭遇し，コーピング行使者が「あいさつをするようにした」というポジティブ関係コーピングを使用したとする。「あいさつをする」というコーピング方略の直接的対象は「無視をした」個人，あるいは集団であり，コーピング受領者はコーピングの対象となるこの個人や集団であると同時に，「無視をする」というイベントには関与していないが，「あいさつをする」という行動を観察している第三者も含まれる。

パスⅡはコーピングの使用にともない，コーピング受領者に対して何らかの影響を及ぼす過程である。コーピングの行使が及ぼす影響には，コーピング受領者の精神的健康，コーピング行使者に対する感情や行動，コーピング行使者と受領

者との関係など，さまざまな影響が推測される。パスⅢの過程は，コーピング受領者の感情や行動，コーピング受領者との関係などが，コーピング行使者のコーピングの使用に影響を及ぼす過程である。パスⅣの過程は，コーピング行使者に対するコーピング受領者の感情や行動，両者の関係などが，コーピング行使者の精神的健康や適応に影響を及ぼす過程である。たとえば，コーピング行使者を取り巻く社会がコーピング行使者に対して不快な感情を抱いていたならば，そのコーピング行使者は精神的に不健康になると推測できる。

2　ポジティブ関係コーピング

　表2－4からわかるように，ポジティブ関係コーピングを用いるほど，友人関係満足感や職務満足感が高く，逆に，孤独感は減少する。また，ストレス反応・不安・抑うつとは無相関，あるいは正の関連性があることがわかる。

　ポジティブ関係コーピングを用いることにより，社会的相互作用モデルの第1過程では，以下のようなことが生じていると考えられる。ポジティブ関係コーピングは，ストレスフルな対人関係を改善しようと努力するコーピング方略である。対人関係を改善するためには，他者に積極的に話しかけたり，相手のことを理解しようとしたりしなければならなかったり，時には，自己の感情や願望を抑えなければならないこともある。そのような努力は，ある種のわずらわしさを喚起させるかもしれない。こうしたわずらわしさにより，ストレス反応・不安・抑うつを増大させる作用が働く。

　一方，第2過程では，以下のようなことが生じている。ポジティブ関係コーピングは他者のことを理解しようとしたり，積極的に話しかけたりすることで，ストレスフルな対人関係を改善しようと努力するコーピング方略である。こうした方略はコーピング受領者から好意的な評価が得られ，良好な対人関係が形成されることが知られている（パスⅡ）。その結果，コーピング行使者自身の孤独感が低下したり，対人関係に対する満足感が増加したりする（パスⅢ）。また，社会からの評価が上がったり，社会的な援助が得やすくなったりする（パスⅣ）。その結果として，ストレス反応・抑うつ・不安を低下させる効果も考えられる。しかし，第1過程による影響によって，全体として，ポジティブ関係コーピングとストレス反応・抑うつ・不安との間に無相関，あるいは正の関連性として表れる。結果として，正の関連性として表れる場合，第2過程によるストレス低減効果より，第1過程によるストレス促進効果が強く影響したためである。

3　ネガティブ関係コーピング

　表2－4からわかるように，ネガティブ関係コーピングを用いるほど，すべて

の否定的な精神的健康（心理的ストレス反応，抑うつ，不安，孤独感）が増加し，肯定的な精神的健康（対人関係満足感，職務満足感）が低下している。

　第1過程では，以下のような作用が働いている。ネガティブ関係コーピングは，ストレスフルな対人関係に終止符を打とうとする方略である。このような方略は，問題となるストレスフルな関係を断ち切るという意味では問題を解決する方略であると考えられるが，日常生活で経験するすべてのストレスフルな関係を断ち切ることは，長期的な展望から考えれば問題を解決していることになるとは限らない。その結果，常にストレスフルな状況にさらされ，精神的に不健康に至る。また，ネガティブ関係コーピングを選択した結果，ある種の罪悪感が生じることが報告されている。その結果，ネガティブ関係コーピングを行使することにより，精神的に負担がかかり，不安や抑うつ，ストレス反応が増大する。

　第2過程では，以下のような作用が働く。ネガティブ関係コーピングは「相手の鼻を明かすようなことを考えた」などの項目に代表されるように，コーピング受領者に対して不快感を与え，その結果，社会的に孤立する可能性がある。当然，対人関係は悪化し，対人関係に対する満足感も低下する。こうした社会的孤立や対人関係の悪化は，抑うつをはじめさまざまなストレス反応として表出される。この第2の過程において，ネガティブ関係コーピングが精神的健康や適応に及ぼす影響は，第1過程のそれより強いことが明らかになっている。

4　解決先送りコーピング

　表2-4から，解決先送りコーピングを用いるほど，否定的な精神的健康が低下し，肯定的な精神的健康が増大していることがわかる。

　解決先送りコーピングは問題を一時的に棚上げし，なりゆきに任せる方略である。ストレスフルな対人関係に対して，何らかの変化を加えようとするポジティブ関係コーピング，ネガティブ関係コーピングと比較すると，何もしないコーピングである。何もしないということは，自ら傷つくことも，相手を傷つけることもない。第1過程では，お互いに傷つけ合う可能性を回避することができ，心理的負担を軽減することができる。すなわち，解決先送りコーピングを用いるほど，ストレス反応，抑うつ，不安が低減するのである。

　また，解決先送りコーピングの使用は，コーピング受領者を含め，周囲の人々に対して，肯定的な感情を抱かせることが知られている。すなわち，解決先送りコーピングの使用は，良好な関係を維持・形成し，その結果，ストレス反応，抑うつ，不安が低減し，関係に満足することができる。この過程が，第2過程である。第1過程，第2過程，ともに，解決先送りコーピングは，精神的健康に対して肯定的な結果に至るのである。

❹節 さまざまな領域における対人ストレスコーピング研究

　対人ストレスコーピング研究では,対人関係全般を対象とした研究よりむしろ,特定の関係を対象とした研究のほうが多い。その背景として,まず,特定の関係に注目した研究分野が確立しており,ストレス研究の文脈とは関係なく,その研究分野で独自に研究が展開し,ストレスにも関連する研究報告がなされるようになった。あるいは,ストレス研究の知見を一部,導入した研究が報告されるようなってきたと考えられる。以下に,さまざまな対人ストレス場面でのコーピング研究について簡単に説明するが,介護に関する研究を除き,夫婦関係,親子関係,死別に関する研究は,ストレス研究とは異なる文脈で研究が展開してきた。下記にあげる研究領域のほかに,兄弟関係,天才児の友人関係など,さまざまな関係における対人ストレスコーピング,拒否,セクハラ,いじめ,差別など,特定の対人ストレスに対するコーピング研究も行われている。

1　介護に関する研究

　特定の対人関係に注目した対人ストレスコーピング研究において,最も研究の進んでいる分野が,看護・介護に関する研究である。そこで焦点が当てられている関係は,介護者(caregiver:生活支援者)と生活援助が必要な人との関係である。介護者は,生活援助が必要な人(おもに,慢性疾患患者,アルツハイマー患者)の配偶者である場合が多く,介護者が経験する日常生活でのケア場面におけるストレスが研究対象となる。現在,このような研究は,社会福祉学の領域ではなく,おもに医学あるいは心理学の分野でなされている。

　たとえば,パケナム(Pakenham, 2002)は,多発性硬化症(multiple sclerosis:MS)患者のケアギバーが用いるコーピングの個人差を測定するためのコーピング尺度(Coping with MS Caregiving Inventory)を作成している。多発性硬化症は中枢神経系の脱髄疾患のひとつであり,多くは再発・寛解を繰り返しながら慢性に経過する疾患である。どこに病変ができるかによって,視覚の障害,顔の感覚や運動の麻痺,歩行の障害,胸や腹の帯状のしびれ,運動麻痺,尿失禁など症状は多様である。パケナム(2002)のコーピング尺度は対人ストレスコーピング尺度(加藤,2000, 2003b)と同様,多発性硬化症患者の介護者による自由記述から項目を収集し,「問題の回避」「現実的援助の要請」「協力的な従事」「非難・強制」「肯定的解釈」の5つの下位カテゴリーを有する。「問題の回避」は,問題をひとりで抱え込もうとしたり,逆に,問題に関わらないようにしたりする方略である。「現実的援助の要請」は他者に援助を求めようとする方略である。「協力的な従事」は,患者に情動的なサポートをしたり,いっしょに問題解決のため

に話し合ったりする方略である。「非難・強制」は相手を非難したり，従わせようとしたりする方略である。「肯定的解釈」は，状況を肯定的にとらえようとする方略である。そして，パケナム（2002）は，「問題の回避」や「非難・強制」は，患者と介護者との関係の葛藤が増加し，介護者のストレス反応が増大すると報告している。しかし，対人ストレスコーピングの使用頻度に関しては，一般的に，患者より介護者の使用頻度が低いと報告されている。介護者は，患者の介護生活で，コーピングを使用しにくい環境に置かれているのかもしれない。

2 夫婦関係に関する研究

　夫婦間で生じる葛藤に対するコーピング研究も進められている。たとえば，夫婦間で生じるさまざまな問題に対するコーピングの個人差を測定するためのコーピング尺度（Marital Coping Inventory）が，ボーマン（Bowman, 1990）によって作成されている。ボーマン（1990）のコーピング尺度は，「葛藤」「内省・自責」「肯定的な接近」「利己的行動」「回避」の5つのカテゴリーからなる。「葛藤」は配偶者への皮肉・批判・文句，仕返しなどの方略である。「内省・自責」は反省や自責，困惑などのほか，自分の睡眠・健康に関する障害などの方略である。「肯定的な接近」は過去のよい思い出をいっしょに思い出す，いっしょに楽しいことをするなどの方略である。「利己的行動」は友人と時間を過ごしたり，レジャーを楽しんだりする方略である。「回避」は問題が改善するまで待つ，問題について考えないようにするなどの方略である。

　カーデク（Kurdek, 1995）の研究では，新婚の夫婦間で生じた対人ストレスイベントに対するコーピングと，2年後の結婚生活満足感を調査した結果，以下のような結果が得られている。まず，妻の結婚生活満足感は，夫が「退避的方略」（たとえば，話しをしないなどのコーピング方略）を用いる場合，あるいは，夫が「交戦的方略」（たとえば，怒り散らしたりするなどのコーピング方略）を用いる場合に低下する。妻と同様，夫の結婚生活満足感も，妻の「退避的方略」および「交戦的方略」に影響を受ける。また，妻が「追従的方略」（たとえば，相手に応じるなどのコーピング方略）を用いることも，夫の結婚生活満足感を低下させる。全体として，夫の対人ストレスコーピングの使用が妻の結婚生活満足感に及ぼす影響力より，妻の対人ストレスコーピングの使用が夫の結婚生活満足感に及ぼす影響力のほうが大きい。カーデク（1995）の研究が示しているように，結婚生活の満足感は，自身の対人ストレスコーピングの使用だけでなく，配偶者の対人ストレスコーピングにも依存していることが明らかになっている。

　そのほか，夫婦関係では，離婚や別居，家庭内暴力に対するコーピング研究なども行われている。また，恋人関係，失恋などに関する対人ストレスコーピング

研究も行われている。こうした研究は，社会心理学の対人葛藤研究の枠組みで行われることが多く，対人ストレス研究の枠組みからの研究が進み，新たな知見が得られることが期待される。

3　親子関係に関する研究

親子関係で生じる葛藤に対するコーピングの個人差を測定するために，ガンブル（Gamble, 1994）のコーピング尺度（Children's and Adolescent's Problem Solving Inventory）がある。ガンブル（1994）のコーピング尺度は，母親との葛藤のほか，友人との葛藤，失敗の経験に対するコーピングの個人差も測定することができ，以下の5つのカテゴリーから構成されている。「感情表出・攻撃性」「問題回避・無視」「直接的問題解決」「間接的問題解決」「サポート希求」である。「感情表出・攻撃性」は泣いたりわめいたり，相手をたたいたり，けったり，自分の感情をぶつけ，相手を攻撃する方略である。「問題回避・無視」は，問題を解決するために，とくに何もすることなく，相手に近寄らないようにする方略である。「直接的問題解決」は，葛藤の原因を話し合うなど，問題を直接解決しようとする方略である。「間接的問題解決」は，感情を表に出さないようにしたり，独力で問題を解決しようとする方略である。「サポート希求」は，友人などに相談しようとする方略である。トクアディとバーゾニ（Torquati & Vazsonyi, 1999）は女子青年を対象に，ガンブル（1994）のコーピング尺度を用い，両親との間に生じた葛藤に対する子どものコーピング方略を調査している。その結果，母親との葛藤では，「サポート希求」，「問題回避・無視」を使用するほど，抑うつやネガティブな感情が高く，父親との葛藤では，「問題回避・無視」を使用するほど，抑うつやネガティブな感情が高いと報告している。

親子関係における対人ストレスコーピング研究の多くは，子どもを対象とした報告が多い。特殊な例として，アルコール中毒や精神疾患などの問題を抱えている親との関係，養子に出された子どもとその里親との関係，このような関係に対するコーピング研究などもなされている。また，親を対象とした対人ストレスコーピング研究では，育児，とくに障害を抱えた子どもの育児に関する研究がある。

4　死別に関する研究

死別，とくに，最愛の人を失うという経験は，最もストレスフルなイベントのひとつである。死別に対する人の反応の研究は古く，その関心も高い。しかし，その多くの研究は精神分析を含む哲学や宗教学からのアプローチであり，死別経験者の手記の抜粋やインタビューの羅列にすぎなかった。死別に対するコーピングの研究も，ストレス研究の枠組みからではなく，死別研究独自の理論的展開か

ら研究が進められている。

　科学的アプローチから，死別に対するコーピング研究が進展しない理由のひとつが，測定されたコーピングと実際に行われたコーピングとの乖離にある。死別経験は，統制のとれた実験室で，実験者により意図的に操作することが困難である。そのため，死別経験をしたものの手記や死別に関する文学作品などをもとにした質的分析，あるいは，死別経験のあるものを対象にした回想法による質問紙調査に頼らざるをえない。前者の質的研究は実証を重んじる科学的アプローチとはいえない。後者の手法は，質問紙調査によるコーピング研究で頻繁にも用いられている方法である。しかし，死別経験は，日常生活でたびたび遭遇するストレスイベントではなく，測定されたコーピングと実際に行われたコーピングの乖離が大きくなる。ストレスフルなイベントを経験した日と，コーピングを測定した日との時間的なズレは，日常生活で頻繁に生じるストレスフルなイベントに対するコーピングの測定と比較して，死別経験に対するコーピングの測定では，比較にならないほど大きい。コーピング研究における回想法の問題が，死別に対するコーピング研究では決定的な問題となるのである（コーピング研究における回想法の問題は加藤（2004a）を参照）。

❺節　対人ストレスコーピングの展開

1　関係焦点型コーピング研究

　加藤（2000）が対人ストレスコーピングという学術用語を提唱する10年ほど前，ストレス研究の領域において，対人機能に着目した関係焦点型のコーピング（relationship-focused coping）という概念が提唱された（Coyne et al., 1990; Coyne & Smith, 1991, 1994; DeLongis & O'Brien, 1990; Kramer, 1993; O'Brien & DeLongis, 1996, 1997など）。関係焦点型のコーピングとは社会的関係の成立，維持，崩壊を目的とした対人調節機能に関するコーピングである。関係焦点型のコーピングは，問題焦点型，情動焦点型と同様，コーピング方略の一種であり，必ずしも，対人ストレスイベントに対するコーピングとは限らず，日常生活で生じるさまざまなストレス状態に対するコーピング方略である。その意味では，関係焦点型のコーピングは対人ストレスコーピングではない。しかし，コーピング研究において，対人関係に焦点を当てているという点では，対人ストレスコーピング研究と同様である。

　そもそも，関係焦点型のコーピングは介護者とその配偶者との関係におけるコーピング研究によって発展してきた。そこでは，関係焦点型のコーピングは2つの機能を有するとされている。たとえば，コインとスミス（Coyne & Smith,

1991）の研究では，関係焦点型のコーピングを積極的接近（配偶者の気持ちに気を配ったり，建設的な問題解決について話し合ったりする方略），保身的緩和（保身的緩和は心配事を隠したり，悲しみを否定したり，口論を回避するために配偶者に従う方略）に分類している。クレーマー（Kramer, 1993）の研究では，肯定的関係焦点型（配偶者に対する共感的配慮に関する方略）と否定的関係焦点型（社会的関係を崩壊させるような方略）のコーピングに分類している。肯定的問題焦点型は対人ストレスコーピング尺度のポジティブ関係コーピング，否定的問題焦点型は対人ストレスコーピング尺度のネガティブ関係コーピングに類似している。関係焦点型のコーピングに関する研究は，近年，ほとんど展開されていないが，対人ストレス研究のさきがけとなった研究である。

2　対人ストレスコーピング訓練

　対人関係を良好にするための訓練法の開発や，ストレスマネジメントの開発はさかんに行われている。しかし，対人関係に焦点を当てた，実証科学に基づくストレスマネジメントの開発は遅れている。最近，加藤（2005b）は，対人ストレスコーピングに関するさまざまな知見から，訓練により解決先送りコーピングの使用頻度を増加させることで，ストレス反応を低下させる，という対人ストレスコーピング訓練について報告している。加藤（2005b）は，看護学生を対象に，セルフ・モニタリングといわれるオペラントの技法に基づ

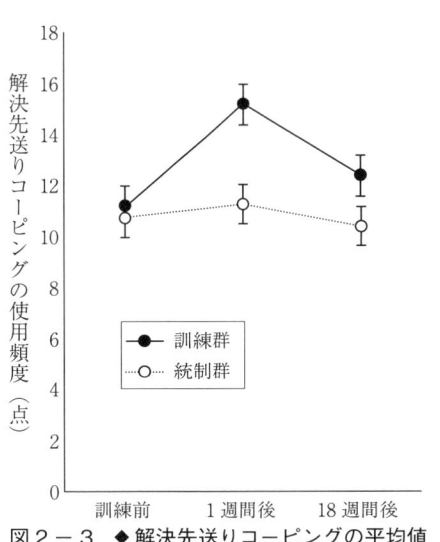

図2-3　◆ 解決先送りコーピングの平均値の推移（得点範囲 0 ― 24 点）

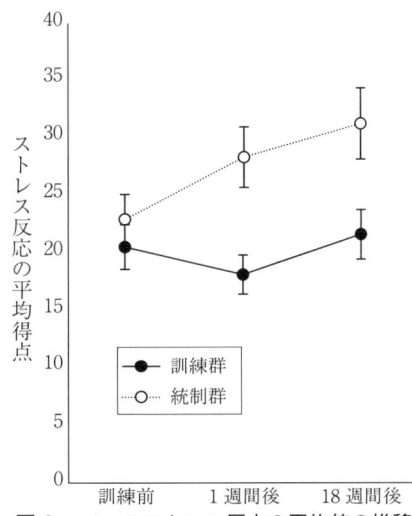

図2-4　◆ ストレス反応の平均値の推移（得点範囲 0 ― 105 点）

き，対人ストレスコーピング訓練を行った。被験者は，21日間，毎晩，コーピング日誌による訓練を行った。その結果が，図2-3と図2-4である。両図とも，訓練前，訓練修了1週間後，訓練終了後18週間後に測定したものである。図2-3から，訓練群は統制群と比較し，解決先送りコーピングの使用頻度が増加していることがわかる。また，図2-4から，訓練群は統制群と比較して，ストレス反応の増加を抑制していることがわかる（看護学生のストレス反応は，この測定時期に増加することが知られているため，統制群ではストレス反応が増加している）。

3　対人ストレス研究の課題と留意点

先に述べたが，特定の関係に限定した対人ストレスコーピング研究は，わずかに進展しているが，本来の対人ストレスコーピング研究はほとんど進展していない。その原因の第1は，対人ストレスコーピング研究の意義（利点）がまだ十分に理解されていないと思われることである。しかし，加藤の一連の研究では，ラザルスらが提唱している問題焦点型や情動焦点型に分類することのできない，別次元の方略であるポジティブ関係コーピング，ネガティブ関係コーピング，解決先送りコーピングという3つの方略を見い出し，ストレス過程における解決先送りコーピングの独特の働きを実証しており，今後の展開が期待される。

対人ストレスコーピング研究を進めるにあたって注意すべき点は，教示である。たとえば，実験室でのコミュニケーション場面において，フォルクマンとラザルス（1988）のコーピング尺度を用いて，対人ストレスコーピングとストレス反応との関連性を検証したとする。論文中に，どのようなストレス状況に対するコーピングの使用頻度を回答させたのか明示していなければ，フォルクマンとラザルス（1988）のコーピング尺度は包括的コーピング尺度であるため，日常生活で経験したストレス状況に対するコーピングを測定したと判断される。このように，どのようなストレス状況に対するコーピングを測定しているのか，「対処する (coping with)」の後に続くべき単語が明記されていない論文が散見する。対人ストレスコーピングを対象とした研究であるかどうか見分けるためには，「表題」や「アブストラクト」，「序論」の文脈だけで判断するのは早計であり，詳細に，「方法」に目を通す必要がある。

先に述べたように，対人ストレスに焦点を当ててはいないが，対人ストレスコーピングに関する研究がある。その場合，「表題」や「アブストラクト」，「キーワード」から，その研究が対人ストレスコーピングに関する研究であることを知るのは容易ではない。方法を詳細に読むことで初めて，対人ストレスコーピングに関するデータが含まれることに気づくこともある。

3章
特性的・状況的コーピングと適応

　これまでになされてきた数多くのコーピング研究を概観すると，コーピングの特性的側面（以下，特性的コーピング dispositional coping とする）を扱っている研究者と，状況特異的な側面（以下，状況的コーピング situational coping とする）を扱っている研究者が存在することに気づくだろう。前者はコーピング・スタイル（coping style）とも呼ばれ，コーピングの日常一般的な傾向を意味し，後者は，たとえば"過去半年以内に直面した最もストレスフルな出来事について"というように，ある特定の時間的枠組みにおける，特定のストレスフルな状況に対するコーピングを意味する。本章では，これら2側面がどのように測定され，適応との関係についてどのように検討されているのか，また，コーピング研究を臨床実践に応用する際に，どのような事柄に留意すべきなのかについて取り上げる。

❶節　特性的コーピングと状況的コーピングの測定

1　特性的コーピングを扱うのか，状況的コーピングを扱うのか

　現在行われているコーピング研究は，ラザルスら（e.g., Folkman & Lazarus, 1980; Lazarus & Folkman, 1984）の研究の流れを受けており，多くの研究者が彼らの論文を引用している。また，彼らが開発した対処様式測定法（Ways of Coping Checklist: WCC）は改訂が重ねられながら，わが国においても公刊され（日本健康心理学研究所，1996），広く用いられている。この質問紙は，"最近体験した，強い緊張を感じた状況"について思い浮かべ，その困難な状況に対してどのようにコーピングしたか回答するよう求めるものである。項目文は"～を～した""～だと思った"というような過去形の文で，それぞれについてあてはまる度合いを3件法で回答する。この測定方法にもあらわれているように，ラザルスとフォルクマン（Lazarus & Folkman, 1984）は，コーピングを人と環境との相互作用のなかで時間的に変動するトランスアクショナルな過程とし，その状況特異性，変動可能性を強調している。一方，特定の出来事や時点に限定せず

に，個人の日常一般的なコーピングの傾向を測定する方法も用いられており（e.g., Endler & Parker, 1990），コーピング研究を行うにあたり，どちらをどのように測定するのか，ということについて吟味する必要があると考えられる。

2 特性的コーピングと状況的コーピングの比較対照を可能にする測定

多くの場合，研究者は自らが支持する立場から，特性的コーピングあるいは状況的コーピングのいずれかを測定し，適応との関係を検討している。筆者が知る限り，現時点では，どちらを測定することが有用なのかということについての確たる結論は得られていない。その大きな原因として考えられることは，特性的コーピングと状況的コーピングのどちらを測定するのかという問題に加えて，測定されるコーピング方略が研究者間で異なっており，ある同一のコーピング・ストラテジーについて，特性的側面を測定した場合と状況的側面を測定した場合とで，適応への予測力にどれだけ違いがあるのかを比較対照することが不可能になっていることがあげられる。たとえば，先述のWCC（Folkman & Lazarus, 1980）は，項目の追加や修正を重ねられながら，3因子から8因子までの幅でさまざまな因子構造が示されている（Aspinwall & Taylor, 1992; Bolger, 1990; Folkman et al., 1986; Parkes, 1984; Sølie & Sexton, 2001）。また，カーバーら（Carver et al., 1989）のCOPEでは13の下位尺度が扱われている。コーピング尺度の最適な構造とはいかなるものかということについても，各研究者の主張が異なっており，これは先行研究における知見を整理しにくくしているもうひとつの大きな要因であると考えられる。研究を展開する際には，どのようなコーピング方略を扱うことが，個々の研究目的において，あるいは臨床場面への応用において最良なのかを吟味する必要がある。この問題をふまえ，現段階でまず必要なことは，特性的コーピングと状況的コーピングを比較対照することが可能な測定尺度を開発することであるといえる。つまり，特定のコーピング方略について，特性的コーピングと状況的コーピングの双方を測定するという視点である。

このような視点で最初に開発されたと考えられる尺度がカーバーら（Carver et al., 1989）のCOPEである。この尺度では，特性版と状況版とで共通の項目を用い，教示と回答選択肢の時制のみ変更して測定するようになっている。また，アイヤーズら（Ayers et al., 1996）は，カーバーら（Carver et al., 1989）のCOPEをもとに子ども用尺度を作成し，特性版をChildren's Coping Strategies Checklist（CCSC），状況版をHow I Coped under Pressure Scale（HICUPS）と名づけている。また，スタントンら（Stanton et al., 2000）は，コーピングのなかでもネガティブ感情の処理・調整に焦点を当て，感情処理（emotional processing）と感情表出（emotional expression）の2下位尺度からなる

Emotional Approach Scale の，特性版と状況版の尺度開発を行っている。

わが国では，近年，感情表出，情緒的サポート希求，認知的再解釈，問題解決の4下位尺度からなる，General Coping Questionnaire（GCQ）特性版（佐々木・山崎，2002a）ならびに状況版（佐々木・山崎，2004）が開発されている。さらに最新の研究において，内田と山崎（2003，2005，2006）は，スタントンら（Stanton et al., 2000）と同様，情動焦点型コーピングにとくに着目した，感情コーピング尺度（Emotion Coping Questionnaire: ECQ）の特性版と状況版の開発を行っている。この尺度は，怒り感情と落胆感情の表出によるコーピングを測定するもので，他者依存的感情表出と独立的感情表出の2下位尺度を含んでいる。

以上のように，コーピング研究はこれまでに膨大な蓄積がなされていながら，特性的コーピングと状況的コーピングの比較対照という視点での研究は，まだまだ発展途上なのである。

3　特性的コーピングを扱うのならば，領域を限定するのか否か

特性的コーピングを扱う場合において，測定対象を対人関係におけるコーピング，達成場面におけるコーピング，などのように，領域を限定して測定するのかどうかということも重要な問題のひとつである。加藤（2000，2004，ならびに本書2章参照）は，対人ストレスに対するコーピングの重要性を指摘したうえで，項目プールの作成時点から対人ストレスに対するコーピングに焦点を当てて尺度を開発している。とくに対人ストレスに対するコーピングを検討することが研究目的として明確ならば，このような尺度を採用することが最良であろう。一方で，加藤（2004）も指摘しているように，領域間でのコーピングの比較が問題となる場合，たとえば対人状況に対するコーピングと，達成状況に対するコーピングの相違点を明らかにしたい場合には，特定の領域に限定された測定尺度の使用は不適切なものとなる。なぜならば，対人領域におけるコーピングを想定して作成された尺度には，達成領域において特異的に用いられるコーピング方略が含まれていない，あるいは，達成領域においては用いられないコーピング方略が含まれている可能性を否定できないためである。つまり，領域を限定して開発された尺度を，他の領域について利用することは，コーピング測定尺度における構成概念妥当性に問題を生じさせることになる。

4　状況的コーピングを扱うのならば，どのような時間的枠組みを採用するのか

次に，状況的コーピングの測定について考える。ひとことで状況的コーピングといっても，先行研究で設定されている時間的枠組みはさまざまである。多くの

研究者は特定の期間内に起こった最もストレスフルな出来事について，どのようにコーピングしたかを問題にする。1年半以内（e.g., McCrae, 1984），1年以内（e.g., Holahan & Moos, 1987），6カ月以内（e.g., Amirkhan, 1990），1カ月以内（e.g., Aldwin & Revenson, 1987; Folkman & Lazarus, 1980），1週間以内（e.g., Folkman et al., 1986），というように，測定の時間的枠組みにはかなりのばらつきがある。また，大学への適応場面（e.g., Aspinwall & Taylor, 1992），学期末試験（e.g., Bolger, 1990）など，時間的枠組みに加えてストレフルな出来事を特定して測定される場合もある。また，ストレスフルな出来事は調査時点で進行中のものであることを重点に置き，その種類は回答者にまかせている場合もある（e.g., 尾関，1993; 佐々木・山崎，2004; Stanton et al., 2000）。筆者が知る限り，最も短い時間的枠組みを採用しているのがシュワルツら（Schwartz et al., 1999）である。彼らは小型電子端末を用いて，平均40分間隔で状況的コーピングの査定を行っている。以上のように，状況的コーピング測定時の時間的枠組みは，数十分単位から1年を超えるものまでさまざまである。研究間のこのような差異は，先行研究における知見を整理しにくくしている大きな要因であると考えられる。

5　ある時点での状況的コーピングは，別の時点での状況的コーピングを予測しうるのか

次に問題となるのは，状況的コーピングは異なる時点においても安定したものなのかということである。この点に関連して，テリー（Terry, 1994）は，あえて先行する時点と後続する時点で異なるストレスフルな出来事をあげるよう調査協力者に求め，道具的行為（instrumental action），用心深さ（cautiousness），現実逃避（escapism），最小化（minimization），自責（self-blame），意味の追求（seeking meaning），サポート希求（support seeking）の7つのコーピング方略それぞれについて，各時点間でのコーピングの安定性を示している。加えて，道具的行為，用心深さの2つのコーピング方略（これらは"問題焦点型コーピング"とされている）では，2時点間の状況の類似度が高いほど，コーピング使用の安定性が強まることを示しており，とくに問題焦点型コーピングにおいては，状況の質の類似性が，コーピングの状況間一貫性に影響を与えるのだろうと考察している。これらの知見は，異なる時点間におけるコーピング使用の安定性に，状況の質からの影響を受けやすい方略と，影響を受けにくい方略が存在することを示唆している。

6　特性的コーピングは状況的コーピングを予測しうるのか

1節＊特性的コーピングと状況的コーピングの測定

　次に重要な問題は，特性的コーピングは状況的コーピングを予測しうるのかという問題である。ストーンとニール（Stone & Neale, 1984）はラザルスらと同様，状況的コーピングを重視しているが，自己報告式の質問紙による測定に対して1980年代から批判的な立場をとっていた。そして近年，「いままさにそこで」行われている瞬間的コーピング（momentary coping）を測定することを重視した研究を行っている（Schwartz et al., 1999）。この研究では，Daily Coping Inventory（DCI; Stone & Neale, 1984）とWCC（Folkman & Lazarus, 1980）の短縮版を用いて特性的コーピングを測定し，さらに同様の質問項目についての瞬間的コーピングを小型電子端末により測定し，両者の関係について検討されている。瞬間的コーピングは，就寝時をのぞいて平均40分に1回，およそ48時間にわたって約30回測定されている。その結果，質問紙によって測定された特性的コーピングは，瞬間的コーピングの分散の11.5％しか説明しないことが示されている。ただし彼らは，万が一即時的に回答ができない場合（長電話や上司との会話など）には，20分ほど遅れての回答を許している。どこまで時間枠を細分化すれば"いままさにそこで"行われているコーピングを測定したことになるのかは，研究者によって議論の分かれるところではないかと考えられる。また，シュワルツらが示している数値を，大とするのか小とするのかについても，賛否両論が存在すると考えられる。

　後に詳細に述べられるが，佐々木と山崎（Sasaki & Yamasaki, 2007）の研究では，特性的コーピングと，2時点で測定された状況的コーピングの因果関係が検討されている。結果の一貫性が一部弱いものの，全体としては，ある時点での特性的コーピングは，後続する時点での状況的コーピングを予測することが示されている。

　特性的コーピングは状況的コーピングを予測しうるのかという問題は，第4項でもふれたように，状況的コーピングをどのような時間的枠組みで測定するかということと，どのような基準をもって"予測しうる"とするかに左右されると考えられる。

7　さまざまなコーピング測定法とその長所・短所

　図3−1は，コーピング研究における査定方法について，時間の経過との対応であらわしたものである。"日常一般的に，ふだんどのように対処していますか"と問う方法には，領域（対人領域，達成領域など）を指定するもの（e.g., 加藤，2000）と指定しないもの（e.g., 佐々木・山崎，2002a）とがあり，いわゆる特性的アプローチに含まれる。これに対して，特定の時間的枠組みにおけるコーピングをとらえようとする方法がいくつか存在する。そのなかでも，過去の

3章 特性的・状況的コーピングと適応

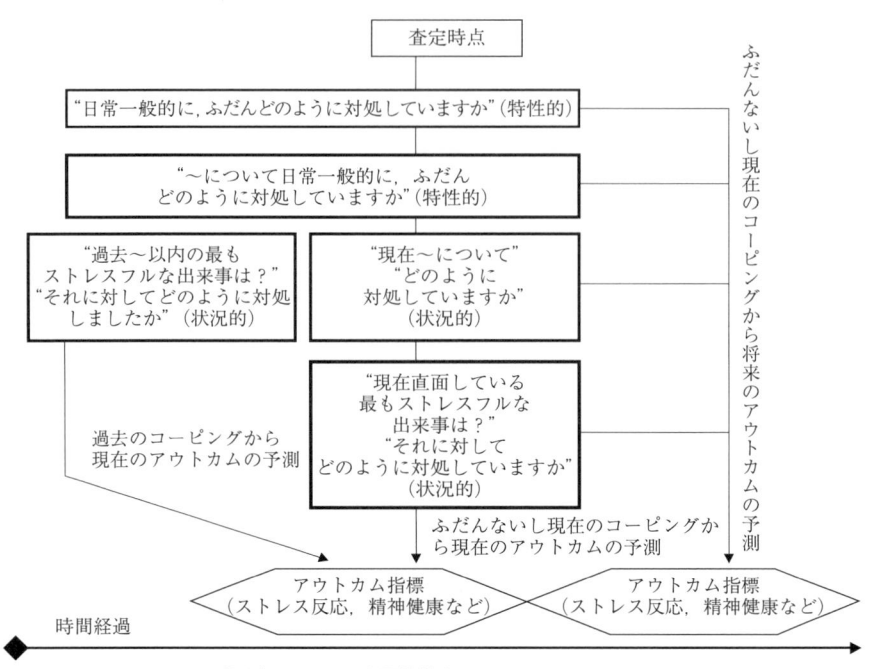

図3－1 ◆ コーピング測定における時間的枠組み

コーピングを問題にするもの（"過去〜以内の最もストレスフルな出来事にどのように対処しましたか", e.g., Aldwin & Revenson, 1987），特定の状況を調査実施者が指定し，時間を追ってコーピングをとらえようとするもの（"ここ2日および現在，試験についてどのように対処していますか", e.g., Carver & Sheier, 1994），調査対象者が調査時点で最もストレスフルだと感じている出来事を記述し，それに対する進行中のコーピングを測定するもの（"現在直面している最もストレスフルな出来事は何ですか。それに対してどのように対処していますか", e.g., 尾関，1993; 佐々木・山崎，2004）などに分類することができる。

　これらの測定方法には，それぞれ長所と短所が存在する。特性的アプローチは，個人の全体としてのコーピング傾向を把握することができる。ただし，これはある一時点の状況的コーピングを予測可能であるが，その予測の程度は一部安定していないという知見も示されている（Sasaki & Yamasaki, 2007）。対人領域，達成領域など，領域を限定した特性的アプローチでは，研究上，臨床上，意味のある特定の領域に限定して，個人のコーピングの傾向を把握することができる。しかし，当然のことながら他の領域におけるコーピングについては無視される。そして，調査時点ではすでに消失している可能性があるストレッサーに対す

るコーピングを回想する．過去の状況的コーピングの測定は，先行研究において多くの批判がなされているように（e.g., De Ridder, 1997），ラザルスら（Lazarus & Folkman, 1984）が主張する，コーピングのトランスアクショナルな側面をとらえることはできない．この測定法に長所を見つけることは難しい．また，特定の状況を調査実施者が特定し，時間を追ってコーピングをとらえようとする方法では，特定のストレッサーに対するコーピングのプロセスを，時間軸に沿って検討することが可能である．しかしながら，研究者が特定したストレッサー（"学期末試験"など）が，個人にとって必ずしも意味あるストレッサーかどうか確証はない．最後に，調査対象者が調査時点で最もストレスフルだと感じている出来事を記述し，それに対する進行中のコーピングをとらえようとする方法では，個人ごとに測定時点で直面しているストレッサーに対するコーピングをとらえることができる．つまり，コーピングのトランスアクショナルな過程を検討することが可能となる．しかし，個人ごとにストレッサーを抽出した場合，状況の種類，状況の統制可能性をはじめ，無数に存在する状況の性質を考慮しなければならない．また，いずれの状況的アプローチにも共通している問題は，検討対象となっている単一のストレッサーのほかに，同時に存在している可能性のあるストレッサーに対するコーピングが無視されるということである．

　以上のように，コーピングの測定法として考えうるもののなかには，それぞれ長所と短所が存在する．これらを考慮したうえで，研究目的に合った測定方法はどのようなものか，既存の尺度を用いるのであれば，その尺度が開発された背景と，これからなそうとしている研究とに矛盾がないか吟味することが必要である．しばしば見受けられる誤りは，特性的コーピングを測定する尺度を，信頼性，妥当性を吟味することなく，状況的コーピングの測定に用いることや，その逆のケースである．コーピング測定のゴールドスタンダードを単純に示すことは困難である．なぜならば，最良の測定法とは，研究目的や，その研究知見をどのように臨床実践に応用しようとしているかに依存するからである．

❷節　特性的・状況的コーピングと適応に関する研究知見

1　敵意，コーピング，適応の関係

　本節では，実際に特性的コーピングと状況的コーピングを測定し，適応との関係を検討した研究を紹介する．

　健康心理学や行動医学において，冠状動脈性心臓疾患や抑うつなどとの関連で近年注目されている概念に敵意（hostility）がある．敵意は，他者に対するネガティブな信念，不信，猜疑心などを意味する．フリードマン（Friedman,

1992)は，敵意研究とコーピング研究の双方の知見を合わせることによって，健康状態への予測力を高める可能性を示唆している。

そこで，佐々木と山崎（2002b）は，GCQ特性版を用いて，敵意と精神的健康の因果関係が特性的コーピングによってどのように媒介されるかを検討している。その結果，男女ともに，敵意が高いほど，感情表出によるコーピングを行う傾向が強く，認知的再解釈，問題解決によるコーピングを行う傾向が弱いことが明らかにされた。また，男性においては，感情表出の傾向の強さは抑うつの弱さを，情緒的サポート希求の傾向の強さは不安・不眠ならびに抑うつの強さを，問題解決の傾向の強さは社会的活動障害の弱さを予測した。女性においては，認知的再解釈の傾向の強さは不安・不眠ならびに社会的活動障害の弱さを，問題解決の傾向の強さは抑うつの弱さを予測していた。以上のことから，高敵意者に対しては，認知的再解釈や問題解決によるコーピングの拡充が必要であることが示唆された。

一方，佐々木と山崎（2004）は，GCQ状況版を用いることにより，敵意と精神的健康の因果関係を，状況的コーピングがどのように媒介するのかを検討している。その結果，敵意からコーピングへの因果関係は，佐々木と山崎（2002b）とほぼ同様の知見を得たにもかかわらず，コーピングから精神的健康への因果関係がわずかしか認められなかったことを示している。また，女性における状況的な感情表出と問題解決の傾向の強さは不安・不眠の強さを予測し，問題解決の強さは身体的症状の強さも予測する結果となり，精神的不健康状態を軽減するコーピングは見い出されなかった。

以上の2つの研究から，敵意と特性的コーピング，敵意と状況的コーピングの関係はほぼ一貫しているのに対して，特性的コーピングと状況的コーピングとでは，精神的健康への予測力に違いがあることが示唆された。

2 大学新入生の適応過程におけるコーピング

そこで佐々木と山崎（Sasaki & Yamasaki, 2007）は，特性的コーピングと状況的コーピングの，精神的健康に対する予測力の違いに的をしぼった短期的縦断的研究を行っている。この研究では，大学新入生の適応過程を，大学入学直後（Time 1: 4月上旬〜下旬）と約3カ月後（Time 2: 6月下旬〜7月上旬）の2時点にわたって検討されている。Time 1では，特性的コーピングならびに状況的コーピング（それぞれ"感情表出""情緒的サポート希求""認知的再解釈""問題解決"の4下位尺度）と精神的健康（日本版 General Health Questionnaire 28項目版（中川・大坊，1985）："身体的症状""不安・不眠""社会的活動障害""うつ傾向"の4下位尺度）が測定され，Time 2では状況的コーピングと精神的健

康が再度測定された。GCQ特性版では，調査対象者がいやな出来事や困った出来事に直面したとき，GCQの32項目に示されていることを，日常一般的にどの程度行っているかについて問う。一方，状況的コーピングは，調査時点で調査対象者が直面している最もいやな出来事，困っている出来事をひとつ記入するよう求め，その出来事に対して，GCQの32項目に示されていることをどの程度行っているかについて問う。32項目は特性版と状況版で共通だが，上述の教示と，回答選択肢のキャプションのみ変更されている（e.g., 特性版："まったく行わない"，状況版："まったく行っていない"）。

この研究において，状況的コーピング測定の際に調査協力者から報告された，その時点で直面している最もストレスフルな出来事の内容のうち，回答の割合が高かった上位3点が表3－1に示されている。男女ともに，入学時点では生活の変化や生活環境が上位にあげられていた。女性においては，入学時点においても，入学から3カ月後においても共通して，対人関係の問題が最上位にあげられており，女性における対人的問題の重要性が示唆される。また，Time 1 と Time 2で異なる種類の出来事をあげた人は全体の80%近くを占め，大半の大学新入生は，これら2時点間で，直面している最もストレスフルな出来事の種類が異なっていたということになる。

そして，特性的コーピング，状況的コーピング，精神的健康の因果関係について，仮説モデルの検証が行われた。構造方程式モデリングによる分析の結果，モデル適合度が高かったもののなかで主要な結果を以下に紹介する。図3－2は，男性における情緒的サポート希求と不安・不眠の関係について検証したものである。

表3－1 ◆大学新入生が直面している最もストレスフルな出来事

	Time 1 入学直後（4月初旬～下旬）		Time 2 入学から約3カ月後（6月下旬～7月上旬）	
	男性	女性	男性	女性
1	生活の変化 例:"一人暮らし" 20.0%	対人関係 例:"友人とのけんか" 21.93%	学業 例:"学期末試験" 34.78%	対人関係 29.82%
2	生活環境 例:"交通渋滞" 12.17%	生活の変化 20.18%	対人関係 15.65%	学業 25.44%
3	健康問題 例:"風邪" 9.57%	個人の問題 例:"自分の内向性" 14.04%	健康問題 7.83%	忙しさ 例:"時間がない" 8.77%

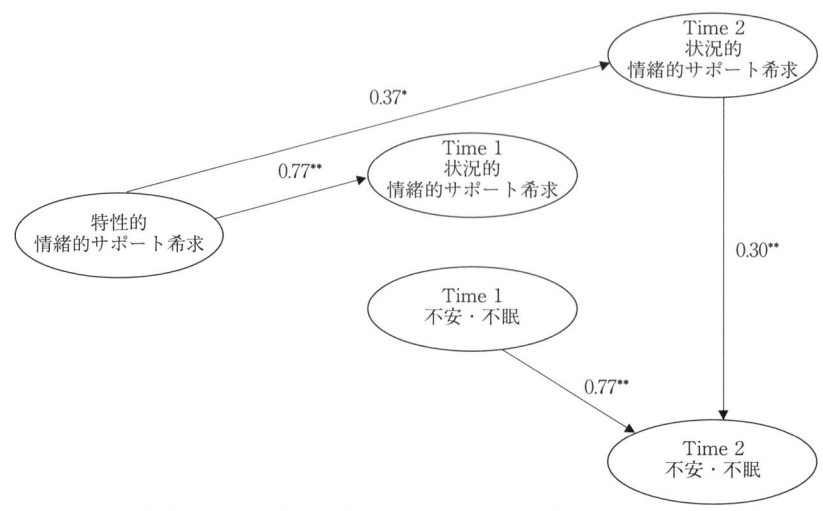

図3−2 ◆ **構造方程式モデリングによる解析結果例（1）**
パス上の数値は因果係数（標準化推定値，統計的に有意なパスのみ表示）
**$p < 0.01$　*$p < 0.05$

　ここでは，特性的に情緒的サポート希求の使用頻度が高いほど，Time 1, Time 2 いずれの時点においても，その時点で直面しているストレスフルな状況に，情緒的サポート希求を使用する頻度が高いことが示されている。また，Time 2 において直面しているストレスフルな状況で，情緒的サポート希求を行っている頻度が高いほど，その時点での不安・不眠症状が強いことが示されている。

　また図3−3は，男性における認知的再解釈と社会的活動障害との関係について検証したものである。ここでは，特性的に認知的再解釈の使用頻度が高いほど，Time 1 時点での社会的活動障害の程度が低く，また，Time 1 で直面しているストレスフルな状況で認知的再解釈を行っている頻度が高いことが示されている。しかし，Time 1 での認知的再解釈の使用頻度の高さは，その時点での社会的活動障害の程度を予測していない。また，Time 1 の状況的コーピングと Time 2 の精神的健康との有意な因果関係は見い出されなかった。このことは，本研究で検証したモデルにおいては，先行するある一時点での状況的コーピングは，後続する一時点での精神的健康を直接的には予測しえないということを示唆している。また，モデル全体を見てみると，特性的に認知的再解釈の使用頻度が高い人ほど，状況的な認知的再解釈の使用頻度の高さや，Time 1 における社会的活動障害の低さを介して，Time 2 における社会的活動障害の程度が低くなっている。

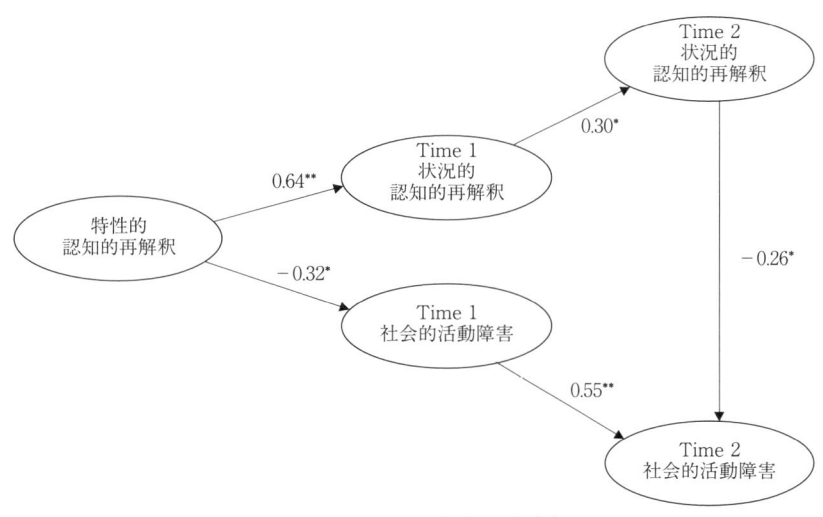

図3-3 ◆ 構造方程式モデリングによる解析結果例（2）
パス上の数値は因果係数（標準化推定値，統計的に有意なパスのみ表示）
$**p < 0.01$　$*p < 0.05$

この知見は，大学入学時の早期の段階で，認知的再解釈による特性的コーピングを拡充することで，将来の社会的活動障害の軽減が可能であることを示唆している。以上を総合すると，査定の機会が一度しかなく，かつ将来の健康状態の予測が求められているような場合には，状況的コーピングよりも，特性的コーピングを測定するほうが適切だということになる。しかし，この点について結論づけるには，さらに多くの研究知見が必要である。

また，佐々木らの一連の研究では，認知的再解釈によるコーピングは，特性的コーピング，状況的コーピングのいずれの側面においても，精神的不健康状態との負の因果関係が見い出されたり（Sasaki, 2004; 佐々木・山崎, 2002b, Sasaki & Yamasaki, 2007），関係がないことが見い出されたりしているが（佐々木・山崎, 2004; Sasaki & Yamasaki, 2005），両者の間に正の因果関係が見い出されたことはない。つまり，少なくとも認知的再解釈によるコーピングは，精神的不健康状態の軽減をもたらすことはあっても，増悪をもたらすリスクは低いものと考えられる。

❸節 コーピング研究の臨床実践への応用

1 コーピングの測定は臨床現場でどのように応用することが可能か

　コーピング研究で得られた知見は，多くの場合，医療や教育現場におけるストレス・マネジメントや認知・行動論的な治療アプローチと深い関わりを持っている。ここでは，特性的コーピング，状況的コーピングという2側面の視点から，臨床実践との関連性について述べたい。

　本章で述べてきたように，特性的コーピングと状況的コーピングの測定には，どちらにも長所と短所が存在し，臨床実践においても，両者は相補的に機能すると考えられる。つまり，特性的コーピングは，コーピングの全体的傾向をとらえ，どのようなコーピングの拡充・抑制が必要なのかという，介入の方向性決定に活用することが可能である。一方，状況的コーピングは，ある一定の時間的枠組みにおけるコーピングの傾向を把握し，その時点において，その状況において，どのように介入すべきかの情報を提供するだろう。

　たとえば，対人関係づくりを苦手とする大学生Aさんが，個人セッションの介入を受けることになったとしよう。AさんにGCQ特性版（佐々木・山崎，2002a）を施行したところ，感情表出，情緒的サポート希求，認知的再解釈，問題解決の4下位尺度のうち，認知的再解釈における得点が，大学生標準化集団の得点と比べて有意に低かったとする。Aさんを取り巻くその他のさまざまな条件にもよるだろうが，このGCQ得点から考えれば，介入者は，認知的再解釈によるコーピングの促進を主たる介入要素とするプログラムを計画するだろう。ここでもし，ある一時点，ある状況におけるコーピングを測定していたならば，その状況的コーピングの特徴が他の状況においても共通して見られるものかどうかは，状況的コーピングを複数回測定しなければ把握することができなかっただろう。また，2節ですでに述べられているように，特性的コーピングは状況的コーピングをある程度予測可能であるという知見も得られている。これらをふまえると，介入の方向性を検討するためには，特性的コーピングの測定が適していると考えられる。

　一方，状況的コーピングの測定は，実際の介入時点で有用になる。たとえばAさんが，「大学へ向かう途中，同じゼミのBさんが何もいわず僕の横を通り過ぎて行きました。Bさんは僕をわざと無視したに違いない。絶対にそうです。それで，落ち込んでしまいました」と報告したとする。介入者は，Aさんの報告をもとに，介入の具体策を考えることになる。仮にここでGCQ状況版（佐々木・山崎，2004）を施行し，Aさんが認知的再解釈によるコーピングを行うことがきわめて少ないならば，介入者はAさんの状況的コーピングの特徴を，数値と

して明確に把握することができるだろう。そして,「Bさんは僕をわざと無視したに違いない。絶対にそうだ」と考えた理由をたずねたり,ほかの考え方はできないだろうかとたずねたりしながら,Aさん自身がこの状況において,現実に即した思考法を獲得できるように指導していくだろう。そして,介入がうまく機能すれば,AさんがBさんとの関係をストレスフルに感じることは軽減していくと予測される。介入者がここで,対人関係のとり方について一般論を述べたとしたら,Aさんは自分の日常生活において,具体的にどのような努力をすればよいのかわからなくなってしまう。また,Aさんは日常一般的には認知的再解釈によるコーピングを行うことが多い傾向にありながら,Bさんとの関係に限って,異なる行動傾向にあるのかもしれない。以上のように,状況的コーピングの測定は,特性的コーピングの測定の限界部分である例外的状況の把握や,介入の具体的な内容の吟味に適していると考えられる。

　また,Aさんの主訴が,「Bさんとの関係の改善」ではなく,「対人関係の改善」にある場合には,Bさんとの対人関係が改善されただけでは,介入の本来の目的を達したとはいえない。ここでは,「Bさんとの出来事について」を材料としながら,Aさんの日常全般にわたる対人関係のとり方が改善されることが重要である。先述のとおり,介入場面では,個々の具体的な出来事を取り上げることが必要なので,状況的コーピングが扱われることが多い。しかし,介入対象者の問題が広範囲の状況にわたっている場合には,介入の最終目標は,介入場面で得られたスキルが日常のさまざまな場面に般化し,日常一般的な,特性的コーピングの変容にまでつながっていくことにある。

2　コーピング研究の知見の臨床応用

　これらに加えて,コーピング研究は,ストレス・マネジメントなどの臨床活動を実践する際に注意すべき点についての知見も提供している。たとえば,問題解決によるコーピングは,一般的に適応的なものとされる傾向にあるが,とくに状況的コーピングを測定した場合に,否定的知見が示されることがある (e.g., Bolger, 1990; 佐々木・山崎, 2004)。また,いわゆる情動焦点型コーピングについても同様で,特性的感情表出の高さは,精神的苦痛の低さを予測するという知見が得られている一方で(佐々木・山崎, 2002b),状況的感情表出は,精神的苦痛の強さを予測するという知見も示されている (Sasaki & Yamasaki, 2007)。これらの知見は,このようなコーピングが,長期的には精神的苦痛を軽減する機能を備えているが,即時的な反応コストが高く,短期的には精神的苦痛を増悪させる可能性を示唆している。スタントンら (Stanton et al., 2000) の指摘にあるように,情動焦点型コーピングは不適応的か否かという問題は,議論されて久しい。

今後は内田と山崎（2003, 2005, 2006）の研究をはじめとする実証的証拠の蓄積と，それらに基づく介入研究の効果検証が期待される。今後，さまざまなコーピング方略について，その特性的側面と状況的側面がアウトカム変数をどのように予測するのかが明らかにされれば，介入によって生じ得る短期的・長期的変化の見通しについて，介入対象者に詳細に説明することが可能になる。また，それによって介入へのモチベーションの維持をはかることもできるだろう。

　以上のように，コーピング研究は，ストレス・マネジメントなどの臨床実践と密接に関連している。今後のコーピング研究には，臨床実践と乖離しない，有用な知見を継続して示すことが，さらにいっそう求められていると考えられる。

4章 自己概念と適応

❶節 はじめに

「私は前向きである」,「俺はだめな奴だ」,「自分は落ち込みやすい」などといったように自分自身をどのようにとらえるかは,他者との関わりに大きく影響する。たとえば,「自分は前向きである」と思っている人は,実際に前向きであるようにふるまうだろうし,そうしたふるまいを受けて,まわりの人からも前向きな人であるような扱いを受けるであろう。一方,「俺はだめな奴だ」と思っている人は,「だめな奴」がしそうな考え方やふるまい方を実際にとって,まわりの人からも「だめな奴」として扱われるようになるかもしれない。これはどちらかというと性格特性に関わるイメージである。もっと根本的な側面としては,「自分は価値がある存在なのかどうか」が不確かである人は,自分は価値がある存在であるという確信を持っている人に比べて,他者への関わり方も異なってくるであろう。

自分自身に対するとらえ方,イメージのことを自己概念と呼ぶ。自己概念は,自分のパーソナリティやこれまでの経験をどう認識するかだけでなく,親友,恋人,親といった自分にとって重要な他者(重要他者)との関わりのなかでも形成・維持されていく。自己概念がつくられ,維持されていくプロセスが精神的健康に大きな影響を及ぼす場合もあることが,これまでの研究で示されている。本章では,重要他者との関わりにとくに焦点を当てて,重要他者との相互作用が精神的健康に及ぼす影響を調べた研究を紹介する。具体的には,抑うつ的な人の自己確証理論,重要他者に対する再確認傾向に関する研究について述べる。

❷節 重要他者との相互作用

重要他者とは,自分にとって大事な存在であり,その人と関わることが感情や自己概念に大きな影響を及ぼすような人のことである。たとえば,筆者は,大学生を対象にして質問紙調査を行い,自分にとっての重要他者をひとり想定するよ

う求めたことが何回かある。たいていは親友，恋人，母親などが重要他者として想定されることが多い（なお，父親は母親よりもあがることが少ない）。こうした重要他者との関わりを持つことは，精神的健康を維持するうえでもさまざまな機能を果たしていると考えられる。

まず，情動的かつ道具的な面でソーシャルサポートを受けることができることがあげられる。たとえば，いやなことがあったときになぐさめやはげましをしてくれる，困ったときにお金を貸してもらうなどである（ソーシャルサポートについては7章と8章を参照）。

また，自分に何か特別なことをしてくれるわけではなくとも，何気ない会話を交わすだけで親和欲求が満たされたり，その人がそばにいるというだけで安心したりすることもあるだろう。

さらに，重要他者とのふだんの関わりの積み重ねによって自己概念を形成し，維持していくことのできることがあげられる。たとえば，冒頭で述べたように，「私は前向きである」と思っている人は，実際に前向きであるようにふるまい，それを受けてまわりの人も前向きな人に対する扱いをするだろう。そうすることで，自分自身の行動も一貫したものとなり，他者からの反応も一貫して予測しやすいものとなるのである（Swann, 1990）。

このように，重要他者との相互作用はさまざまな機能があり，日常生活における他者との円滑な相互作用を支え，精神的健康を支えていくうえでそれぞれ重要な役割を果たすであろう。しかし，場合によっては重要他者との相互作用がかえって精神的不健康につながる場合もある。たとえば，「俺はだめな奴だ」，「自分は落ち込みやすい」といったようなネガティブな自己概念を持つ人の場合は，重要他者との関わり方までもそうしたネガティブな自己概念に基づいたものとなり，重要他者との不適応的な相互作用を招くかもしれない。そして，本来ならば自己概念を維持するうえで不可欠な役割を果たすはずの重要他者との相互作用が，結果的に不適応的なものとなって，精神的不健康につながる可能性が考えられる。

次の節では，重要他者との相互作用が精神的不健康といかに関連するかを調べた研究について，抑うつに関する研究を中心に紹介する。重要他者との相互作用が精神的不健康に関わる個人内の要因については，アタッチメントスタイル（Mikulincer & Shaver, 2003），拒否への感受性（Downey & Feldman, 1996: Downey, et. al., 1999），他者依存性（Bornstein, 1992）など非常に多くの概念がこれまでに検討されている。

そこで次の節ではとくに，重要他者との相互作用が，精神的不健康に及ぼす影響を検討した研究例として，抑うつな人の自己確証の研究，重要他者に対する

再確認傾向の研究を紹介する。まず，自己確証理論について簡単に説明し，抑うつ的な人の自己確証を検討した研究について述べる。次に，重要他者に対する再確認傾向について説明し，関連する研究について述べる。

なお，ここでの抑うつ的な人とは，とくに断りがないかぎり，重度のうつ病患者ではなく，健常な人にも見られる比較的軽度の抑うつ状態にある人のことをさしている。

❸節 抑うつ的な人の自己確証に関する研究

1 自己確証理論

自己確証理論（e.g., Swann & Read, 1981; Swann, 1990; Swann, et. al., 2002）では，人には自己概念を一貫させたいという動機があり，自らの自己概念を確証できるように他者と相互作用をすると考えている。スワン（Swann, 1990）によると，自己確証の方略としては，①認知的方略：自己確証的な情報をより記憶したり再生したりする，あいまいな情報を自己確証的に解釈する，②対人的方略：アイデンティティの手がかりを呈示する，自己確証的な情報を他者から引き出すような対人行動をとる，自己確証できるような環境・相互作用の相手を選択する，があるとしている。たとえば，本章1節の例を再び取り上げると，「私は前向きである」と思っている人が，自分が前向きにふるまえるような相手と付き合ったり，自分が前向きであることの証拠となるような情報を他者から集めようとしたり，過去に自分が前向きにふるまったときのことをよく思い出せたりすることなどが例としてあげられる。

こうしたさまざまな方法で自己確証をすることによって，①自分の行動に一貫性を持たせることができる，②外界を予測可能なものとする，という役割を果たすと考えられている。こうした自己確証のプロセスについて，これまで多くの実証研究が行われてきた（邦文文献における自己確証理論，自己確証の方略の解説は，下斗米，1998などが詳しい）。次に，ネガティブな自己概念を持つとされている抑うつ的な人を対象とした自己確証に関する研究について見ていく。

2 抑うつ的な人の自己確証に関する研究

抑うつ的な人は，一般にネガティブな自己概念を持っているとされている。自己確証理論に基づけば，抑うつ的な人はネガティブな自己概念を確証するべく，自分に関するネガティブな情報を求めたり，ネガティブな情報を与えてくれるような相互作用の相手を選んだりすることなどが考えられる。

スワンら（Swann, et. al., 1992a）の研究のうち，研究1から研究3では，ベッ

ク抑うつ尺度（BDI）という抑うつの状態を測定する尺度を用いて抑うつ的と判断された学生が実験参加者となり，抑うつ的な人の自己確証行動を検討している。

　研究1では，大学生の実験参加者が行ったパーソナリティテストの反応を3名の学生が評価するという状況で，学生が行ったとされるポジティブ，ニュートラル，ネガティブな評価を実験参加者に見せた。その後に，好ましさ，信頼性，自己記述（自分についてどれだけ述べているか），相互作用をした後に評価をした学生が実験参加者のことを好きになると思うか，評価をした学生とどれだけ会いたいかをたずねた。その結果，非抑うつ的な人はネガティブよりもポジティブな評価者に，抑うつ的な人はポジティブよりもネガティブな評価者に会いたいと回答していた。また，評価者の好ましさ，信頼性（実際は，信頼性と自己記述をあわせて分析している）についても同様のパターンであり，非抑うつ的な人はポジティブな評価を，抑うつ的な人はネガティブな評価をより好ましい，信頼性があるとしていた。なお，相互作用の後に評価をした学生が自分を好きになるかや，評価の好ましさについては，評価の内容が影響していた。

　研究2では，大学生を対象に質問紙調査を行っている。知的能力，スポーツのスキルなど10の属性について友人あるいはデートの相手からどのように評価してほしいかを「非常にネガティブ」から「非常にポジティブ」の9段階で評定してもらう方法で調べた。その結果，抑うつ的な人は非抑うつ的な人に比べて友人やデートの相手からあまり好ましく評価されないことを望んでいた。

　研究3では，大学寮におけるルームメイトのペアを対象にしたフィールド研究で，抑うつ的な人にとって自己確証的な質問，つまり回答にネガティブなフィードバックが含まれることが予想される質問（例：知的な面で問題があると思うところは何か），自己確証的でない質問，つまり回答にポジティブなフィードバックが含まれることが予想される質問（例：知的な面での最大の長所は何か）を複数用意し，ルームメイトにたずねたい質問項目を選択させた。その結果，抑うつ的な人は非抑うつ的な人に比べてネガティブなフィードバックが予想されるような質問をより選択していたが，ポジティブなフィードバックが予想されるような質問はあまり選択していなかった。

　これらの結果は自己確証理論を支持するものであった。しかし，彼らの研究では13項目からなるBDIの短縮版を用いていたので，実験参加者は実際に抑うつ的な人なのかという指摘などがあった。そこで，スワンら（Swann, et. al., 1992b）では，BDIの完全版を用いて，さらに検討している。ここでは，ある実験に参加するにあたって相互作用することになる相手から，ネガティブあるいはポジティブな評価をされた（と思わせた）後に，その人と相互作用するか，それとも別の実験に参加するかをたずねている。その結果，相手からネガティブに評

価された抑うつ的な人の6割，ポジティブに評価された抑うつ的な人の2割が相手と相互作用することを選んだ。すなわち，実験参加者自身が考えているのと同じように他者から評価されたと思ったほうが，その他者と相互作用することをより望んだのである。これは，再び自己確証理論を支持する結果であった。

さらに，ギースラーら（Giesler, et. al., 1996）では，DSM-III-R（アメリカ精神医学会が作成した精神疾患の分類と診断の手引き）における大うつ病（major depression）の診断基準を満たす者，自尊心の低い者，自尊心が高い者を対象に自己確証行動を検討している。彼らの実験では，実験参加者の質問紙の回答に基づいて心理学を専攻する大学院生が実験参加者のパーソナリティ評価をしたと告げ，ポジティブな内容が含まれている評価プロフィールとネガティブな内容が含まれている評価プロフィールの要約を見せて，より詳しく読みたいものを実験参加者に選択させた。さらに，各要約の正確さや好ましさなどを評定させた。

その結果，実験参加者がネガティブな評価プロフィールを選択した割合は，抑うつ群82％，低自尊心群64％，高自尊心群25％であった。また，要約の正確さについては，抑うつ群ではポジティブな内容の要約よりもネガティブな内容の要約をより正確であると評定していた。好ましさについては，どの群でもポジティブな要約を好ましいと評定していたが，抑うつ群では他の2群に比べてネガティブな要約をより好ましく評定していた（表4－1）。したがって，診断基準を満たす臨床レベルの抑うつであると判断された者を対象としても，自己確証理論を支持する結果が得られている。

以上のように，抑うつ的な人は自分のネガティブな自己概念を一貫させる方向で他者から自分に関する情報を求めたり，相互作用の相手を求めたりすることが示されている。

表4－1 ◆パーソナリティの要約に対する正確さの知覚と好ましさの知覚

	正確さの知覚		好ましさの知覚	
	ポジティブ	ネガティブ	ポジティブ	ネガティブ
高自尊心群				
M	9.70	2.45	9.70	2.95
SD	1.08	1.82	1.38	2.42
低自尊心群				
M	6.60	6.48	9.04	4.52
SD	2.10	2.10	1.43	2.08
抑うつ群				
M	5.67	7.89	8.48	6.41
SD	2.67	2.15	2.68	2.90

注）Giesler, Josephs, & Swann（1996）より改変。値が高いほど，正確である，あるいは好ましいと評価している。値の範囲は1から11。

3 親密な他者との関係における抑うつ的な人の自己確証に関する研究

　上述した抑うつ的な人の自己確証に関する研究の多くでは，評価をしたり相互作用をしたりすることになる相手が初対面で，あまり親密度が高くなく，長期にわたって相互作用する可能性が低い人であった。一方で，ルームメイトやカップルなど比較的親密度が高い関係にある人々を対象として，抑うつ的な人の自己確証行動を検討した研究もある。また，自己確証行動をすることは，本人や周囲の重要他者の感情や対人行動にも影響すると考えられる。抑うつ的な人の自己確証行動の影響を取り上げた研究には，抑うつ的な人にとっての自己確証行動，たとえばネガティブなフィードバックを求める行動が，本人の抑うつ感情，重要他者からの拒否とどのように関連するかを調べた研究などがある。

　まず，本人の抑うつ感情との関連については，ジョイナー（Joiner, 1995）の研究がある。彼は，100組の大学生とその同性のルームメイトを対象に，お互いの自己概念，ネガティブなフィードバックを求めたい程度，抑うつ感情，不安症状，ルームメイトからの評価（自尊心を測定する尺度の項目を使ってルームメイトが当該学生を評価している），などをたずねる質問紙調査を，3週間をあけて2回にわたり実施した。その結果，ネガティブなフィードバックを求めたい気持ちが強く，ルームメイトからネガティブな評価を受けている人ほど，抑うつ感情が第1回調査から第2回調査にかけて高くなっていた。なお，ルームメイトからのネガティブな評価は単独では抑うつ感情の変化に関連していなかった。つまり，ネガティブなフィードバックを求める気持ちが強い，つまり自己確証をしたい動機づけが高い人では，ルームメイトから拒否的に評価されることが抑うつ感情につながることが示された。

　重要他者からの拒否に関しては，ウェインストックとウィスマン（Weinstock & Whisman, 2004）が，67組のカップルを対象に調査を行っている。この研究では，ネガティブフィードバックを求める行動がパートナーからの拒否，抑うつ感情，自尊心の低さと関連しているかを調べている。その結果，抑うつ感情が高いほど，また自尊心が低いほどネガティブなフィードバックを求める行動をしていること，ネガティブなフィードバックを求める行動をしているほどパートナーから拒否的に評価されており，拒否されていると自分でも知覚していることが示された。

　このように，ネガティブな自己概念を持つとされる抑うつ的な人の自己確証行動が，本人の抑うつ感情や重要他者からの拒否にも関連していることが示されている。その他にも，抑うつ感情と関連の深い自尊心を取り上げて親密な関係における自己確証を調べた研究では，関係へのコミットメントや相手への評価（Katz & Joiner, 2002）などとの関連が検討されている。なお，抑うつ以外の精神的不健康を取り上げて自己確証行動を検討した研究には，摂食障害の患者を対象とし

た研究（Joiner, 1999）などがある。

4　まとめ

　この節では，抑うつ的な人の自己確証に関する研究をいくつか紹介した。ネガティブな自己概念を持つとされる抑うつ的な人は，さまざまな親密さのレベルの人に対して自らの自己概念を確証するような行動を行っていること，それが自分の抑うつ感情や重要他者の行動にも関連することが示されている。なお，自己確証行動の指標にはさまざまなものが採用されている。抑うつ的な人の自己確証に関する研究では，自分の好むフィードバックを選ばせたり，さまざまなフィードバックについて正確さや好ましさなどを評定させたりする方法が比較的多く使われているようである。

　次に，自己確証を行う自己概念の領域について述べる。自己概念は，能力に関わる側面，社会性に関わる側面など，さまざまな領域から構成されていると考えられる。そのため，ひとくちにネガティブな自己概念といっても，勉強ができないとか，怒りっぽいなどその内容はさまざまであろう。ここで自己確証の過程が抑うつ感情の持続や悪化につながるのは，抑うつ感情に関わる側面をとくに自己確証したときではないだろうか。たとえば，同じネガティブな側面であっても，落ち込みやすい，くよくよ考えやすい，などといった側面を自己確証するほうが，勉強ができない，怒りっぽい，残酷であるなどといった側面を自己確証するよりも抑うつ感情の持続や悪化につながると思われる（Weinstock & Whisman, 2004）。そのため，今後は，自己概念の領域別に自己確証行動の影響をさらに検討していくことが必要であろう。

　最後に，抑うつ的な人がネガティブなフィードバックを求めたり，自分をネガティブに評価する人と相互作用を求めたりすることと動機づけとの関連の問題もある（Swann, Stein-Seroussi, & Giesler, 1992）。つまり，何のためにこうした行動をとるのかという問題である。自分に関するネガティブな情報を他者から得ようとするのは，自己概念を確証させるためだけではなく，現在の自分のよくないところをつきとめて，よりよくしていきたい，という自己改善のためにも行われると考えられる。また，たとえば苦言を呈するときのように，通常は伝えにくいネガティブな情報を重要他者があえて与えてくれることは，その重要他者が自分のことを心から思ってくれている，大事にしてくれていると感じることにもつながるかもしれない。そのため，ネガティブな自己概念を確証するような情報であり，かつその他の動機づけには関わりにくいような情報であっても，抑うつ的な人が求める場合があるのかを調べる必要があろう。そして，そのような行動が自らの感情や重要他者の行動や感情にも影響するのかを検討していくことが望まれる。

❹節 重要他者に対する再確認傾向に関する研究

1 重要他者に対する再確認傾向

重要他者に対する再確認傾向（reassurance seeking）とは，自分が重要他者から愛されているのか，自分は価値がある存在なのかなど，自分の存在価値に関わるようなことがらについて，重要他者に対して過度に確認を求めるという傾向（Joiner, et. al., 1999; 長谷川ら , 2001; 勝谷 , 2004）のことである（以下，再確認傾向と呼ぶ）。

再確認傾向は，重要他者との間で相互作用を積み重ねていくなかで形成された，重要他者に対する動機づけや行動の比較的安定したパターンである。重要他者に自分の存在価値について確認をするための具体的な行動の例としては，①言語的方略，②非言語的方略，③認知的方略が考えられる。①には自分のことを気にか

表4-2 ◆ 改訂版重要他者に対する再確認傾向尺度の項目およびその平均値と標準偏差

		項　目	平均値	標準偏差
願望	1	自分のことを受け入れてくれるのかどうか確かめたい。	5.11	1.43
願望	2	能力や性格など，自分のよいところを認めてくれるのかどうか確かめたくなる。	4.85	1.33
願望	3	たとえ能力や性格などに悪いところがあっても，自分には価値があると相手が認めてくれるのか確かめたい。	4.49	1.56
願望	4	相手が自分を大事にしてくれているのか知りたい。	5.01	1.58
願望	5	自分のことを気にかけていて欲しい。	5.60	1.27
願望	6	相手から避けられているのかどうかは気にならない。（＊）	5.49	1.42
行動	7	相手が自分のことを受け入れてくれるのか確かめたとしても，また気になってしまう。	4.44	1.59
行動	8	自分のよいところを相手が認めていると確かめたら，また確かめたりはしない。（＊）	3.90	1.57
行動	9	自分を好きかどうか確かめても，さらに相手にたずねたり，あるいは相手を試すようなことをする。	3.63	1.74
行動	10	自分のことを気づかってくれたとしても，自分のことを心から思ってそうしたのだろうかといつまでも考えてしまう。	4.25	1.73
行動	11	自分のことを気にかけてくれているのか気になって，相手の言動についてあれこれ考えてしまう。	5.22	1.57
行動	12	自分のことをいたわってほしくて，悩みをうち明けたり，あるいは弱音を吐いたりするようなことがたびたびある。	4.28	1.68
		平均値	56.28	
		標準偏差	11.66	

注）勝谷（2004）より。得点範囲は1～7。（＊）は逆転項目であり，表には変換処理後の数値を示している。項目の頭にあるラベルは，どの側面を測定しているかを示している。

けてくれているのかを直接たずねる，悩みをうち明ける，弱音を吐く，②には重要他者に慰めてもらうために落ち込んだところを見せる，相手を試すようなことをする，③には相手の言動について「自分を大事にしている」「自分を思っている」言動だと解釈すること，などが具体的な例としてあげられる。

　こうした方略自体はいずれも，誰でも行っているようなものであるし，それ自体が特別に異常な行動というわけではないだろう。しかし，再確認傾向が高い人の場合は，自分の存在価値を確かめたいという動機づけが強く，確認を求める行動をとってそれに応じた反応を重要他者から得ても動機がなかなか満たされないために，確認を求める行動を何度も繰り返すと考えられる。また，重要他者に確認を求めることがらが自分の存在価値であること，確認を求める行動の対象が重要他者であること，などの点が他の関連する概念とは異なるところである（表4－2）。

　これまでの研究では，再確認傾向が高い人ほど抑うつ感情に陥りやすいこと，抑うつ感情が持続しやすいことが指摘されている。このことについては，再確認傾向が高い人が行う対人行動が重要他者からの拒否を招くために抑うつ感情にいたる，というプロセスが考えられている。

　以降では，再確認傾向が，重要他者への対人行動，重要他者からの拒否，抑うつ感情と関わることを示した研究を紹介する。

2　重要他者への対人行動との関連

　再確認傾向と重要他者への対人行動との関連については，ジョイナーとメタルスキー（Joiner & Metalsky, 2001）の研究2で検討されている。ここでは，臨床心理学専攻の学生が質問紙の回答をもとに解釈したとされるパーソナリティ評価を受けとったという状況で，実験参加者とそのルームメイトに評価について話し合うように求めて，ふたりの相互作用を観察している。第三者がその相互作用を評定した結果，再確認傾向が高い人ほどルームメイトに対する質問の内容が確認を求めるようなもので，全体的な印象としても再確認を求めるような行動をとっていると評定されていた。

　また，勝谷（2003）は，携帯電話のメールを使用する場面を取り上げ，再確認傾向と重要他者とのコミュニケーションとの関連について質問紙調査で検討している。この調査は大学生を対象として行ったもので，携帯電話のメールで最も多くやり取りする重要他者をひとり想定してもらい，その人物との携帯電話のメールによるふだんのやりとり，利用形態やその人物に送るメールの内容や程度などについてたずねた。その結果，再確認傾向が高いほどメールの送受信数，メールを読み返す程度や1日平均のメールのチェック回数が多いこと，重要他者にメー

表4-3 ◆ 勝谷（2006）で使われた項目の一部

非対人的対処行動
　考え込み
1 落ち込みや憂うつ，悲しみといった気分に一人でどっぷりつかり，とことん落ち込もうとした。
2 気分やその原因となったことについて，他のことをしているときでも，考えるつもりはないのに，ついそのことに思いをめぐらしていた。
3 自分やその原因について，自分の気持ちをぶちまけようとして日記を書いたり，何か文章にしてみた。
4 一人で物に八つ当たりした。

　気晴らし
1 スポーツなど，身体を動かすことに一人で打ち込んだ。
2 気分やその原因となった問題について，考えないよう努力した。
3 一人で，わざと楽しいことばかり思い出したり考えようとした。
4 気分をまぎらわせるために，自分にとって楽しい活動（遊びや趣味のことなど）を一人でした。
5 一人でやけ酒を飲んだり，やけ食いをした。

　問題解決
1 気分の原因となった問題を解決しようとして，起こったことを一人で思い出したり，考えをめぐらした。
2 気分やその原因について，自分の考えをまとめようとして日記を書いたり，何か文章にしてみた。
3 その気分の原因となった問題自体を解決しようとして，実際に何らかの手段を一人でとった。

重要他者働きかけ型対処行動
　気晴らし
1 その人と一緒に，あなたにとって楽しい活動（遊びや趣味のことなど）をした。
2 気分やその原因以外のことについて，その人とおしゃべりをして時間を過ごした。
3 スポーツなど，身体を動かすことに，その人と一緒に打ち込んだ。
4 その人と一緒にやけ酒を飲んだり，やけ食いをした。
5 読書やテレビをみるといった，身体を動かさない活動に，その人と一緒に打ち込んだ。
6 わざと楽しいことばかり思い出したり考えようとして，その人に話をしたり手紙やメールを送った。

　情動的サポート要請
1 気分やその原因となったことについて，共感してもらったりなぐさめてもらいたいという理由で，その人に話をしたり手紙やメールを送った。
2 その人に元気づけることを言ってもらおうとした。
3 「あなたは正しい」，「あなたは悪くない」など，自分を肯定するようなことをその人に言ってもらおうとした。
4 気分の原因となった問題自体は解決しなくても，見方や考え方を変えてみようとして，その人に相談したり，話をした（例：問題をそれほど重大でないと考える，「よい経験をした」と思う，など）。

　感情ぶちまけ
1 その人に八つ当たりした。
2 気分やその原因となったことについて，ただ聞いてもらいたいという理由で，その人に話をしたり手紙やメールを送った。
3 気分やその原因について，自分の気持ちをぶちまけようとしてその人に話をしたり手紙やメールを送った。

　問題解決
1 気分の原因となった問題を解決しようとして，起こったことをその人と一緒に思い出したり，考えをめぐらした。
2 その気分の原因となった問題自体を解決しようとして，その人と一緒に実際に何らかの手段をとった。
3 気分やその原因となったことについて，手助けやアドバイスや解決法を得るために，その人に話をしたり手紙やメールを送った。
4 気分やその原因について，自分の考えをまとめようとして，その人に話をしたり手紙やメールを送った。
5 落ち込みに関わる問題について，その人に客観的な評価を求めた。

注）勝谷（2006）より改変。これらの項目は，友田・坂本・木島 (1997) および友田・竹内・下川・北村（2001）で使われた項目をもとにしている。

ルで自己開示をより行っている傾向が示された。

　さらに，勝谷（2006）の研究1では，再確認傾向と抑うつ感情を経験したときの対処行動との関連を調べている。その結果，再確認傾向が高い人ほど，ひとりで考え込んだり気晴らしを行ったりするといったひとりで行う対処行動（表4－3の「非対人的対処行動」）に加え，重要他者に働きかけて気晴らしを行ったり問題解決をはかったりするといった重要他者に働きかけて行う対処行動（表4－3の「重要他者働きかけ型対処行動」）もとることが示された。

　再確認傾向の高い人が重要他者に対してどのような対人行動を行うのかを検討した研究はまだ多くなく，表情など非言語的な行動の検討も少ない。再確認傾向が高い人の対人行動が，抑うつ感情につながるという点で不適応的になりうるのはどういう場合かを調べる必要がある。

3　重要他者からの拒否との関連

　再確認傾向と重要他者からの拒否との関連については，ジョイナーら（Joiner, et. al., 1992）が大学生を対象とした研究を行っている。彼らは，大学寮で同じ部屋に住む学生ペアを対象に2回の質問紙調査によるパネル調査を行っている。その結果，第1回調査の時点で抑うつ的でかつ自尊心が低い男子大学生において，第1回調査で測定した再確認傾向が高いほど，第2回調査の時点で同性のルームメイトから拒否を実際に受けていることが明らかになった。

　また，ジョイナーとメタルスキー（Joiner & Metalsky, 1995）が行った調査でも，男子学生の回答者において，第1回調査時に抑うつ的で，かつルームメイトにネガティブなフィードバックを求める行動と再確認行動を多く行っているほど，ルームメイトからの拒否が増加することを明らかにした。これは，先の節で述べた自己確証と再確認傾向のそれぞれが拒否につながるという結果となっていた。

　長谷川ら（2001）は，他者から拒否されたという知覚が抑うつ感情に影響するプロセスに再確認傾向が関連するかを調べている（なお，彼らは reassurance seeking を「安心探し」と呼んでいる）。その結果，自己評価が低い回答者では，浅い関係にある友人に確認を求める行動を行うほど，その後の反映的自己評価（他者から肯定的に見られていると思うこと）が低く，反映的評価が低いほど抑うつ感情が高いという結果であった。また，自己評価が低い回答者では，親密な関係にある友人に確認を求める行動を行うほど反映的自己評価が低いこと，それがその後の抑うつ感情を高めることを示した。

4　抑うつ感情との関連

　再確認傾向と抑うつ感情との関連を示す研究も多く行われている。ポトソフら

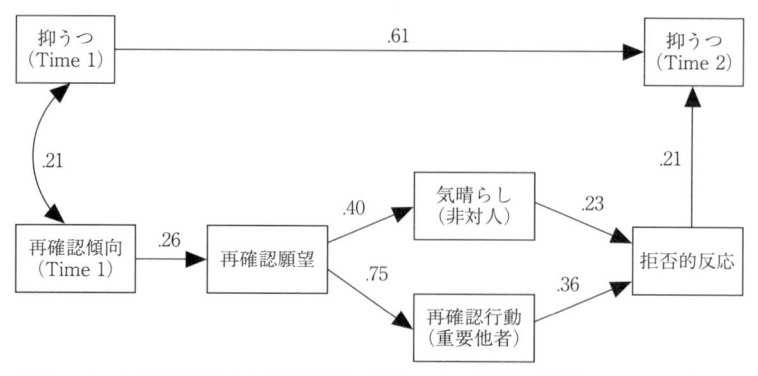

図4-1 ◆再確認傾向と対処行動，抑うつとの関係（勝谷，2006より）

(Potthoff, et. al., 1995) は，267名の学生を対象に3時点にわたるパネル調査を行っている。共分散構造分析という手法による分析の結果，第1回調査の抑うつ感情と再確認傾向に正の関連があり，これらがいずれも第2回調査の社会的ストレッサーと正の関連があり，この社会的ストレッサーが第3回調査の抑うつ感情と正の関連があるというモデルが採用された。このことから，彼らは，再確認傾向が対人的ストレスの発生を通じて抑うつ感情に間接的に影響する可能性を示している。

また，勝谷（2006）は，160名の学生を対象として2時点にわたるパネル調査を行っている。この調査では，最近経験した最もつらいネガティブライフイベントを想定してもらい，そのイベントを経験したときの対処行動や重要他者からの反応，調査回答時の抑うつ感情などについてたずねた。その結果，ネガティブライフイベントを経験したときの「重要他者に自分の存在価値を確認したい」という動機づけ（再確認願望）が再確認行動とひとりで行う気晴らし行動につながり，これらの対処行動を行うことが重要他者の拒否的反応を通じて抑うつを高める可能性が示された（図4-1）。ひとりで行う気晴らし行動との関連については，ひとりで気晴らしをすることが拒否されているという知覚を強めた可能性，重要他者から拒否されたことがひとりでの気晴らし行動につながった可能性などがある。そのため，さらに検討を進める必要はあるが，再確認傾向がネガティブライフイベントへの対処行動を通じて抑うつにつながる可能性が示された。

5 まとめ

ここでは，重要他者に対する再確認傾向に関する研究を紹介した。上述した以外にも，再確認傾向はストレスライフイベントの経験（勝谷，2006; Potthoff, et. al., 1995），重要他者への認知的活動（長谷川と浦，2002; Hasegawa, et. al., 2004）

と関連していることが、これまでの研究で示されている。

　再確認傾向に関する研究の今後の方向性としては、再確認傾向の高い人が重要他者との間でどのようなコミュニケーションをとっているかという問題を検討することがあげられる。すなわち、再確認傾向が高い人のコミュニケーションにどのような特徴があるか、重要他者との関わりのなかでストレッサーを発生させたり、重要他者との関係悪化につながったりするような問題のあるコミュニケーションをとっているか、などである。また、抑うつ感情に陥ったときの対処行動の特徴についても、さらに検討を進める必要がある。再確認傾向が高い人のコミュニケーションや対処行動のあり方に問題があることがわかれば、それを改善するように介入することで精神的不健康に陥らないような対策をとることができるであろう。今後は、再確認傾向に関する実証研究の知見を臨床的介入における問題と関連づけて考えていくことが望まれる。

❺節　おわりに

　本章では、重要他者との関わりが精神的健康に及ぼす影響の研究として、抑うつ的な人の自己確証、重要他者に対する再確認傾向に関する研究について述べた。重要他者との相互作用が精神的健康の維持や増進に貢献する場合もあれば、かえって精神的健康に悪影響を及ぼす場合もある。自己概念を一貫させようとする自己確証、重要他者に対して自分の存在価値を再確認する傾向は、時には不適応的な相互作用につながり、抑うつ感情の持続や悪化につながりうることがこれまでの実証研究でそれぞれ示されてきた。これらの行動はそれぞれ異なる動機づけとの関連が想定されており、同時に取り上げてどちらが精神的不健康をより説明するかが検討されることも多い（e.g., Joiner, et. al., 1993; Joiner & Metalsky, 1995; Katz, & Beach, 1997）。今後は、精神的健康に悪影響を及ぼしうる重要他者との不適応的な相互作用をより理解するために、これらの対人行動をよりうまく統合できるようなモデルを考えることが必要となるだろう。

5章 開示・抑制と適応

❶節 はじめに

　毎日の生活のなかで，私たちは多くの人と接する。人と接するときには，何かしら会話を交わす。ちょっとした挨拶や世間話，昨日見たテレビのこと，友だちのうわさ話，恋人とけんかして腹がたったこと，将来に関する悩みごとなど，数え上げればきりがないほどのさまざまな内容について，私たちは誰かに話している。しかし，思いついたことを何でも口にするわけではなく，時にはあえて話すことを控えたり，あるいは，話したいにもかかわらず，何らかの理由で話すことができなかったりすることもある。

　誰かに何かを話す，あるいは話さないでおくといったことは，毎日の生活の中で非常に頻繁に生じており，ふだんはとくに気に留めることもない。しかし，私たちが何気なく行っている「話す」あるいは「話さない」といった行動は，私たちの心身の健康と強く結びついていることが明らかにされている。

　本章では，誰かに何かを「話す」あるいは「話さない」といった行動と，心身の健康とがどのように関連しているのかについて説明する。まず，「自分に関することを話す」という行動（2節）を，次に，「会話中に発言を控える」という行動（3節）を，最後に自分に関することのなかでも「非常につらい体験（外傷体験，トラウマ）について話す」という行動（4節）をそれぞれ順に取り上げて，精神的健康との関連を見ていく。

❷節 自己開示と精神的健康 ── 話すことは健康の証？

　誰かに話をすることと心身の健康との関連は，「自己開示（self-disclosure）」という研究領域においておもに検討されてきた。自己開示とは，「個人的な情報を他者に知らせる行為」と定義されている（Jourard, 1971a）。言い換えれば，自分に関することについて，誰か他の人に話すことである。

　自己開示に関する研究は，心理臨床活動の実践のなかで自己開示の重要性に注

目したジュラードによって始められた。ジュラードは，自己開示と精神的健康との関連について，研究初期に発刊された自著のなかで，以下のように述べている。
「自己開示はパーソナリティ健康のしるしであり，健康なパーソナリティを至高に達成する手段である」(Jourard, 1971b, 岡堂訳, 1974 p.38)。
ジュラードの言葉からわかるように，自己開示の研究が始められた当初から，自己開示は精神的健康を左右する重要な要因としてとらえられていた。そのため，精神的健康を表すと考えられるさまざまな特性と自己開示との関連を実証的に検討する研究が，数多く行われてきた。

1　自己開示の測定方法

自己開示と精神的健康との関連を検討した研究では，自己開示の程度は，質問紙による自己報告法によって測定されてきた。この方法では，回答者が，身近な人に対して，いままでどの程度自己開示をしてきたか，あるいは，いま現在どの程度自己開示をしているかを自ら評定する。具体的には，図5－1に示すように，開示される内容がいくつかの側面に分類され（図5－1左），各側面に対応する項目（図5－1右）が質問紙のなかで回答者に提示される。回答者は，項

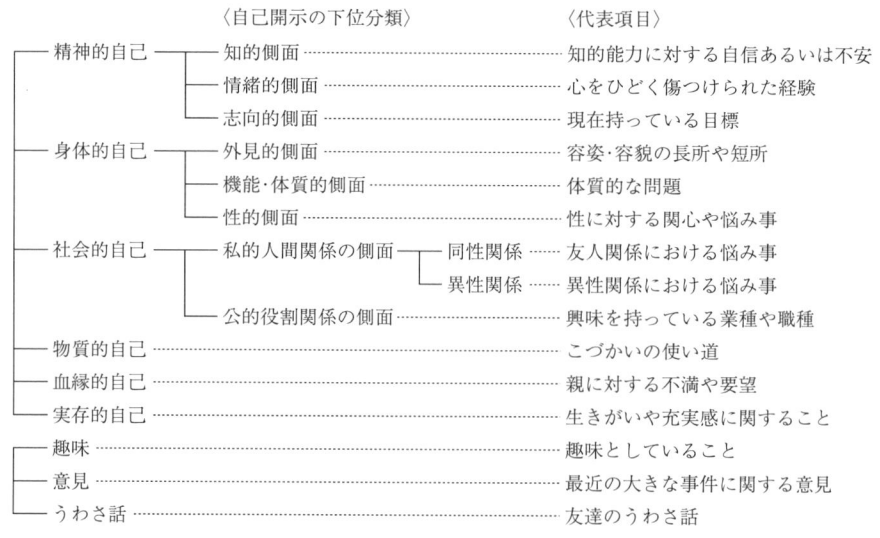

```
                〈自己開示の下位分類〉        〈代表項目〉
─ 精神的自己 ─┬─ 知的側面 ················ 知的能力に対する自信あるいは不安
              ├─ 情緒的側面 ·············· 心をひどく傷つけられた経験
              └─ 志向的側面 ·············· 現在持っている目標
─ 身体的自己 ─┬─ 外見的側面 ·············· 容姿・容貌の長所や短所
              ├─ 機能・体質的側面 ········ 体質的な問題
              └─ 性的側面 ················ 性に対する関心や悩み事
─ 社会的自己 ─┬─ 私的人間関係の側面 ─┬─ 同性関係 ····· 友人関係における悩み事
              │                      └─ 異性関係 ····· 異性関係における悩み事
              └─ 公的役割関係の側面 ········ 興味を持っている業種や職種
─ 物質的自己 ··········································· こづかいの使い道
─ 血縁的自己 ··········································· 親に対する不満や要望
─ 実存的自己 ··········································· 生きがいや充実感に関すること
─ 趣味 ················································· 趣味としていること
─ 意見 ················································· 最近の大きな事件に関する意見
─ うわさ話 ············································· 友達のうわさ話
```

注）特定の開示相手（父親，母親，最も親しい同性の友人，最も親しい異性の友人など）に対して，上記の各項目についてどの程度話しているかを段階法（「1. まったく話したことがない」，「2. あまり話したことがない」，「3. どちらともいえない」，「4. かなりよく話してきた」，「5. 十分に話してきた」など）で評定する。

図5－1　◆榎本の自己開示質問紙（Enomoto Self Disclosure Questionnaire）

目に示された内容について，特定の開示相手（父親，母親，最も親しい同性の友人，最も親しい異性の友人など）に対して，どの程度話してきたかという過去の行動経験，あるいは，どの程度話しているのかといった現在の行動傾向を問われる。その際，「1．まったく話したことがない」，「2．あまり話したことがない」，「3．どちらともいえない」，「4．かなりよく話してきた」，「5．十分に話してきた」などの選択肢のなかから回答が求められる。こうして回答された得点の合計が，回答者の自己開示の程度を表す。開示内容の分類や測定項目，回答に使用される選択肢に違いはあるものの，上記と同様の方法が，多くの自己開示研究において用いられている（Busse & Birk, 1993；広沢，1990；Jourard & Lasakow, 1958；小野寺・河村，2002；渋谷・伊藤，2004；和田，1995）。

榎本（1987）は，大学生を対象に，図5-1に示した側面のうち「趣味」，「意見」，「うわさ話」を除いた11側面を取り上げ，日常生活において誰に対してどの程度自己開示を行っているかを調査している。その結果，最もよく開示されている内容は，精神的自己の「知的側面」と「志向的側面」であり，次いでよく開示されている内容は「物質的自己」であった。すなわち，調査対象となった大学生では，自分の知的能力に関わる内容や，将来の目標や興味をもっている仕事などの将来に関わる内容のほかに，こづかいの使い道や服装の趣味などが，多く話されていた。一方，最も開示される程度が低かった内容は，身体的自己の「性的側面」であり，性に対する関心や悩みは，他の人にほとんど開示されていなかった。調査されたすべての開示内容に関して，女性は男性よりも，多く開示を行っていた。開示相手別に見ると，男女ともに，同性の友人に対する開示が最も多かった。また，女性では，母親に対する開示も同性の友人とほぼ同程度に多かった。

女性のほうが男性よりも身近な相手に対して自己開示を頻繁に行っており，同性の友人に対する開示が最も多いという知見は，他の多くの研究において確証されている（Hargie et al., 2001；広沢，1990；Rivenbark, 1971）。

2　自己開示と精神的健康との相関関係

このように多くの研究では，自己報告形式で自己開示の程度が測定され，精神的健康との関連が分析されてきた。精神的健康の指標としては，抑うつ，不安，神経症傾向などの疾病徴候のほかに，自己評価や孤独感などのパーソナリティの健康性と関連する個人特性が取り上げられてきた。疾病徴候と孤独感は低いほど，自己評価は高いほど，それぞれ精神的健康度が高いとみなされる。

榎本（1993）は，図5-1に基づく尺度によって測定された自己開示の程度と，精神的健康の指標のひとつである自己評価との関連を検討している。得られた相関係数は，男性が.20，女性が.25であり，自己開示の程度と自己評価との間には，

男女ともに有意な正の相関関係が見られた。この結果は，自己開示を多く行う者ほど，自己評価が高いことを意味する。同様の結果は，ジュラード（1971a）をはじめとする他の研究においても得られている。

上記のような自己評価に関する研究のほかに，孤独感と自己開示との関連を検討した研究も多い。孤独感は，精神的健康の重要な要素ととらえられており，「自分はひとりぼっちである」という孤独感が高い状態は，精神的健康が損なわれている状態と解釈される。多くの研究において，自己開示の程度と孤独感との間に負の相関関係があると報告されている（Chelune et al., 1980；Franzoi & Davis, 1985；広沢，1990；Solano et al., 1982）。

榎本と清水（1992）は，孤独感をより詳細にとらえた検討を行っている。具体的には，孤独感を「他者との共感可能性に対する不信感から生じる，孤立化の方へ人を追いやる不健全な孤独感」と「個性をもつ存在としての自覚を促す健全な孤独感」の2つに分けてとらえ，両者と自己開示の程度との関連を検討している。自己開示の程度は，図5－1に基づく尺度を用いて，「最も親しい同性の友人」と「最も親しい異性の友人」と「一般的な友人」の3対象に，それぞれどの程度開示を行っているかによって測定された。結果を表5－1に示す。検討された3対象において，自己開示は，不健全な孤独感と有意な負の関連を示し，健全な孤独感とは関連を示さなかった。この結果は，自己開示を多く行う者ほど，孤立化を招く不健全な孤独感を感じることが少ないが，自己開示の程度が多いか少ないかということと自他の個性の自覚を促す健全な孤独感を感じることとは関連していないことを意味する。したがって，自己開示は，孤独感全体と関連しているのではなく，とくに，他者との共感可能性に対する不信感から生まれる不適応的な孤独感とのみ関連していると考えられる。

このように，自己開示は，精神的健康度の高さを表すと考えられる自己評価とは正の相関関係を，精神的健康度の低さを表すと考えられる孤独感とは負の相関関係を，それぞれ示すことが明らかにされている。これらの結果は，自己開示を

表5－1 ◆開示相手別に見た自己開示の程度と孤独感との相関係数

開示相手	相関係数	
	不健全な孤独感	健全な孤独感
最も親しい同性の友人	－.39 ***	－.12 n.s.
最も親しい異性の友人	－.34 **	－.05 n.s.
一般的な友人	－.26 **	－.09 n.s.

注）榎本と清水（1992）において検討された自己開示と「不健全な孤独感」および「健全な孤独感」との相関係数（r）。** や n.s. は有意性検定の結果を示している。** は 1% 水準，*** は 0.1% 水準でそれぞれ有意であることを，n.s. は 5% 水準で有意ではないことを，それぞれ示している。

する人ほど，すなわち，自分のことについて他者に話すことが多い人ほど，一般的に精神的健康度が高いと解釈される。

3 ネガティブな内容の開示と抑制

ここまでは，日常の相互作用のなかで話されるさまざまな内容を全体的にとらえた自己開示の研究を見てきた。こうした研究のほかに，近年では，とくにネガティブな内容に関する開示や抑制に着目して，適応との関連を検討する研究が多く行われている。それらの研究では，自分に関わる否定的な情報や，不快な出来事，および嫌悪感などのネガティブな内容を話すことが，心身の健康とより強く関連していると報告されている。

表5－2 ◆ 自己隠蔽尺度 日本語版（河野，2000）

- 自分の秘密はあまりにイヤなものなので，他の人には話せない
- 自分の秘密を話したとしても良いことはほとんどないから，できるだけ話さないようにしようと思う
- 自分のことを人に話すことに抵抗を感じる
- 親友にも話せないことがある
- 自分について人に話していないことがたくさんある
- 自分を苦しめる秘密をもっている
- 自分自身について，人に打ち明けられないような否定的な考えをもっている
- もし友達に自分の秘密を話したら，友達は私のことを嫌いになると思う
- 誰にも打ち明けられない重要な秘密をもっている
- 自分の秘密について聞かれたときには，嘘をつこうと思う
- 人に話しても自分の苦しみはわかってもらえないと思う
- 隠しておきたいことを知られてしまうのがこわいと思うことがある

注）河野（2000）では，Larson & Chastain（1990）の自己隠蔽尺度の翻訳項目に独自作成項目を追加して尺度構成が行われ，最終的に12項目が選出された。各項目について，「5. そうである」～「1. まったくそうではない」までの5件法で評定される。

表5－3 ◆ 苦痛に関する自己開示の測定項目（Distress Disclosure Index）
（Kahn & Hessling, 2001）

- 私は動揺したとき、たいてい友だちに打ち明ける
- 私は、自分の悩みについて話さないことを好む（＊）
- いやなことがあったときは、話ができる人をよく探す
- 困惑していることがらについて一般的に人に話さない（＊）
- 落ち込んだり悲しくなったりした時、私は自分の気持ちをひとりで抱え込む傾向がある（＊）
- 私は、自分の悩みについて話せる人を探そうとする
- いやな気分のとき、私は自分の気持ちを友だちに話す
- 気分がすぐれない日には、自分の気持ちについて話したくない（＊）
- 悩みごとを抱えているとき、私はめったに話し相手を探さない（＊）
- 落ち込んでいるときは、誰とも話さない
- いやな気分のときには、たいてい話ができる人を探す
- 私は、自分を苦しめている考えについて、他の人に話したいと思う

注）＊印は逆転項目を示す。各項目について、「5. 非常にそう思う（strongly agree）」から「1. まったくそう思わない（strongly disagree）」までの5件法で評定される。

ネガティブな内容に関する抑制や開示の程度は,「自己隠蔽 (self-concealment)」や「苦痛に関する自己開示 (distress disclosure)」といった概念を用いて研究されている。自己隠蔽とは,否定的もしくは嫌悪的と感じられる個人的な情報を他者から積極的に隠蔽する傾向である(表5−2参照)。苦痛に関する自己開示は,不快な気持ちや出来事に関わる自己開示を行う傾向である(表5−3参照)。それぞれ,表5−2や表5−3に示した項目によって測定されている。

表5−4は,自己隠蔽傾向(表5−2参照)と精神的不健康の指標との相関関係を検討した研究結果をまとめた表である。表5−4からわかるように,多くの研究において自己隠蔽傾向は,身体症状や抑うつ,不安,否定的自己評価といった精神的不健康度を表す指標と正の相関関係を持っていた。すなわち,否定的もしくは嫌悪的な個人的情報を隠蔽して他者に話さない人ほど,身体症状が多く,抑うつ的で不安を持っており,自己を否定的にとらえていた。他方,表5−3に示した苦痛に関する自己開示は,自尊心や生活満足感と正の相関関係を持っていた (Kahn & Hessling, 2001)。すなわち,苦痛などの否定的な内容に関する自己開示を多く行う者ほど,自分に自信を持っており,生活に満足していた。これらの結果は,自分にとってネガティブな情報を隠蔽して,開示が少なくなっている者ほど,精神的に不健康な状態に陥っていることを意味している。

ここまでに紹介してきた自己開示あるいは自己隠蔽と精神的健康との関係を分析した研究結果は,一般的には,ネガティブな内容も含め,自分のことについて話すことが多い人ほど,精神的健康度が高いとまとめられる。

表5−4 ◆ 自己隠蔽傾向と精神的不健康の指標との相関関係

変 数 名	相関関係	文　　　献
身体症状	正	Larson & Chastain (1990); 河野 (2000)
抑 う つ	正	Kelly & Achter (1995); Larson & Chastain (1990); Ichiyama et al. (1993)
不　　安	正	Larson & Chastain (1990); Ichiyama et al. (1993)
否定的自己評価	正	Ichiyama et al. (1993)

4　自己開示の最適水準

以上のように,研究結果は,一貫して「自己開示が多い人ほど,精神的健康度が高い」ことを示していた。ここで,ふだんの会話において,際限なく自分のことについて話す人をイメージしていただきたい。もし,あなたのまわりに,いつ会っても自分のことを止めどなくしゃべる人がいたとしたら,あなたはこうした人を「精神的に健康だ」と感じるであろうか。研究文脈に即していえば,単純に,自分のことについて多く話す人ほど,精神的な健康状態がよいと結論してよいのであろうか。

2節＊自己開示と精神的健康——話すことは健康の証？

(点)
5.0
3.4
3.3
3.2
3.1
3.0
2.9
2.8
2.7
2.6
1.0

良 ↑ 健康状態 ↓ 悪

精神的健康度

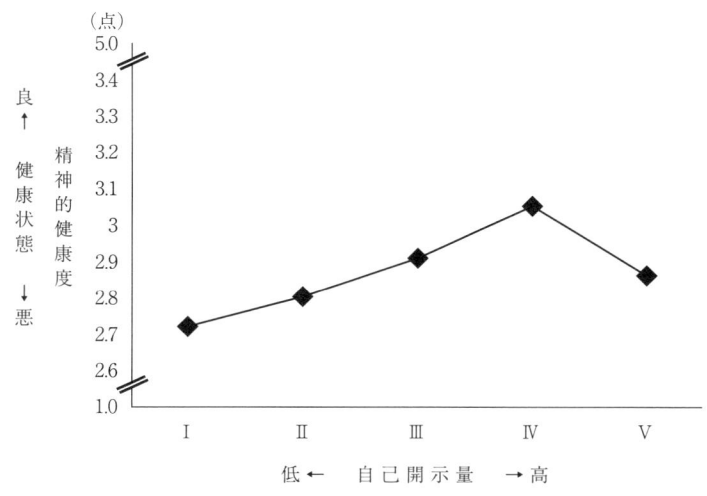

Ⅰ　Ⅱ　Ⅲ　Ⅳ　Ⅴ

低 ← 　自己開示量　 → 高

注）最も親しい同性の友人に対して，8つの内容(身体,趣味,学校,性格,社会,友人関係,異性関係,家庭生活)をそれぞれどの程度開示しているか，「まったく打ち明けない」から「すべて打ち明ける」までの5件法で回答を求めて，自己開示量が測定された。測定され自己開示量を基準に，自己開示量が少ない者（Ⅰ群）から自己開示量が多い者（Ⅴ群）まで，20％ずつ5群に分割して，各群の精神的健康度を比較した。精神的健康（原文では，「心理的幸福感」）の指標は，孤独感と疾病徴候と充実感の合計得点であった。

図5－2　◆自己開示量と精神的健康との関係（和田，1995）

　コズビー（Cozby, 1973）と和田（1995）は，この問題について検討している。コズビー（1973）は，過去の自己開示と精神的健康との関係を検討した研究を概観し，自己開示と精神的健康との関係は，自己開示を多く行う高開示者を含まないデータでは正の相関関係となり，自己開示をほとんど行わない低開示者を含まないデータでは負の相関関係になることを見い出した。この結果をもとに，コズビー（1973）は，自己開示と精神的健康との関係は，最適水準をもつ逆U字型の関係であるという仮説を提唱した。すなわち，自己開示には一定の望ましい水準（最適水準）があり，この最適水準より少なすぎても多すぎても，精神的健康度が低下するという仮説である。

　コズビー（1973）の仮説を実証的に検討した研究が，和田（1995）である。和田（1995）は，最も親しい同性の友人に対する自己開示量と，孤独感，疾病徴候，および充実感からなる精神的健康の指標（原文では，「心理的幸福感」と表記）をそれぞれ測定し，両者の関連を検討した。この際，前項までに紹介した研究のように相関係数を求めるのではなく，測定された自己開示量に応じて，回答者を5群に分割し，精神的健康度を群間で比較した。結果は，図5－2に示すよ

5章 開示・抑制と適応

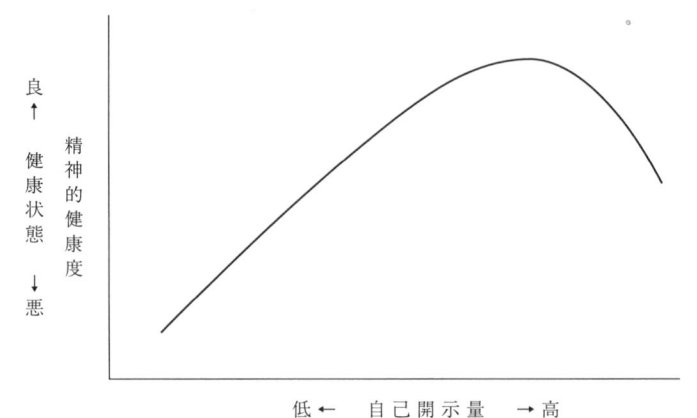

```
良
↑
健  精
康  神
状  的
態  健
↓  康
悪  度
```

低 ← 　自 己 開 示 量　 → 高

図5－3 ◆ 自己開示と精神的健康との関係の模式図

うに，自己開示量が最も少ないⅠ群から，Ⅱ群，Ⅲ群，Ⅳ群と自己開示量が増加するにつれて，精神的健康度が高まっていた。しかし，自己開示量が最も多いⅤ群は，自己開示量が2番目に多いⅣ群よりも精神的健康度が低かった。この結果は，全体的には自己開示が多い者ほど精神的健康度が高いが，自己開示が多過ぎる場合はかえって精神的健康度を損なう，と解釈される。

　本節で紹介したすべての研究結果をふまえると，自己開示と精神的健康との間には，ある程度までは自己開示が多いほど精神的健康度が高まるが，あまりにも自己開示が多くなりすぎると精神的健康度が低下する，という図5－3に示すような関係が存在すると考えられる。

❸節　会話中の発言抑制と精神的健康

　前節では，自己開示，すなわち自分に関する情報を話すことと精神的健康との関連に関する研究知見をまとめた。しかし，ふだんの会話で話される内容は，自分に関わる内容だけではない。私たちは，主張をしたり，提案をしたり，何らかの情報を与えたりというように，自分に関わる内容以外にもさまざまなことがらについて誰かに話している。そして，私たちは，会話中に思いついたことをすべて話すわけではなく，話さないほうがいいと判断したり，何らかの理由でどうしても話すことができなかったりすることがある。その結果，話せなくて悔しい思いをすることもあれば，話さなくてよかったと満足することもある。こうした悔しい気持ちや不満感，あるいは満足感のような一時的な感情は，日々の会話のなかで繰り返し生じることによって，長期的には精神的健康のような比較的永続す

る精神状態にも影響を及ぼしているものと考えられる。会話中に発言を控えることと，満足感あるいは不満感のような一時的な感情や長期的な精神状態とは，どのように関連をしているのであろうか。

1　発言抑制行動の分類

　畑中（2003）は，会話中に自分の気持ちや考えについて表出を控える行動を「発言抑制行動」と呼び，行動の理由に着目して，会話中の気持ちや精神的健康との関連を検討している。

　たとえば，会話をしている相手が傷つかないようにという思いやりの気持ちから発言が抑制される場合もあれば，自分の表現力の乏しさのために発言が抑制されてしまう場合もある。前者の場合は，「相手を傷つけずにすんだ」という満足感が生じるが，後者の場合は，「どうしていえなかったのか」と後悔が生じるかもしれない。このように，発言抑制行動は，発言を抑制する理由によって会話中の気持ちや精神状態に及ぼす影響が異なると考えられる。こうした考えに基づいて，畑中（2003）は，会話中に生じる発言抑制行動を行動理由の観点から整理し，分類した。具体的には，大学生に対して最近1，2週間において発言を抑制した経験をたずね，発言しなかった理由やそのときの気持ちについて自由記述回答を求めて，得られた内容を分類した。その結果を表5－5に示す。

　発言抑制行動は5つの側面に分類された。第1は，相手に対する配慮や思いやりから相手のためにいわなかったという「相手志向」側面である。第2は，自分にとって都合の悪い結果を避けるためにいわなかったという「自分志向」側面である。第3は，相手との関与を避けるためにいわなかったという「関係距離確保」側面である。第4は，規範やその場の状況にあわせるためにいわなかったという「規範・状況」側面である。第5は，いいたいのにうまく言葉にすることができず，不本意ながらいうことができなかったという「スキル不足」側面である。この分類から，発言を控えるという行動には，表現能力の不足のためにやむをえず黙ってしまう場合や，自分にふりかかる悪い結果を避けるために黙るといった利己的な場合だけでなく，相手のことを思いやったり，周囲の状況を考慮したりして黙るという利他的な場合もあることが明らかになった。

2　発言抑制行動と精神的健康との関連

　畑中（2003）は，表5－5に示す5つの側面に分類された発言抑制行動と，会話不満感および精神的健康との関連を検討している（詳しい解析方法は図5－4の注を参照）。男性では，「スキル不足」のために生じる発言抑制行動のみが会話不満感を増加させていたが，精神的健康には影響を及ぼしていなかった。女性で

表5-5 ◆発言抑制行動の理由に関する分類結果（畑中,2003）

カテゴリー	回答例
相手志向	・相手のために言わなかった ・相手を傷つけてしまうだろうと思った ・相手に悪いなと思った
自分志向	・自分のために言わなかった ・言ったことを否定されたり，拒否されるのが恐い ・言うと自分の評価が下がるかもしれない
関係距離確保	・相手との関与を避けるために言わなかった ・深い話をしたい相手ではない ・相手に踏み込まれたくなかった
規範・状況	・規範や状況を考慮して言わなかった ・自分が言う立場ではない ・言うべき状況ではないと思った
スキル不足	・どう言えば伝わるかわからない ・本当は言いたいのに，きっぱりと言うことができない ・不本意ながら，うまく言葉にできなかった

は，「スキル不足」のために生じる発言抑制行動のほかに，「関係距離確保」のために生じる発言抑制行動も会話不満感を増加させ，精神的健康を悪化させていた。一方，「規範・状況」にあわせるために生じる発言抑制行動は，会話不満感を解消し，精神的健康を促進していた。同様の検討を行った畑中（2005）は，男性においても，「規範・状況」にあわせるために生じる発言抑制行動が会話不満感を解消し，精神的健康を促進することを確認している。

つまり，発言抑制行動は，会話不満感を媒介して精神的健康にも影響しているが，会話不満感や精神的健康は，発言抑制行動が多いほど悪化するという一律な関係ではなく，側面によって関連のしかたが異なっていた。具体的には，スキル欠如のために生じる発言抑制行動（スキル不足側面）は，会話不満感を増加させ精神的健康を悪化させていた。一方，周囲の状況を配慮して行われる発言抑制行動（規範・状況側面）は，会話不満感を解消し，精神的健康を促進していた。このように，発言抑制行動をどのように行うかによって，話し手の精神的健康の状態が左右されることが明らかになった。また，全体的に，男性よりも，女性のほうが，発言抑制行動によってより強い精神的影響を受けていた。この性差は，女性が男性よりも会話をする機会が多いことや，対話相手への思いやりや人間関係の維持に重きを置いた会話が女性に強く期待されているという社会の性役割期待を反映しているものと考えられる。

したがって，会話中に，いいたいにもかかわらず，不本意ながら黙ってしまうことは望ましくないが，周囲の状況や自分の立場を考慮して発言を控えることは，話し手の満足感を高め，精神的健康を促進するという意味で，望ましく重要な行

動と考えられる。

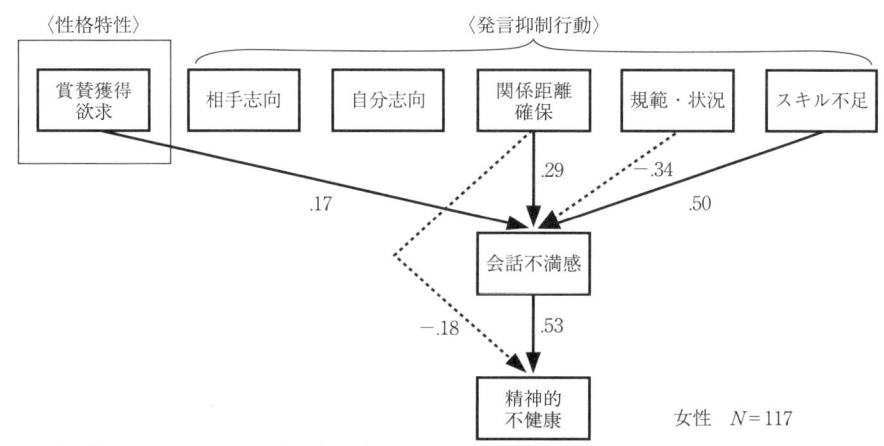

```
〈性格特性〉                    〈発言抑制行動〉
┌─────┐  ┌─────┐ ┌─────┐ ┌─────┐ ┌─────┐ ┌─────┐
│賞賛獲得│  │相手志向│ │自分志向│ │関係距離│ │規範・状況│ │スキル不足│
│ 欲求 │  │    │ │    │ │ 確保 │ │    │ │    │
└─────┘  └─────┘ └─────┘ └─────┘ └─────┘ └─────┘
                           .29    -.34
      .17                            .50
               ┌──────┐
               │会話不満感│
               └──────┘
         -.18    .53
               ┌──────┐
               │ 精神的 │      女性  N=117
               │不健康 │
               └──────┘
```

注) 検討にあたって，図に表す水準（5側面の発言抑制行動，会話不満感，精神的不健康）に変数を分け，上段に位置する変数を原因（説明変数）とし，下段に位置する変数を結果（基準変数）とする解析（パス解析）を行った。具体的には，発言抑制行動を説明変数とし，会話不満感を基準変数とする解析と，発言抑制行動および会話不満感を説明変数とし，精神的不健康を基準変数とする解析を行った。

図中の矢印は変数間の影響関係を表し，実線の矢印は正の影響（一方の変数が増加するほど，他方の変数も増加する関係）を，破線の矢印は負の影響（一方の変数が増加するほど，他方の変数が減少する関係）を，それぞれ表す。矢印に付した数値は，矢印が持つ影響の大きさ（標準偏回帰係数）を示し，値の絶対値が大きいほど影響が強いことを表す。

図5－4 ◆ 会話場面における発言抑制行動と精神的健康との関連（女性117名の結果）
　　　　（畑中, 2003）

❹節　外傷体験の開示と心身の健康

　ここまでは，ふだんの会話のなかで，全体的にどの程度話すのか，あるいはどの程度話さないのかということと精神的健康との関連を見てきた。しかし，内容によっては，「話す」あるいは「話さない」といった行動と精神的健康との関連のしかたは異なる可能性がある。たとえば，思い出すだけでも動揺や困惑が生じるような衝撃的でつらい体験について人に話すことは，必ずしも本人にとって望ましいとは限らないであろう。こうした内容は，誰にも話さず秘密にしていれば，他者にいやな思いをさせたり，話した相手から拒絶されたり，誹謗中傷を受けたりすることを避けることができる。このように，一見，抑制することが望ましいように思われる内容であっても，その内容を誰かに話すことは私たちの健康状態によい影響をもたらすのであろうか。この問いについて考えるために，本節では，

非常に強い心的な衝撃を与え，精神的な後遺症をもたらすような出来事，すなわち「外傷体験（traumatic experience）」に関する自己開示について検討した研究知見を紹介する。

1　外傷体験の開示の効果

外傷体験とは，体験した人に非常に強い心的な衝撃を与え，その体験が過ぎ去った後も体験が記憶のなかに残り，精神的な影響を与え続けるような後遺症をもたらす体験を意味する（金，2001）。狭義には，命の安全が脅かされたり，大けがをしたり，非常に強い恐怖感や無力感を感じたりするような体験をさし，具体的には虐待，犯罪被害，戦闘への参加や被害を受けた体験などが含まれる。広義には，本人にとって体験時と同じ恐怖や不快感をもたらし続ける体験全般をさし，こうした主観的苦痛があれば，どのような些細な体験でも外傷体験となりうると捉えられている。ペネベーカー（Pennebaker）は，上述した広義の外傷体験の開示が心身の健康に及ぼす影響を検討している。

ペネベーカー（1989）は，外傷体験の開示が心身の健康に対してどのような影響を及ぼしているかについて，大学生や一般成人を対象に検討した調査結果をまとめている。調査協力者は，これまでの人生において，外傷的な体験があったかなかったかについて，たずねられた。また，外傷的な体験がある場合には，体験について誰かに開示したことがあるかないかについて，たずねられた。この回答をもとに，回答者は，「外傷体験がない人々（外傷体験なし群）」と「外傷体験があり，開示をしたことがある人々（外傷体験・開示群）」と「外傷体験があり，開示をしたことがない人々（外傷体験・非開示群）」の3群に分けられ，群間で心身の健康状態が比較された。同じように外傷体験をしている人々であっても，開示をしたことがある人（外傷体験・開示群）とない人（外傷体験・非開示群）との間に健康状態の違いが見られれば，開示が健康に対して何らかの影響をもっていることになる。

比較の結果は，大学生も一般成人もまったく同じパターンを示した（図5-5）。最も健康状態がよかった群は，「外傷体験なし群」であった。これまでに非常につらい体験をしたことがない人々が，つらい体験をしたことがある人々よりも健康状態がよいという結果は，当然であろう。一方，「外傷体験・開示群」と「外傷体験・非開示群」の健康状態を比べると，「外傷体験・開示群」のほうが「外傷体験・非開示群」よりも健康状態が良好であった。すなわち，同じように外傷体験をしていても，体験について誰かに話したことがある者は，誰にも話したことがない者よりも，より健康であった。話すことがためらわれるようなつらい体験であっても，誰かに打ち明けることは，心身の健康によい影響をもたらすので

(回)
悪↑健康状態↓良

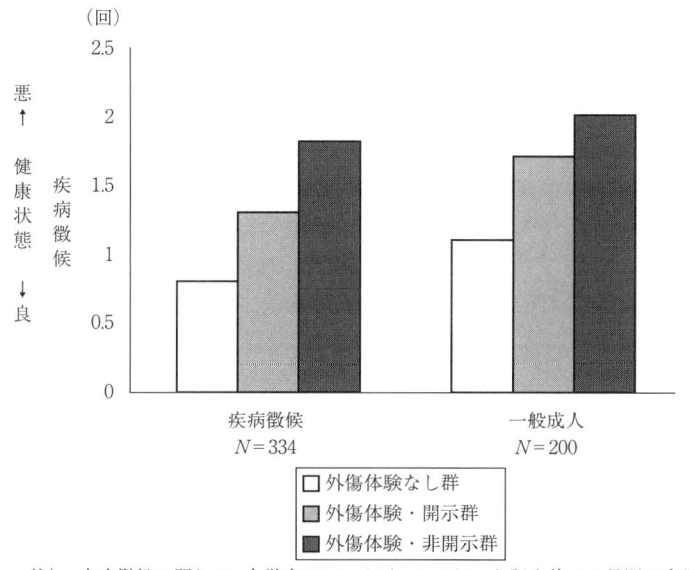

疾病徴候

縦軸: 2.5, 2, 1.5, 1, 0.5, 0

疾病徴候 N=334 / 一般成人 N=200

□ 外傷体験なし群
■ 外傷体験・開示群
■ 外傷体験・非開示群

注) 疾病徴候に関して，大学生のデータは，アンケート記入後4カ月間に大学の診療センターに訪問した回数を，一般成人のデータは，アンケート記入前の1年間に重傷・軽傷疾患に罹患した数を，それぞれ示す。

図5-5 ◆外傷体験の開示と疾病徴候との関連（Pennebaker, 1989）

ある。

同様の知見は，他の多くの研究でも示されている（Pennebaker, 1990, 1995；Pennebaker & O'Heeron, 1984）。また，開示することによって，外傷体験が繰り返し思い出される侵入的思考が減少したり，免疫機能が向上したり，自律神経系の覚醒が低減したりすることも報告されており，こうした効果が心身の健康状態を促進する一因と考えられている（Christensen et al., 1996；Segal & Murray, 1994；Pennebaker & Susman, 1988）。

上述してきた外傷体験の開示が心身の健康によい影響をもたらすという効果は，実は，誰かに話すというかたちをとらず，外傷体験について書き綴るだけでも生じることが確認されている（Pennebaker, 1989）。つまり，外傷体験を被った人が，一定期間その体験について書き綴ると，体験について書き綴る前と比べて，書き綴った後に心身の健康状態がよくなるのである。

2　健康を促進する開示の条件

このように，外傷体験の開示は心身の健康を促進するが，開示のどのような点が健康に対して望ましい効果を持っているのであろうか。上記のように，体験に

ついて書き綴るだけで心身の健康が促進されるということは，開示の際に聞き手がいなくても，また口頭による開示でなくとも効果があるということである。こうした点をふまえると，体験について何らかの方法で言語化することが健康にとって望ましい効果を持っていると推定される。現在までに，自分にとって非常に衝撃的な体験をどのように開示することが，言い換えれば，どのように言語化することが，心身の健康にとってより効果的であるかについて，多くの検討が重ねられてきている。

　ペネベーカー&ビール（Pennebaker & Beall, 1986）は，大学生を対象に，どのような開示が健康を促進するかを検討する実験を行っている。実験では，外傷的な体験をもっている人に参加してもらい，実験室において外傷的な出来事か，非常にささいな日常の出来事（統制群）のどちらかを書くように求めた。外傷的

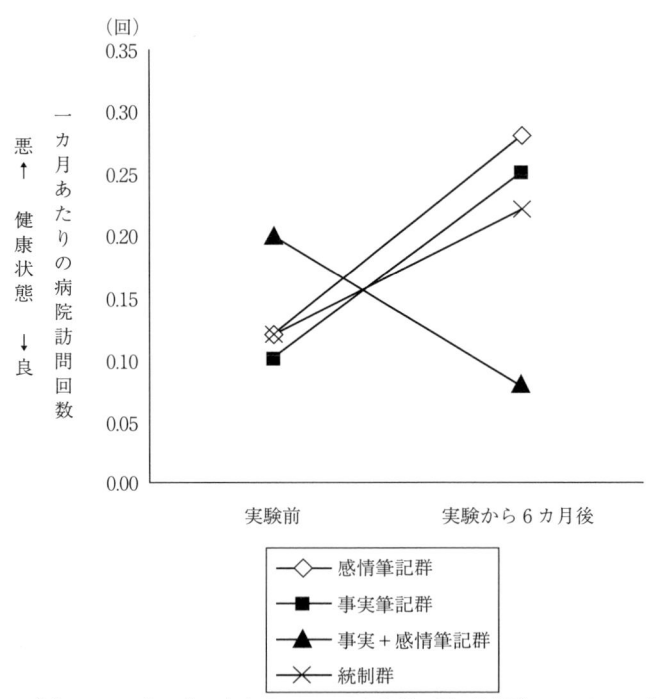

注）ささいな日常の出来事について書き綴る群(統制群)のほかに，外傷体験について書き綴る群として「感情のみを書き綴る群(感情筆記群)」と「感情を含めず事実のみを書き綴る群(事実筆記群)」と「事実と感情の両方を含めて書き綴る群(事実＋感情筆記群)」が設定された。健康状態は，1カ月あたりに換算された病院の訪問回数である。

図5−6　◆開示方法別に見た開示が健康に及ぼす影響
（Pennebaker & Beall, 1986 ; Pennebaker, 1989）

な出来事を書くように求められた者は，さらに，外傷体験に関わる感情のみを書く群（感情筆記群）と，外傷体験に関する事実だけを書く群（事実筆記群）と，外傷体験に関する事実と感情の両方を書く群（事実＋感情筆記群）との3群に分けられた。実験参加者は，4日間にわたり各群の指示にしたがって外傷的な出来事の体験（統制群は，日常の出来事）を書き綴った。上記の4群間で，実験前の2カ月半の期間と実験後6カ月間における1カ月あたりの病院訪問回数を比較した結果が図5－6である。図5－6からわかるように，外傷体験に関する事実と感情の両方を開示した群（事実＋感情筆記群）が，他の方法で開示を行った群よりも，実験後に病院にかかる回数が少なくなっていた。また，図5－7に示すとおり，実験後に健康状態を検討した結果，外傷体験に関する事実と感情の両方を開示した群（事実＋感情筆記群）と外傷体験に関する感情のみを開示した群（感情筆記群）では，実験後に報告された健康上の問題が実験時よりも少なくなっており，健康状態がより良好になっていた。

その後の研究において，ペネベーカーら（Pennebaker et al., 1997）は，筆記された内容のなかに，認知的処理を表す単語（洞察や因果関係を意味する言葉）が多いほど，健康状態がよくなることを見い出した。また，ペネベーカー（1997）は，健康の促進が大きかった者の筆記内容には，ネガティブ情動よりも，ポジティブ情動が多く見られることも示している。最近の研究では，体験の肯定的な側面や体験によってもたらされた恩恵に注意を向けて筆記を行うことにより健康が増進することが確認されており，注目を集めている（King & Miner, 2000；

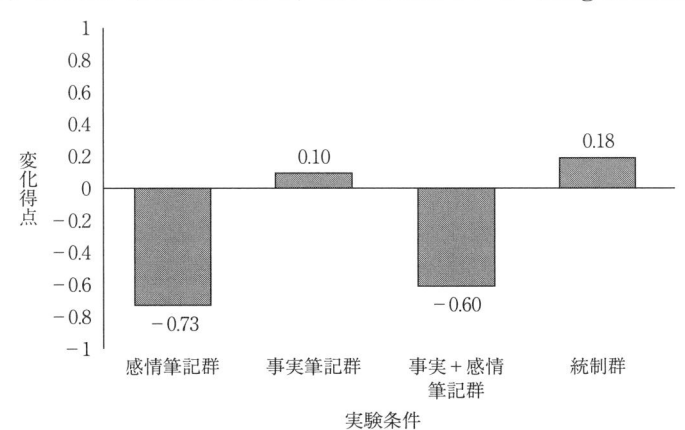

注） 図中の数値は，実験日および実験4ヵ月後に自己報告された健康上の問題（潰瘍，高血圧，便秘・下痢など）の個数の差（実験日の測定値から実験後の測定値を引いた値）である。

図5－7 ◆ 健康上の問題に関する実験4ヵ月後の変化

Stanton et al., 2002)。衝撃的な体験について，単に多くを打ち明けることが重要なわけではなく，開示をする際に体験をふり返ってとらえ直したり，出来事の肯定的な意味合いを見つけ出したりすることが，心身の健康の促進につながると考えられている。

❺節 まとめ

　本章では，「話す」あるいは「話さない」といった行動と，心身の健康とがどのように関連しているのかについて，説明した。本章の内容は，以下の3点に要約される。第1に，ふだんの会話において，全体的に自分のことを多く話すことは望ましいが，あまりにも多く話しすぎるとかえって健康状態が損なわれる恐れがある。第2に，自分のことに限らず，会話において何か話すときに，いいたいにもかかわらず不本意ながら黙ってしまうことは望ましくないが，周囲の状況を配慮して抑制することは話し手の精神的健康を促進するという点で望ましく，重要な行動である。第3に，非常につらい精神的衝撃をもたらすような体験（外傷体験）であっても，体験について洞察を深めたり，肯定的な側面を見い出したりすることを心がければ，体験について開示することによって健康が促進される可能性がある。

　単純に「話すことがよい」あるいは「話さないことはよくない」ということではなく，どのようなことに注意をして「話す」あるいは「話さない」という行動をとれば適応的な結果が生まれるのかということが，徐々に明らかになってきている。「話す」あるいは「話さない」という行動がどのように心身に影響を及ぼしているのかについて，さらに研究が展開され，検討が積み重ねられることが期待される。

6章 社会的スキルと適応

❶節 近年の児童生徒の学校不適応問題

　文部科学省の平成16年度における生徒指導上の諸問題の現状報告によると，不登校児童生徒数は，増加に歯止めがかかり最近の3年間は減少傾向を示している。こうした結果は，適応指導教室の設置やスクールカウンセラーの配置，教員の日頃からの生徒指導や支援など，さまざまな不登校対策の成果であると理解できよう。しかし，不登校問題が解決されたというにはまだ遠く，中学校では37人に1人の割合で不登校生徒がいる計算になる。また，高等学校については，中途退学者数が減少しているものの，不登校生徒数は6万人を優に超えており，高等学校を取り巻く学校不適応の問題は深刻である。一方，暴力行為に関しては，前年度よりも減少に転じた中学校・高等学校とは対照的に小学校が大幅に増加した。このような現状は，忍耐力やコミュニケーション能力が不足しているため，自分の気持ちを言葉で表現できず，暴力をふるう児童が多くなったことが影響しているのではないかと推測できる。それでは，コミュニケーション能力とは何であろうか，それはどのように向上することができるのであろうか。本章では，子どものコミュニケーション能力や対人関係の問題を社会的スキルの観点から考えてみる。

❷節 社会的スキル（social skills）とは

　人付き合いが苦手な理由を，「内向的な性格だから」とか「そういった才能がない人だから」といった見方をすることがある。このような見方に立つと，そういう性格や才能のない人は，ずっと人付き合いが苦手なままということになる。このような言い方に疑問を感じる人は多いのではないだろうか。
　前者のとらえ方とは異なる理解をしようとするのが，社会的スキル（social skills）である。この概念は，人間関係を形成し，それを円滑に維持していくために必要な対人技能のことであり，「技能」あるいは「技術」という視点から理解しようとするところに特徴がある。すなわち，人付き合いの得意不得意は，技

術の問題であり、人付き合いが苦手な人も、練習さえすれば苦手でなくなる可能性があると強調しているのである。

社会的スキルに関する研究は、1960代ごろから精力的に行われている。これらの研究は、イギリスのアーガイル（Argyle, 1967）に代表されるような、社会心理学的なアプローチによるものと、ウォルピ（Wolpe, 1982）の主張訓練法（Assertive Training）から発展した臨床心理学的なアプローチによるものに分類することができる。したがって、それぞれの研究者の立場によって、社会的スキルの定義もさまざまである。これまでに定義づけられた代表的な定義は、①行動的側面を強調している定義、②能力的側面を強調している定義、③その他の定義の3つに大別することができる（相川, 2003）。たとえば、「行動的側面を強調している定義」には「相互作用をする人々の目的を実現するために効果のある社会的行動」（Argyle, 1981）や①社会的状況において、仲間から受け入れられる行動、②強化を受ける確率を最大にし、罰の随伴性を減少させるような状況に依存した社会的行動、③ある状況で、重要な社会的結果を予測する（社会的妥当性のある）行動という3つの観点からの定義（Gresham, 1986）などがある。「能力的側面を強調している定義」としては、「社会的に受容され評価されるとともに、個人にとって、あるいはお互いにとって利益となるような特定のやり方で、一定の社会的文脈のなかで他者と相互作用を行う能力」（Combs & Slaby, 1977）などの定義がある。その他の定義には、「社会的スキルを目標に向けてスキル行動を作り出していく過程とし、社会的スキルを人々が対人的相互作用のなかで用いる、規則によって統制された、目に見える基準的な行動あるいは行為の要素」（Trower, 1982）といったプロセスにも注目した定義などがある。このように、社会的スキルの定義に関しては一致した見解が得られてはいない。しかし、いずれの定義も社会的、対人的な場面において円滑な人間関係を成立させるために必要な社会的、対人的技能をさしている点では共通しているといえよう。

以上のように、社会的スキルは対人技能と理解し、その定義づけがなされているわけであるが、その具体的な技能の内容としてはどのようなものがあるのだろうか。佐藤（1996）は、子どもにとっての代表的な社会的スキルを表6-1のように、①主張性スキル、②社会的問題解決スキル、③友情形成スキルの3つにまとめている。また、戸ヶ崎ら（1997）は、中学生の社会的スキルを、人間関係が深化する過程から、①集団に参加するといった対人関係を開始する際に必要となる「関係参加行動」、②現在の関係性を損なわないために必要となる「関係維持行動」、③現在築いている関係性をさらに親密なものとするための「関係向上行動」という3つに分類している。以上にあげた定義や社会的スキルの分類をまとめると、発達段階によって具体的な行動レパートリーには差異があるものの、人とう

表6-1 ◆子どもにとっての代表的な社会的スキル（佐藤,1996）

主張性スキル（バッド，1985；ベッカーら，1990；ミッチェルソン，1987）
　　相手にして欲しいことをリクエストする
　　自分の感情や意見を率直に表現する
　　不合理な要求を断る
　　他人の意見に賛否をはっきり示す
　　アイコンタクト，声の大きさ，語の反応潜時と持続時間，笑い，表情を適切に表す

社会的問題解決スキル（ポープら，1992；ネズら，1993）
　　問題に気づく
　　沈思黙考する
　　目標を決める
　　可能な解決策をできるだけ多く案出する
　　それぞれの解決策から生じる結果について考える
　　もっともよい解決策を選ぶ
　　この解決策を実施するための計画をたてる

友情形成スキル（バッド，1985；ポープら，1992；マトソンとオレンディック，1993）
　　相手の話を聞く（相手の話を遮らない，相手の話を理解し関心をもっていることを表現する）
　　質問をする
　　相手を賞賛，承認する
　　遊びや活動に誘う
　　仲間のグループにスムーズに加わる
　　協調的なグループ活動に参加する
　　援助（手助け）を申し出る
　　順番を守る
　　分け与えをする
　　遊びや活動を発展させるコメントや提案をする
　　仲間をリードする

まく付き合うためには，友情を深めるための行動や互いの権利を尊重するための主張行動などの行動だけでなく，人間関係を妨害するような行動や感情をコントロールするスキル，状況を判断し，適切なスキルを選択する認知的側面，葛藤を解決するために必要な問題解決スキルなどの総体が社会的スキルであると理解することができる。

❸節　社会的スキル訓練の諸技法

社会的スキルの研究が，さかんに行われてきた理由としては，第1に，統合失調症，うつ病，あるいは不安障害を抱える人の多くが，社会的スキルに何らかの問題を持っていることがあげられる（Lewinsohn，1974；Hersen et al., 1976）。第2に，社会的スキルに問題が認められる子どもは，将来，学校不適応，小児精神病理学上の問題を高確率で起こしやすいといったように，発達上の問題とも深い関わりがあることをあげることができる（Asher et al., 1981）。

このように，社会的スキルは，問題の程度や質には違いがあるものの，さまざまな症状や不適応と深い関わりを持つことから，社会的スキルへの介入方法，すなわち社会的スキル訓練（Social Skills Training：ＳＳＴ）が開発され，さまざまな臨床場面で広く適用されてきた。

社会的スキル訓練は，さまざまな技法を組み合わせることによって，より大きな治療効果を得ようとする「パッケージ治療法」であり，①教示，②モデリング，③行動リハーサル，④フィードバック，⑤般化・定着化という手続きを基本的な形式としている。この基本的な手続きには，社会的学習理論（Bandura, 1971）のなかで提唱されている観察学習の考え方（モデリング法）やオペラント条件づけの原理による強化法が組み込まれている。そして，訓練効果を高め，維持させるために，基本的手続きが発展した形で，コーチング（coaching）法や仲間媒介法（peer mediated method）といった技法が開発されている。コーチング法とは，標的とすべき社会的スキルを明確に定義し，言語的教示や話し合いを多く用いながら，標的スキルの概念を教え，それを実行に移す練習をさせ，さらにはそれを適切にセルフコントロールするためのメタ認知的要素（たとえば，自己評価やセルフモニタリング）を獲得させようとする技法である（Ladd et al., 1983）。また，仲間媒介法とは，訓練対象児に直接スキル訓練を行うのではなく，仲間に対して訓練対象児との社会的相互作用を促進するためのスキルを教え，その仲間を媒介として訓練対象児に社会的働きかけを行い，その結果として対象児の社会的スキルを増加させることを目指している方法である（Kohler et al., 1985）。そして，佐藤（1996）は，仲間媒介法を適用することについて３つのメリットをあげている。すなわち，①クラスの仲間を訓練に参加させることで，日常生活場面に近い訓練場面を設定できるので，自然場面への般化が容易になる，②訓練対象児の社会的スキルの向上が，クラスの仲間に認知されやすくなるので，仲間による社会的受容が促進される，③クラスの仲間の社会的スキルも向上し，訓練対象児が自然場面で強化を受ける環境が整いやすくなる。これらのメリットは，社会的スキル訓練が臨床場面だけでなく教育の場においても集団ＳＳＴとして実施されている最近の傾向を考えると示唆に富むものだといえるであろう。

ところで，社会的スキルの問題は，獲得過程に関わる問題と表出過程に関わる問題という２つの視点から理解することができる。グレシャム（Gresham, 1988）は，これらの２つの視点に，社会的スキルの獲得や遂行を妨げるような妨害反応の有無という軸を加えることによって，社会的スキルの問題を，①社会的スキルの欠如，②社会的遂行の欠如，③自己コントロール・スキルの欠如，④自己コントロール遂行の欠如という４タイプに分類している。すなわち，仮に適切な社会的スキルを学習していたとしても，不安が高かったり，セルフ・エフィカ

シーが低かったりと妨害反応がある場合，スキルは実行に至らないといえる。あるいは，自分が置かれている場面があるスキルを発揮すべき場面であるということを理解できなかったり，どのスキルを用いればいいのかわからないといったスキルの選択が不十分であったりすると，これもまた適切な社会的スキルの遂行は困難になる。前者のような妨害反応がスキルの遂行を抑えている場合は，妨害反応の軽減をめざしたアプローチを組み合わせることが必要になるであろうし，後者の場合には，社会的問題解決スキル訓練（Goldfried & D'Zurilla, 1969）のような，問題解決のプロセスを重視したアプローチが必要といえる。社会的問題解決スキル訓練は，いくつかのステップから構成されており，第1段階では，何が問題なのかを客観的にとらえさせることに目的が置かれる。指導者は，対人関係上の問題を例示しながら「どんなことが起こっているのか」，「主人公の子どもはどんな気持ちであるか」「なぜそんな気持ちなのか」といった質問をする。そして対象児とのやりとりを通して，子どもが自分で対人関係上の問題を適切に定義しようとする思考スタイルを育てるのである。次の第2段階は，どのような結果を期待しているのかを明確にすることに主眼が置かれる。第3段階では，解決策を見つけさせることがねらいである。この段階では，最も適切な解決法を見つけるのではなく，柔軟な思考で可能な限り多くの解決策をあげることが重要となる。続く第4段階では，それぞれの解決策をとることで起こりうる結果について考えさせる。そして第5段階では，その結果を考慮しながら，最も効果的な解決策を選択させる。ここでいう最も効果的な解決策とは，期待する結果が得られることはもちろんであるが，その問題場面に関係する人間が不快な感情を経験しないというものでなくてはならない。最後の第6段階では，選択した解決策を実行する際に必要な手順を検討する。各段階の進め方は，対象児に考えさせたり，話し合いをしたりすることが中心であるが，この第6段階は，考えさせるだけではなく，ロールプレイによって実際に行ってみるという方法がとられる。とくに，対象児が自信がないと訴える場合や選択された解決策がなじみのないものであるときには，繰り返し行動リハーサルを行い，スムーズな行動の実現を図ることが大切である。また，不安や怒りが強く，感情のコントロールが苦手な対象児の場合には，筋弛緩や呼吸法などのリラクセーション技法を組み合わせることでさらに効果が高まるであろう。

❹節 社会的スキル教育の実際

強化法とモデリングを組み合わせたＳＳＴの基本形が考案され，さらには，より高い効果をもたらすアプローチに改良されたさまざまなＳＳＴは，多様な臨床

現場で多くの子どもに適用されてきた。しかし，臨床場面ではたしかにスキルの獲得が見られるようになっても，その子どもの日常生活においては，ＳＳＴの成果が十分に現れないといった般化の難しさがあったり，訓練効果の長期にわたる維持が難しいといった問題点が指摘されている（前田・山口，1998）。これは，臨床場面という子どもにとって日常とは異なる特異的な場面で，ふだんは関わることのない人を相手に訓練を行うことが影響していると考えられる。そして，臨床現場での訓練に限界があるならば，子どもの日常生活場面で訓練すればよいのではないか，そんな発想から考案されたのが，子どもの日常生活場面である学校で，ふだんから関わりを持つクラスメートとともに取り組むＳＳＴである（小林・相川，1999）。

また，最近では子どものコミュニケーションスキルが全体的に低下していることから，教育的・予防的観点からの集団ＳＳＴ（社会的スキル教育：social skills education と呼ぶこともある）の必要性も叫ばれるようになってきた。わが国においても学校現場で学級を単位とした集団ＳＳＴが行われるようになり，その効果が実証されてきている(藤枝・相川，2001；後藤ら，2000)。集団SSTの維持効果についての検討もなされており，3カ月後（江村・岡安,2003）や6カ月後（金山ら，2000）のフォローアップ時点での維持効果を明らかにした研究がある。しかし，貝梅ら（2003）や後藤ら（2003）のように，1年後にフォローアップ査定を実施したところ，もはや維持効果は認められなかったとする報告もある。こうした維持効果についての結果の不一致が生じた原因のひとつには,後藤ら（2003）が指摘しているように，フォローアップ期間中に進級し，それにともなって担任や同級生が変わったために，学級内に社会的スキルを定着させるための強化環境が消失してしまったことによるものと考えられる。たとえば，原田（2005）は，フォローアップ期に進級による担任教師の交代があった場合には，SSTの効果が3カ月で消失してしまうことを報告している。すなわち，集団SSTの効果を長期にわたって維持させるためには，子どもに社会的スキルを直接教授するだけでなく，学校環境のあらゆる場面において，社会的スキルの定着化を促すための手続きが学年を越えて継続するように環境設定されていることが重要な条件になると考えられる。戸ヶ崎ら（2005）は，こうした強化環境を整えるために学校規模での集団ＳＳＴを実施し，進級後の維持効果について検討している。以下にその実践を紹介する。

◆学校規模の社会的スキル訓練（戸ヶ崎ら，2005）
【対象】
宮崎県内の小学校の1～6年生までのすべての学級で，総合的な学習の時間に

表6-2 ◆ ターゲットスキル

	4カ月間：7セッション	3カ月後
3年生	上手な聴き方 あたたかい言葉かけ 問題解決スキル	合同スキル学習
4年生	上手な聴き方 仲間の誘い方・入り方 あたたかい言葉かけ	
5年生	上手な聴き方 あたたかい言葉かけ 問題解決スキル	

担任主導による学校規模の社会的スキル教育を行った。なお，教育効果の検証のための分析には，3年生から5年生の293名のデータを用いた。

【査定内容】
　集団SSTの指導効果および維持効果を検証するために，社会的スキルの測定を指導前，指導終了後，6カ月後（進級後）に実施した。

教師による社会的スキル評定尺度（磯部ら，2001）：社会的スキル領域と問題行動領域の2領域に分けられる。社会的スキル領域は，「社会的働きかけ」，「学業」，「自己コントロール」，「仲間強化」，「規律性」の5因子から，問題行動領域は，「外面化行動問題」，「内面化行動問題」の2因子からなる。

自己報告による社会的スキル尺度（渡邊ら，2002）：「仲間強化」，「規律性」，「社会的働きかけ」，「先生との関係」，「葛藤解決」，「主張性」の6因子からなる。

【SSTの内容】
指導期間：SSTは，6月下旬から約4カ月間，7コマの授業を使用して担任教師が実施した。そして，指導終了の約3カ月後には，3～5年生合同のスキル学習を1回（3コマ）実施した。

SSTの構成：それぞれのセッションは，①社会的スキルの重要性についての説明，②紙芝居や劇などによる問題場面の提示，③登場人物の行動についての説明，④社会的スキルのモデリング，⑤行動リハーサルとフィードバックおよび社会的強化，⑥自然場面での自発的な社会的スキル使用の奨励という6つの要素から構成されている。各学年のターゲットスキルは，表6-2に示すとおりである。

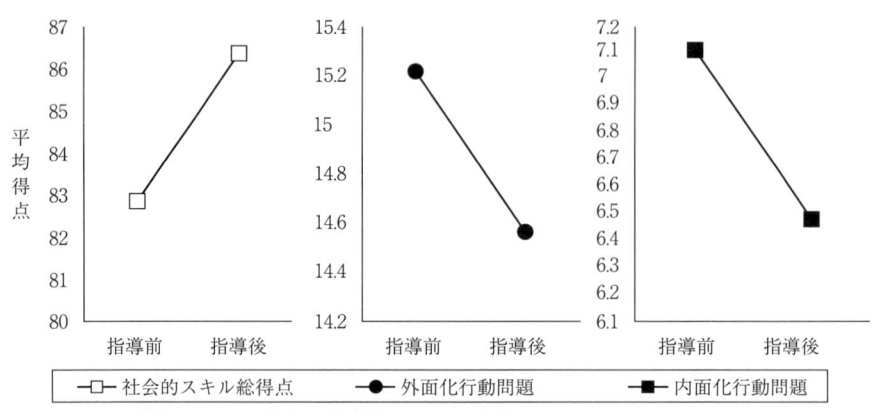

図6−1 ◆ 教師から見た児童の社会的スキルの変化

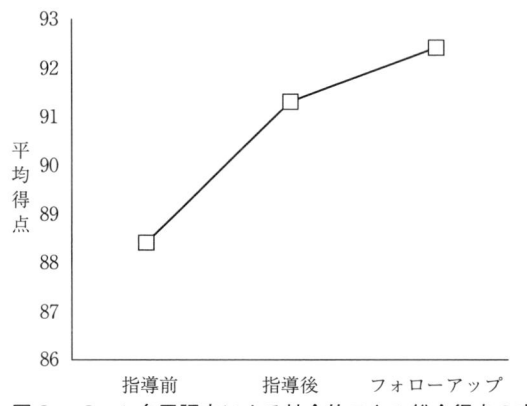

図6−2 ◆ 自己評定による社会的スキル総合得点の変化

【集団SSTの効果】

　図6−1に示すように指導前から指導後にかけて教師から見た児童の社会的スキルは，大きく上昇した。また，問題行動の得点は外面化行動問題と内面化行動問題の両方が大きく減少した。つまり，集団SSTは，児童の社会的スキルを伸ばし，攻撃的な行動や引っ込み思案的な行動を減少させるような効果があることが明らかにされた。また図6−2で示すように，児童自身も自分の社会的スキルが向上していると感じていることがわかる。さらに，指導を受けてから進級した6カ月後でも指導の効果が維持された。

　このように集団SSTは，児童の社会的スキルを向上させ，対人関係上のトラブルの引き金となりうる問題行動を減少させるような効果があるといえる。さら

に，学校規模でＳＳＴを実施するということは，すべての児童が社会的スキルの学習をしており，教師も社会的スキルの重要性やそれをより高めるためのマネジメントができるようになっていることから進級によってクラスのメンバーや担任が替わったとしても社会的スキルを高める強化環境に大きな変化が生じないために，スキルを維持させることができるといえる。このような学校全体で集団ＳＳＴに取り組む事例の報告はまだ少ないが，すべての子どもを対象とした社会的スキルを高めようとする指導は，コミュニケーション能力の低下を防ぎ，良好な対人関係を築くことのできる子どもを育てる手だてのひとつとして期待が持てるものであるといえよう。

❺節 社会的スキル訓練の実際

　4節では，集団ＳＳＴの実際を紹介した。集団ＳＳＴのような学級の成員全体の社会的スキルを高めようとする手だては，学級や学校全体の人間関係上のトラブルを減少させることが期待でき，ひいては学校適応を高める可能性もある予防的視点に立ったアプローチであるといえる。しかし，学校で実施するということは，教育課程の一部として実施されるということであり，授業時間数は限定したものにならざるをえない。また，参加する子ども全員への教育的効果が求められることから，特定の個人にのみ必要なスキルを指導ターゲットとすることも好ましくない。もちろん社会的スキルの不足が見られる子どもに対する集団ＳＳＴの効果についても検証がなされるようになっており，松田ら（2002）は，多動不注意傾向の児童を含む小学校5年生の学級を対象に集団SSTを実施し，3ヵ月後と1年後のフォローアップ査定における訓練維持効果を検討している。しかし，その結果は，3ヵ月後のフォローアップまではポジティブな変化が見られたものの，1年後のフォローアップで維持効果は消失したという結果である。あるいは，藤枝と石川（2002）は，社会的スキルが低い児童に注目して集団ＳＳＴの効果を検討しているが，集団ＳＳＴの効果が十分にあると断言するまでの結果は得られていない。つまり，特定のスキルを十分に練習することが必要な子どもにとっては，学校での時間数が限定された集団ＳＳＴだけでなく，十分な時間を確保した念入りな指導が必要であるといえる。本節では，そのような十分な社会的スキルの指導が必要な子どもへのＳＳＴの実践を紹介する。

　事例は，学習障害児（Learning Disabilities children：ＬＤ児）のグループ指導である。学習障害児は，基本的には全般的な知的発達に遅れはないが，聞く，話す，読む，書く，計算するまたは推論する能力のうち特定の習得と使用に著しい困難を示す子どもである（文部省，1999）。このような認知発達のアンバラン

スは，学習不振だけでなく，社会的文脈の把握や相手の気持ちを推察することが苦手であるために対人関係上の問題を引き起こすこともある。また，こういった問題の原因を特異的な認知発達によるものと理解しない周囲の人間は，LD児自身の努力不足のせいととらえ，厳しく指導したり，叱責したりする場合がある。このような不理解から生じる周囲の人間の対応は，LD児の自尊感情や自信をそぎ，学校不適応感やストレスを生じさせるなど２次的な問題の引き金になることも少なくない。つまり，ＬＤ児への教育的支援は学習面だけでなく，対人関係上のトラブルを減少させるための社会的スキルの獲得を促すＳＳＴも必要だといえる。そのような視点から，戸ヶ崎と佐藤（2005）は，ＬＤ児およびその保護者を対象とした，学習面・社会性・運動面という３つの領域にアプローチする包括的支援プログラムを１年間にわたって実施し効果を上げている。そのプログラムで実施したＳＳＴのひとつ（戸ヶ崎・佐藤，2005）を紹介する。

◆学習障害児への包括的支援プログラム（ＳＳＴプログラムの抜粋）
【参加者】
学習障害のある小学生（２年生～６年生）８名とその保護者。
【プログラム全体の流れと配慮事項】
プログラムは，①学習課題，②社会性課題，③運動課題から構成されている。すべての課題で適切な行動が見られた際は即時に賞賛し，さらに課題の区切りに再度賞賛した。保護者には，指導者が子どもにどのような支援をし，賞賛しているのか観察してもらい，セッション終了時には，子どもの適切な行動を具体的に取り上げて賞賛するよう求めた。
【ターゲットスキル】
表情・感情認知
【指導の流れ】
指導内容と流れについては，指導案に示したとおりである。指導にあたっては，一人ひとりの子どもに指導補助者がつき，必要に応じて支援した。
【１年間の指導の成果】
全参加者が，プログラムに意欲的に参加し，ひとりのドロップアウトもなかった。プログラム前・中間（４カ月目）・終了後の査定では，個人差はあるものの，行動面，認知面，そして不適応状態が改善する傾向にあることが窺えた（表６－３）。また，保護者から聴取したエピソードからは，「学校でも友だちができた」とか，「プログラムで取り上げた内容を家庭でも実践している」，「配布されたスキルの説明が書かれているプリントを机に貼って見ている」，「子どもへの接し方を学ぶことができた」といったように指導場面での取り組みが日常生活場面に般

表 6−3 ◆ 小学 6 年生男児の行動面, 認知面, 不適応状態の変化
(戸ヶ崎・佐藤, 2005)

		訓練前	訓練期間中	訓練後
自己評定	負の社会的スキル	38	44	35
	向社会的スキル	40	35	45
	主張性スキル	10	10	13
	社交性スキル	17	16	23
保護者評定	負の社会的スキル	32	26	29
	向社会的スキル	36	28	42
	主張性スキル	11	11	11
	社交性スキル	16	17	18
セルフ・エフィカシー	行動の積極性	11	6	15
	失敗に対する不安の低さ	6	7	8
	能力の位置づけ	12	17	15
友人関係	信頼し合える友だち	28	24	26
	遊び友だち	16	12	17
学校不適応感	先生との関係	8	12	7
	友だちとの関係	18	15	12
	学業	20	18	18
ストレス反応	身体的反応	17	17	15
	抑うつ不安反応	9	11	8
	不機嫌怒り反応	18	17	16
	無気力	20	15	15

化していることが窺えた。

このようにLD児をはじめ，ADHDや高機能自閉症等など，特殊教育から特別支援教育への移行でクローズアップされてきた発達障害児は，いずれも社会的スキルの未熟さを示す可能性が高い子どもであり，特別支援教育の観点からの計画的で手厚いSSTが必要とされる子どもであるといえよう。ほかにも，不安障害や抑うつ，反抗挑戦性障害や行為障害などの攻撃行動の顕著な子どもを対象とした，治療的意味合いが強いSSTを取り入れた実践報告がある（CPPRG, 1992など）。4節で取り上げた予防的視点に立ったSSTも本節で取り上げた治療的視点に立ったSSTのどちらも子どもの社会性をのばす重要な手だてであることに違いはなく，その両方のアプローチを，学校場面，家庭場面，治療場面において上手に使い分け，必要に応じて組合せることが，子どもの人間関係の不調の改善，より適応的な人間関係の形成を可能にし，ひいては社会的適応を促進することにつながるのである。

表6−4 ◆学習障害児への包括的プログラムでのSST指導案

【活動名】
　相手の気持ちを読み取ろう（表情当てクイズ）

【ねらい】
　良好な人間関係を築くには，相手の気持ちを思いやった言葉かけやふるまいが必要である。そのために，どういった言葉かけあるいはどのようなふるまいが好ましいかを考えたり，具体的な行動レパートリーを練習したりすることは大切なことである。しかし，相手の気持ちや状況の推察が誤っていれば，好ましい言葉かけやふるまい方を学んでいたとしても，相手や状況にふさわしい行動をとることは困難である。
　そこで本時では，相手の気持ちを理解するためには，相手の表情に注目することが大切であり，目や口，眉の動きから相手の気持ちを読み取ることができることに気づき，表情から感情を読み取る練習をしながら，感情を読み取るスキルを学ぶことをねらいとする。

【準備物】
① 怒り・喜び・悲しみ，それぞれの感情を表情に表している人物の写真3枚
② 髪の毛や鼻だけが書き込まれた顔の絵3枚
③ 顔の絵に貼るための口，眉，目のパーツ
④ それぞれの感情を表した表情の特徴を記入するワークシート
⑤ 表情当てゲームに使用する表情カード

髪の毛や鼻だけが書き込まれた顔の絵，口，眉，目のパーツ，表情カード

【指導経過】

	活動内容	指導上の留意点
導入	○ 人物の表情の写真を見て，その人物の気持ちについて考える。 ① うれしいとき ② 悲しいとき ③ 怒っているとき	◆ 「この写真の人は，どのような気持ちだと思いますか」 ◎ 表情に注目することをうながす。
展開1	○ 3種類の表情について話し合い，意見を発表する。子どもが発表した意見にあわせて，顔の絵に口や目などを貼る。 ○ 表情について，全員で出した意見をワークシートに記入する。 ○ 3つの表情について，ポイントをまとめる。	◆ 「うれしいときは，顔のどこがどのようになっていますか」 ◎ 表情の写真を手がかりに，口や目などの部分が表情を読み取る手がかりになっていることに気づかせる。 ◎ ワークシートを配布する。 ◎ 人の表情を読み取る際の手がかりを強調して説明する。
展開2	○ 指導補助者とペアで，表情当てクイズをする。 ① ペアをつくる ② 問題（表情）を出す ③ 答えのカードを裏にして出す ④ 気持ちを考え，表情カードを裏にして出す ⑤ 状況の説明を聞いて，再検討する ⑥ 答えが合っているか確認する ⑦ 役割を交代して，ゲームを繰り返す	◎ 指導補助者は，5つの状況の中からひとつを選び，その状況に応じた表情をして見せる。 ◎ 子どもは，指導補助者の表情と一致するカードを出す。 ◎ 指導補助者は，選択した状況を説明し，子どもは，自分が出したカードについて検討し，必要であればカードを変更する。 ◎ カードが一致したら，賞賛する。 ◎ 役割を交代し，子どもが表情を出す順番の際，感情と一致した表情ができていることを確認し，賞賛する。
まとめ	○ 本時のまとめをする。	◎ 学習過程をふり返り，一人ひとりの子どものよかったところを賞賛する。

7章 ソーシャル・サポート研究の基礎と応用
──よりよい対人関係を求めて

❶節　はじめに

　ストレスの多い現代の社会は，一方では，心身の健康に対して人々が強い関心を寄せている社会でもある。生活習慣に起因するとされるさまざまな疾病への対策が叫ばれ，「ストレス病」なる言葉が生まれる一方で，精神的および身体的に，より"よい状態（wellness; well-being）"を求めた取り組みが注目されている。

　ソーシャル・サポートの概念と研究は，こうした社会的・時代的な背景のなかにあって，とりわけ対人関係のあり方が心身の健康に影響しうることを指摘するものである。本書の表題にもあるように，対人関係はいさかいや煩わしさといったストレッサーの源でもある。しかし，ソーシャル・サポート研究ではむしろそのポジティブな側面に注目する。このことは，日本におけるソーシャル・サポート研究の先駆的な紹介者のひとりである久田（1987）の「ある人を取り巻く重要な他者（家族，友人，同僚，専門家など）から得られるさまざまな形の援助（support）は，その人の健康維持・増進に重大な役割を果たす」（p.170）という見解によく示されている。そして，人間関係の「何が，どのように」有効なのか，そして，その意義や限界について問うのが，ソーシャル・サポート研究の基本的な志向性であるといえる。

　本章では，続く8章にも共通するものとして，まずソーシャル・サポート研究が登場した背景や，ソーシャル・サポートの概念とその測定方法，効果に関するモデルなど，研究全般に関わる基礎的知見とその問題点を紹介する。加えて，応用的な研究のひとつとして，個人差要因としての他者依存性とソーシャル・サポートの関係に関する知見を紹介し，ソーシャル・サポートの観点から見たよりよい対人関係のあり方について，若干の考察を行う。

7章 ソーシャル・サポート研究の基礎と応用——よりよい対人関係を求めて

❷節 ソーシャル・サポート研究を生み出したもの

1　いくつかの背景要因

　ソーシャル・サポートの概念が登場したのは，1970年代の半ばころであり，実証的な研究が数多く行われるようになったのは1980年前後からである。したがって，概念的には約30年ほどの歴史があることになる。

　人と人とのつながりの重要性は日常的にも理解されるところであるが，学問的にも，たとえば社会学者のデュルケームが19世紀末に著した『自殺論』(Durkheim, 1897)では，社会または集団が強い内的な結びつきを持つときには自殺が発生しにくく，結びつきが弱まった状況で自殺が発生しやすいことが指摘されている。また，心理学のなかでも，たとえばロジャース（Rogers, R.C.）のカウンセリング理論では「共感的理解」や「無条件の肯定的配慮」が重視されている。これらはソーシャル・サポート研究を生み出したある種の「遠景」として理解することができる。

　しかし，ソーシャル・サポートの概念が登場し研究が進められるようなった直接の背景としては，社会学や人類学における社会的ネットワーク研究（Lowenthal & Haven, 1968; Mitchel, 1969）における対人関係の構造的側面が持つ効果への注目，生活出来事（life event）に代表される生活ストレス研究（Holmes & Rahe, 1967）におけるストレッサーと疾病の間に介在する調整要因への関心（Rabkin & Struening, 1976），および地域精神衛生（コミュニティ・メンタルヘルス）における予防的介入としての「非専門家による援助資源」の重要性の指摘（Caplan, 1974），などを挙げることができる。

　たとえば社会的ネットワーク研究においては，ネットワークの大きさ（結びつきの数）や密度（メンバー相互が知り合いである程度）などから人々の結びつきを記述するとともに，親密ではないゆるやかな結びつき（weak ties）のほうが，結果的に新たな情報を得やすく環境への適応を促進することなどが指摘されていた（平松，1990も参照）。また，生活ストレス研究の流れからは，生活上の大きな変化（死別，転勤，昇進など）はその新たな状況への再適応を迫るものであり，それらが積み重なることで疾病への罹患率が高まるが，しかし同様の変化を経験しても疾病が生じない人もおり，生活出来事による疾病の予測率は低いことが明らかにされてきた。関連して疫学的観点からキャッセル（Cassel, 1974）は，ストレス研究において，ストレッサーとその影響を防ぐ要因との両面から疾患の原因を探るべきことを主張し，とくに「再適応事態における他者からのフィードバック」が重要であることを指摘した。これらの考え方が，次に述べる地域精神衛生の主張につながることとなった。

2　地域精神衛生における「ソーシャル・サポート・システム」

　地域精神衛生のアプローチにおいては，人々の精神的健康ないし疾患の問題を治療よりも予防的観点からとらえることに特徴がある。このアプローチの主唱者であったキャプラン（Caplan, 1974）は，地域の連帯とりわけメンタルヘルスの専門家ではない"ふつうの人々同士のつながり"の重要性を強調した。キャプランは次のように述べている。

> 「重要な他者［家族や親友など］は，人が自らの心理的な資源を動員して，情緒的な負担をのりこえる助けとなる。重要な他者は，いっしょになって問題にとりくんでくれたり，お金や物や道具や技術を提供してくれたり，どのように考えればよいかアドバイスしてくれたりする。それらは，その人が状況に対してうまく対処できるようにするのに役立つのである」（Caplan, 1974, p.6）。

　ここでは，身近な人同士のつながりによって，ストレッサー（ここでは情緒的な負担）への対処に有用な3つの機能（問題を分かち合う，必要なモノを提供する，適切な考え方や助言・情報をもたらす）が果たされる，ということが明示されている。

　キャプランの主眼は専門家が自ら援助者になるよりも「援助者を育てる」「援助者を援助する」役割を担うことであったが，日常的な対人関係が果たす機能を強調し，それを「ソーシャル・サポート・システム」と呼ぶことによって，ソーシャル・サポート研究がその後発展していく契機を提供したといえる。事実，1980年前後からの心理学におけるソーシャル・サポート研究は，「アメリカコミュニティ心理学雑誌（American Journal of Community Psychology）」に代表されるコミュニティ心理学が中心的な役割を果たすことになった。

3　対人関係と健康に関する疫学的知見

　また，1970年代後半からは，疫学的あるいは医学的観点から，疾病の罹患率ないし死亡率に及ぼす人間関係の影響を示唆するいくつかのある研究結果が公表されるようになった。

　たとえばバークマンとザイム（Berkman & Syme, 1979）は，カリフォルニア州アラメダ郡において30～69歳の男女約4700名を9年間にわたって追跡調査した。この調査では，結婚の有無，家族や友人たちとの接触頻度，社会的集団（教会，地域サークル，会社など）への関わりなどを社会的関係の指標とし，後の死亡率が比較された。その結果，高齢者ほど死亡率が高いということはあるものの，どの年代でも，また男女にかかわらず，社会的関係の乏しい人は，豊かな人より

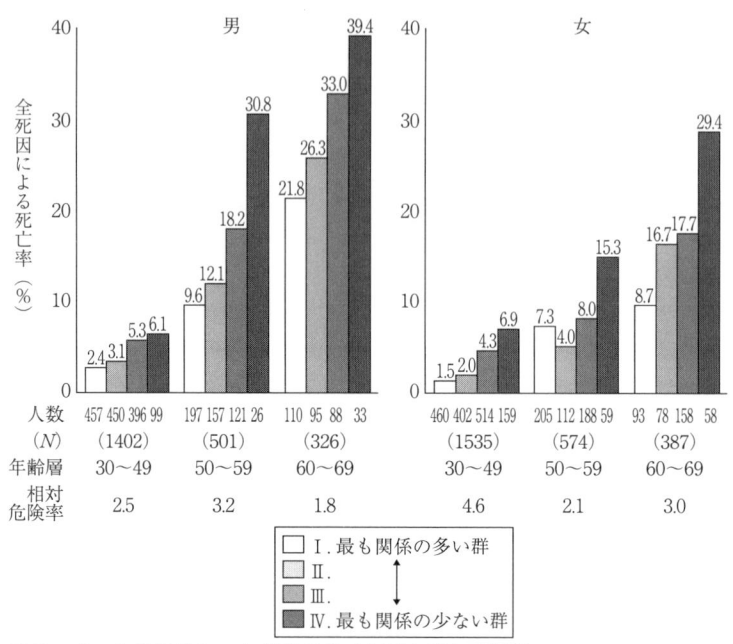

7章 ソーシャル・サポート研究の基礎と応用——よりよい対人関係を求めて

図7-1 ◆社会的なつながりの多さと死亡率との関係
(Berkman & Syme, 1979 をもとに作成)

2〜4倍も死亡率が高かった（図7-1）。さらにこの結果は，自己報告による健康状態や喫煙などの生活習慣，社会経済的地位，肥満の程度などによって基本的に左右されていなかった。

なお，この対象者についてはさらに17年後の死亡率も検討されており（Seeman et al., 1987），やはり社会的関係によって死亡率に違いがあることが報告されている。また，同じくコミュニティの住民を対象とした他の調査（たとえば House et al., 1982）でも，同様の結果が報告されている。

このような疫学的知見は対人関係が健康に影響する可能性を非常に強いインパクトを持って示唆したものであり，ソーシャル・サポートの概念が普及するうえで強い促進要因になったと考えられる。

❸節　ソーシャル・サポートの概念と測定

1　ソーシャル・サポートとは何か

前節では，ソーシャル・サポート研究が開始される経緯について述べた。ではソーシャル・サポートとはいったい何であろうか。キャプランは「システム」と

述べたが，「ソーシャル・サポート」という用語でそれを定義したわけではない。
　「ソーシャル・サポート」の概念を初めて具体的に定義したのは，心身医学者のコッブ（Cobb, 1976）であるとされている。コッブによれば，ソーシャル・サポートとは，①ケアされ，愛されている，②尊敬され，価値ある存在として認められている，③互いに義務を分かち合うネットワークの一員である，という3つのうち少なくとも1つ以上をその人に信じさせてくれるような「情報」であるという。そしてコッブは，こうした情報が危機への対処や人生上の移行期における心理的適応を促進することを先行研究のレビューに基づいて述べ，客観的な事実以上に「サポートがあるという知覚」の重要性を強調した。コッブの定義は「何が」その人にそう信じさせてくれる情報であるのか，ということまでは述べていないため，しばしば循環論的であると批判される（橋本, 2005を参照）。しかし，一方では「そのように信じられること」をサポートがある状態と見なすことにより，心理学的な測定になじみやすい定義を提供したともいえる。
　また，しばしば引用される定義として，ハウス（House, 1981）によるものがある。ハウスは『仕事のストレスとソーシャル・サポート（Work stress and social support）』という著書のなかで，①情緒的：共感したり，愛情を注いだり，信じてあげたりする，②道具的：仕事を手伝ったり，お金や物を貸してあげたりする，③情報的：問題への対処に必要な情報や知識を提供する，④評価的：人の

表7-1 ◆ ソーシャル・サポートの内容：諸研究の要約（Vaux,1988をもとに作成）

論者	サポート機能					
Lin et al.	道具的				表出的	
Pattison	道具的				感情的	
Weiss	社会的統合	指導	愛着	価値の統合	社会的統合	
Cobb			愛	評価	所属	
House	道具的	情報的（環境的）	情報的	情報的（自己評価）		
Wills	道具的	情緒的	動機づけ的	評価	社会的比較	

論者	サポート機能					
Caplan	具体的助力	実践的サービス	問題解決的情報	情緒の統制	フィードバック	休息と回復
Foa	品物	サービス	情報	愛	地位	
Torsdorf	実体的援助	アドバイス		非実体的援助	フィードバック	
Hirsch	実体的援助	認知的指導		情緒的サポート	社会的強化	社会化
Gottlieb	問題解決			情緒的支持		
Barrera	物質的助力	行動の援助	指導	親密な相互作用	フィードバック	ポジティブな相互作用
Vaux	金銭的援助	実践的援助	アドバイス・指導	情緒的サポート		社会化

行動や業績に最もふさわしい評価を与える，という4つの機能をあげ，それらのうち1つないしそれ以上の要素を含む相互作用をソーシャル・サポートとして定義した。ハウスの定義は，情報ではなく「相互作用」であるとするところにコッブとの違いが見られる。

なお，コッブもハウスもある程度，ソーシャル・サポートの内容（機能）を区別している。研究者によってあげる内容に違いが見られるが，ボー（Vaux, 1988）はそれらを表7−1のようにまとめている。この分類によれば，ソーシャル・サポートの内容は大きく，問題の解決に直接寄与する道具的（手段的）なものと，心理的な負担を和らげる情緒的なものに分けられることがわかる。

ただし，このように内容を具体的にあげる形で定義するばかりでなく，シュメイカーとブロウネル（Shumaker & Brownell, 1984）のように，相互作用を行う当人同士の認知を重視する定義もある。彼らによれば，ソーシャル・サポートとは「受け手の安寧を増すことが意図されている，と送り手ないし受け手によって知覚される，2人以上の間での資源の交換」である。この考え方では，とくに相互作用の受け手がそう認識しなくても，送り手が認識していればソーシャル・サポートになる（その逆も真）ということになる。

これらの定義からわかるように，ソーシャル・サポートについてはさまざまな定義が併存している状態にある。そこで田中（1997）は「（狭義には）個人が取り結ぶネットワークの成員間で，個人のウェル・ビーイングを増進させる意図で交換される心理的・物質的資源」という比較的ゆるやかな定義を与えている。

2　ソーシャル・サポートをどう測定するか

ソーシャル・サポートの概念は心理学の枠内でのみ登場したというより，社会学や人類学，疫学，精神医学を含む多様な背景を持つ。したがって，当初は「ソーシャル・サポート」として測定される内容も非常にさまざまであった。これは同じソーシャル・サポートという用語で異なる内容が測定されるということであり，研究間の比較を困難にしていた。

そこで，コーエンとザイム（Cohen & Syme, 1985）はこれらを「構造的測度」と「機能的測度」の2つに分類している。また，ハウスとカーン（House & Kahn, 1985）は「ソーシャル・ネットワーク」「対人関係」「ソーシャル・サポート」，ダンケル＝シェッターとベネット（Dunkel-Schetter & Bennett, 1990）は「社会的統合」「ソーシャル・ネットワーク」「ソーシャル・サポート」のそれぞれ3つに分類している。ここでコーエンとザイムの「構造的測度」はハウスとカーンおよびダンケル＝シェッターとベネットの「ソーシャル・ネットワーク」と「社会的統合」ないし「対人関係」を合わせたものとほぼ同義であり，特定の対人関係（婚

姻など）の存在，関係の数ないし大きさ，関係の密度などをさす。これに対して，「機能的測度」と「ソーシャル・サポート」はほぼ対応しており，対人関係のなかで果たされる機能ないし提供される資源をさす。

ただし，構造的測度については，「ソーシャル・サポート」と区別する研究者がいることからもわかるように，単に関係の有無や構造を問題にするのみであり，先に述べた定義で示されるようなソーシャル・サポートの機能ないし内容を含んでいない。そのため，とりわけ心理学的観点からの最近のソーシャル・サポート研究においては，構造的測度のみをそのままソーシャル・サポートの指標とすることはほとんどない。

他方，バレラ（Barrera, 1986）は，「社会的包絡ないしネットワーク」「知覚されたサポート（perceived support）」「実行されたサポート（enacted support）」の3分類を示している。前者は「構造的測度」に相当するが，後二者は「ソーシャル・サポート」を何らかの機能ないしそれをもたらす行動を受ける可能性（利用可能性ないし入手可能性 availability）と実際に受けた経験に区分したものである（同様の区別を，ダンケル＝シェッターとベネットも「ソーシャル・サポート」に関して行っている）。

現在，ソーシャル・サポートとして測定されているのは，たとえば「必要なら○○してくれる」という予期（期待）の程度を問う知覚されたサポート，たとえば「○○してくれた」のように一定期間で他者がどれだけのことをしてくれたかを問う実行されたサポート（行動の受け手からの表現として「受容（受領）されたサポート（received support）」とも呼ばれる），および形式上は対人関係の存在であるが，実際にはたとえば「○○してくれる人」のような，特定の機能を果たす（あるいは資源を提供してくれる）人の存在や人数を問う「ソーシャル・サポート・ネットワーク」ないし「サポート・ネットワーク」である。知覚されたサポートの尺度としては，たとえばコーエンとホバーマン（Cohen & Hoberman, 1983）のISEL（Interpersonal Support Evaluation List）やカトロナとラッセル（Cutrona & Russell, 1987）のSPS（Social Provisions Scale）などがあり，わが国では久田ら（1989）のSESS（Scale of Expectancy for Social Support）が有名である。実行されたサポートの尺度はあまり作成されておらず，バレラら（Barrera et al., 1981）のISSB（Inventory of Socially Supportive Behaviors）が代表例である。ソーシャル・サポート・ネットワークの尺度としては，サラソンら（Sarason, et al., 1983）のSSQ（Social Support Questionnaire）やその短縮版（Sarason et al., 1987）が知られており，わが国でも松崎ほか（1990）がそれに準じた尺度を作成している。表7-2，表7-3，表7-4には，これら3種類の測度について簡単な抜粋例が示されている。

7章 ソーシャル・サポート研究の基礎と応用——よりよい対人関係を求めて

表7−2 ◆サポート・ネットワークの測定項目例（松崎ほか，1990）

以下の質問にあてはまる人の名前かイニシャルを，最大9名まで挙げてください。またその人たちとの関係の満足度についても，適当なもの1つに○をつけてください。

1　あなたが悩んでいるとき（人間関係，自分の性格，進路選択などで），親身になって相談にのってくれそうな人は誰ですか？
　①____②____③____④____⑤____⑥____⑦____⑧____⑨____
　・あなたはこうした人間関係ネットワークにどの程度満足していますか。
　（とても満足：かなり満足：少し満足：少し不満：かなり不満：とても不満）

2　あなたが試験や実習，面接などを前にして，緊張し不安なとき，それを和らげてくれそうな人は？

3　日常の生活で，あなたが援助や手助けを必要としているとき，頼れそうな人は？

4　もしあなたが留年や退学の処分を受けたとき，あなたを支えてくれる人は？
⋮
9　あなたが立腹し不愉快な気分のとき，それを和らげてくれそうな人は？

注）教示文，項目，回答欄とも簡略化してある。

表7−3 ◆知覚されたサポートの測定項目例（嶋田，1996）

あなたの身近な人々（「父親」「母親」「同性の友人」「異性の友人」「先生」）について，それぞれ下の項目に答えてください。
（選択肢：4 きっとそうだ　3 たぶんそうだ　2 たぶんちがう　1 絶対ちがう）

□あなたの「お父さん」について
　1　あなたに元気がないと，すぐに気づいてはげましてくれる。
　2　あなたがなやみや不満を言っても，いやな顔をしないで聞いてくれる。
　3　あなたが何か失敗しても，そっと助けてくれる。
　4　ふだんから，あなたの気持ちをよくわかってくれている。
　5　あなたが何かなやんでいるときに，どうしたらよいか教えてくれる。

□あなたの「お母さん」について
　1　あなたに元気がないと，すぐに気づいてはげましてくれる。
（＊以下同じ）

注）教示文は簡略化してある。

表7−4 ◆実行されたサポートの測定項目例（Barrera et al., 1981）

過去1カ月間に，他の人があなたのために，次のような行動をどの程度してくれましたか？
（選択肢：まったくない／1度か2度／週に1度くらい／週に何度も／ほとんど毎日）

・あなたのやり方をそれでいいといってくれた。
・あなたがいないとき，あなたの持ち物がなくならないように見ていてくれた。
・25ドル以上貸してくれた。
・あなたと似た状況におかれたらどう感じるかをいってくれた。
・あなたが誰に助けを求めればいいかをいってくれた。

注）Barrera et al.(1981)から説明のために抜粋して和訳したものであり，教示文も簡略化してある。

3　概念定義と測定における現状と問題
（1）　概念上の問題点

　誕生から約30年の歴史をもつソーシャル・サポートの概念であるが，実のところ，そこには問題が内包されている。その最も顕著かつ根本的なものは，「何をもってソーシャル・サポートとするのか」がはっきりしないことである。

　ソーシャル・サポートを「情報」としてとらえたコッブの定義において「何がそう信じさせる情報なのか」が明示されていないことはすでに述べた。1980年代以降の研究者もそれぞれの立場から定義を述べているが，十分なコンセンサスは得られていない。むしろ，浦ら（1989）らが述べているように，「ソーシャル・サポート」それ自体の定義については明言を避け，それを操作的概念としては使用せず，たとえば「知覚されたサポート」や「実行されたサポート」を操作的概念として扱うという立場をとっている。その延長線上には，浦（1999）が指摘するように，「対人関係と人の心身の健康との関連についてのさまざまな研究をソーシャル・サポート研究と総称」するという見解がある。これはたしかにひとつの結論であるが，しかし，実際には多くの研究で「ソーシャル・サポート」という用語が用いられている。このことは，ソーシャル・サポート研究をわかりにくくしているひとつの大きな原因であると考えられる。

　この点について筆者（たとえば福岡，2001）は，ソーシャル・サポート研究において「サポート」概念を明確化する必要性を提案している。その骨子は，サポートとは持続的な対人関係のなかで取り交わされる援助であり，「その対人関係のなかで相手を助けようとする他者の具体的な行動」として表現されるべきだ，というものである。

（2）　測定上の問題点

　現在のソーシャル・サポートにおいては，サポートの内容（たとえば情緒的など）のほか，しばしばサポート源（たとえば家族など，サポートの提供者ないし潜在的な送り手）についても区別される。しかし，これらを具体的にどう設定するかの扱いには混乱が見られる。

　サポートの内容については，先述のハウスの定義やヴォーによる整理に見られるとおり，理論的には以前からその多次元性が主張されている。先述のISELやSPSではそれぞれサポート内容を区別している。ただし，概して下位尺度間の相関は高い。一方，たとえばサラソンら（Sarason, et al., 1987）は，彼らの作成したSSQの分析から，サポート内容を区別する必要性を認めていない。久田ら（1989）のSESSでも，因子分析に基づいて知覚されたサポートの1因子性が主張されている。

　サポート源の区別については，たとえばソイツ（Thoits, 1982）やアントヌッ

チ（Antonucci, 1985）が家族と友人のサポートが異なる基準で評価されることを指摘しており，プロシダノとヘラー（Procidano & Heller, 1983）のPSSFa, Fr（Perceived Social Support from Friends and from Family）は家族と友人，ツィメットら（Zimet et al., 1988）のMSPSS（Multidimensional Scale of Perceived Social Support）では家族・友人・重要な他者，嶋（1992）では父親・母親・友人の3種類が設定されている。ただし，さまざまなサポート源をどのように分類し測度上で設定すべきかについて，直接の経験的証拠は提出されていない。

そして，実際の測度上の扱いは混乱しており，ISELやSPSではサポート内容は区別されているがサポート源の違いは考慮されていない。一方PSSやMSPSSではサポート内容の区別は行われていない。久田ら（1989）のSESSでは測定時に父母など個別の対人関係が考慮されるのみである。嶋（1991）は計11種類の対人関係を測定対象としている。そして，サポート内容とサポート源の区別の必然性や有用性に関して，実証的なデータに基づく十分な議論が行われているとは言い難い。

筆者（福岡, 2000a）はこうした現状をふまえ，まず従来の研究をふまえ4つのサポート内容（助言・相談，慰め・励まし，物質的・金銭的援助，行動的援助）を設定したうえで該当する項目を設定した。そして援助行動の分類学的研究（高木, 1991）にならった各サポート行動の類似性評定とクラスター分析で，4内容が操作的に分類可能であることを確認した（図7−2）。そのうえで「父親」「母親」「同性の友人」「異性の友人」など計11種類の対人関係別にサポートの入手可能性を評定させ，因子分析により情緒的・間接的なサポート（助言・相談，慰め・励まし）と手段的・直接的なサポート（物質・金銭，行動的援助）に二分されることを示した。さらに計8種類の対人関係における両サポートの入手可能性データ（関係8種類×サポート2種類＝計16変数）に基づき，家族に代表される血縁者ないし親族と友人に代表される非血縁者の因子を抽出した。また入手可能性の平均値は血縁者で情緒的＜手段的，非血縁者ではその逆という対照的なパターンを示し，さらに別途測定した対人関係を区別しない全般的なサポートの入手可能性では対人関係別の入手可能性が持つ情報をくみ取れていないことを見い出した。これらは，「情緒的」「手段的」というサポート内容の区別，「血縁者」「非血縁者」というサポート源の区別，後者の区別の相対的な優位性，そして双方を区別することの有用性を示唆する結果である。この研究は大学生のみを対象としているとはいえ，サポート内容，サポート源の操作的な分類について，一定の経験的基盤を提供するものである。

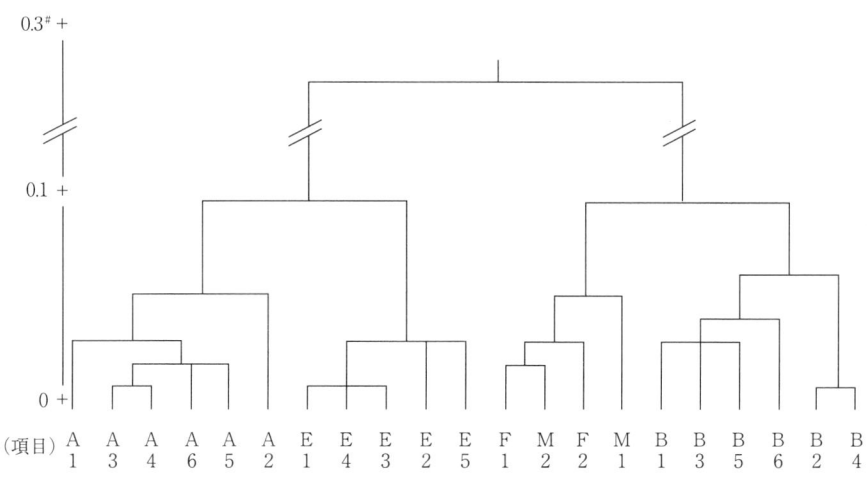

3節＊ソーシャル・サポートの概念と測定

```
0.3# +
        
0.1 +

  0 +
(項目) A A A A A A E E E E E F M F M B B B B B B
      1 3 4 6 5 2 1 4 3 2 5 1 2 2 1 1 3 5 6 2 4
```

#縦軸は semi-partial R^2

「助言・相談」（A：advice）
A1. わたしが自分個人の力では解決できないような難しい問題にぶつかったとき，誰（どこ）に援助を求めたらいいか教える。
A2. わたしの考え方ややり方が間違っているとき，そのことを率直に伝える。
A3. わたしが勉強や仕事のことで問題をかかえているとき，それについてアドバイスする。
A4. わたしが学校や職場，地域，家庭などでの人間関係について悩んでいるとき，それについて相談にのる。
A5. わたしに日常生活の中ですすめ方ややり方のわからないことがあるとき，それを具体的に教える。
A6. わたしが自分にとって重要なこと（たとえば進学や就・転職，長期ローンを組むべきかなど）を決めなくてはならないとき，それについてアドバイスする。

「慰め・励まし」（E：emotional）
E1. わたしが落ち込んでいるとき，元気づける。
E2. わたしが個人的な悩みや心配事をかかえているとき，その話を聞く。
E3. わたしがやっかいな問題に頭を悩ませているとき，冗談を言ったり一緒に何かやったりして，私の気をまぎれさせる。
E4. わたしが精神的なショックで動揺しているとき，なぐさめる。
E5. わたしが気が動転するようなことを経験したとき，同情を示す。

「物質的・金銭的援助」（M，F：material and financial）
M1. わたしにちょっとした道具や器具（ノート，鍋，タオルなど）を貸す。
M2. わたしにかなり大がかりなものや高価なもの（車，礼服，パソコンなど）を貸す。
F1. わたしが緊急にかなり多額のお金を必要とするようになったとき（家賃や学費の支払い，事故の弁償など），その分のお金を出す。
F2. わたしが財布をなくしたり物をこわした弁償などで急に数千円必要になったとき，その分のお金を貸す。

「行動的援助」（B：behavioral）
B1. わたしが忙しくしているとき，ちょっとした用事（家事や簡単な仕事など）の手助けをする。
B2. わたしが急病で倒れたとき，病院まで連れていく。
B3. わたしが家をしばらく留守にするとき，ペットや植物など，わたしの家の世話をする。
B4. わたしが病気で数日間寝ていなくてはならないとき，看病や世話をする。
B5. わたしに引っ越しなど大がかりな用事があるとき，その手伝いをする。
B6. わたしに何か事情があれば，しばらくの間泊まる場所を提供する。

図7－2 ◆ 類似性評定に基づくサポート行動のクラスター構造（福岡，2000a）

❹節　ソーシャル・サポートの効果に関するモデル

1　心理的ストレス理論とソーシャル・サポート

　ソーシャル・サポートの概念は，キャプランの「ソーシャル・サポート・システム」の提唱からもうかがえるように，当初からストレスの問題と密接に関連するものとして取り扱われてきた。

　心理的ストレス理論としては，現在ラザルス（Lazarus, R.S.）らの評価と対処に関するモデル（たとえばLazarus & Folkman, 1984）が広く受け入れられている。この理論についてはすでに本書2章等でも部分的に言及されているが，その骨子は，生活上の出来事（潜在的なストレッサー）に直面した場合に2段階の認知的評価（cognitive appraisal）過程が介在する，というものである。ひとつは出来事それ自体についての評価（1次的評価）であり，ストレスフルである（対処を要するストレッサーである）かどうかがここで決定される。もうひとつは，ストレスフルであると評価された出来事に対してどのように対処するかが決定される段階（2次的評価）である。ここでは，自分にどのような対処資源があり，どのような対処方略が可能であるかが評価される。

　コーエンとウィルズ（Cohen & Wills, 1985）は，ラザルスとロニア（Lazarus & Launier, 1978）に準拠して，図7-3のようなモデルを提案している。これによれば，ソーシャル・サポートは，ストレッサーが疾病をもたらす心理的プロセスのなかで，2つの段階でそれを緩衝する。

　まず第1に，何らかの出来事（潜在的なストレッサー）が生じた場合，それを個人がどのように受け止めるか（1次的評価）に影響する。支持的な対人関係が存在し，必要なときにはサポートが得られるという認識があれば，事態を深刻なもの，対処に多大な努力が必要なものと評価しなくてすむ，というわけである。なお，ここでのソーシャル・サポートは，サポート・ネットワークあるいは知覚

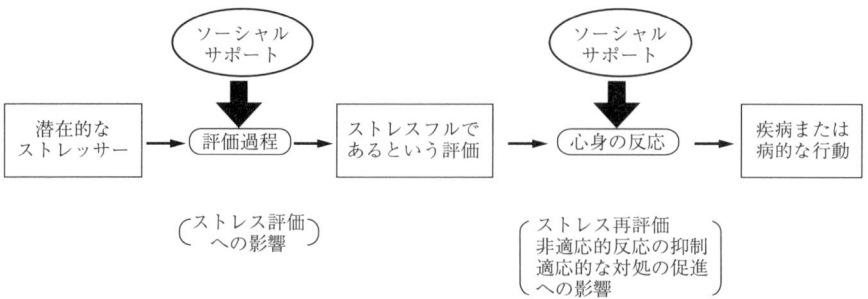

図7-3　◆ ソーシャル・サポートの影響過程に関するモデル
　　　　（Cohen & Wills, 1985をもとに作成）

されたサポート（必要なら他者がサポートしてくれると思えること）である。

　第2に，出来事がストレスフルであり何らかの対処が必要であると認知された場合，ソーシャル・サポートは個人の適応的な対処行動を促進し，ストレッサーの再評価を促し，非適応的な反応を抑制する。ここでのソーシャル・サポートは，サポート・ネットワークや知覚されたサポートのほか，実行されたサポートの受容（事態に応じた適切なサポートを得ること）でもありうる。

　なお，コーエンら（Cohen et al., 2000）は，ラザルスとフォルクマン（1984）のモデルにソーシャル・サポートの役割を追加する形でのモデルを提案している。そこではコーエンとウィルズのモデルにおける2つ目の影響経路が認知的・情動的反応への影響と生理的・行動的反応への影響に区分されているが，基本的な考え方は同様である。

2　ソーシャル・サポートのストレス緩衝効果と直接効果
（1）ストレス緩衝効果

　前述のようなストレス過程に対するソーシャル・サポートの影響は，実際の研究においては伝統的に，「ストレス緩衝効果（stress-buffering effect）」として扱われてきた。ソーシャル・サポートのストレス緩衝効果とは，ストレッサーが少ないときにはソーシャル・サポートが多くても少なくてもストレス反応（あるいは心理的苦痛）の指標に差はないが，ストレッサーの水準が増大した場合，ソーシャル・サポートが多ければその悪影響が抑制され，少ない場合よりもストレス反応が少なくてすむ，というものである（図7-4左）。この図式ではコーエンとウィルズのモデルにおける2つの影響経路は区別されていないが，ストレッサ

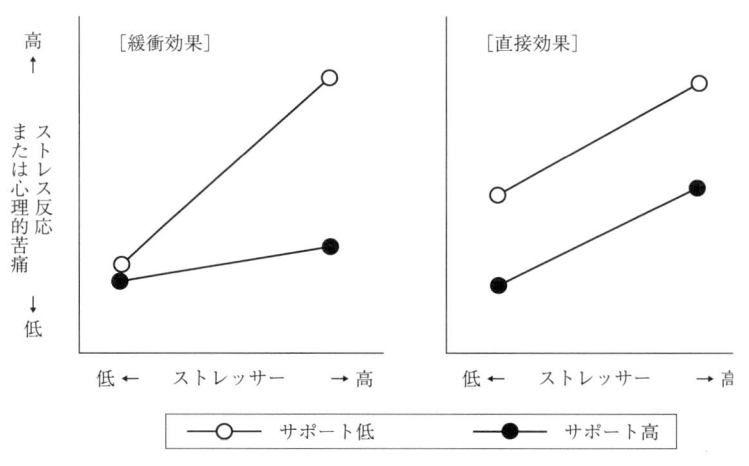

図7-4　◆ストレス緩衝効果と直接効果の模式図

ーが存在しなければソーシャル・サポートの影響はなく，ストレッサーが存在するときにソーシャル・サポートが影響力を発揮する，ということが想定されている。

なお，このストレス緩衝効果は，実際の研究では，ストレス反応や心理的苦痛等などの指標（結果変数）を従属変数とし，ストレッサーとソーシャル・サポートをそれぞれ高低2群に分けて独立変数とした2要因分散分析，またはストレッサー，ソーシャル・サポート，および両者の交互作用を順に投入する階層的重回帰分析によって検討される。いずれの分析でも，交互作用が有意であるかどうかが問題となる。

（2） 直接効果

ただし，実際の研究ではこのストレス緩衝効果が常に見い出されるわけではなく，「直接効果（main effect）」が見られることもある。これはストレッサーの水準が低くても高くても同様にソーシャル・サポートが有益な効果を持つ，というものである（図7－4右）。前述の分散分析におけるソーシャル・サポートの主効果，重回帰分析におけるソーシャル・サポートの有意な寄与によって示される。また，ソーシャル・サポートの指標と結果変数との単相関が有意である場合も，ストレッサーが考慮されていないにもかかわらずソーシャル・サポートが精神的健康状態と関連している，という意味で直接効果と見なすことができる。

なお，直接効果に関しては，ストレス過程との関連を離れて，ソーシャル・サポートに積極的な意義を主張する考え方がある。キャプラン（1974）やカプランら（Kaplan et al., 1977）は，持続的な対人関係が人の基本的欲求（たとえばMurray, 1938 の「求護（succorance）欲求」）を満たすことを，ソーシャル・サポートの文脈から指摘している。またソイツ（Thoits, 1985）は，ソーシャル・サポートはアイデンティティと所属の感覚をもたらし，自尊心や統制感を高めるがゆえに有益であることを主張している。

（3） ストレス緩衝効果と直接効果の関係

コーエンとウィルズ（Cohen & Wills, 1985）やケスラーとマックロード（Kessler & McLeod, 1985）はそれ以前の研究をレビューし，緩衝効果はソーシャル・サポートの機能的指標（利用可能性など），直接効果は構造的指標（社会的統合など）を用いた研究で多く見い出されていることを指摘している。この点については，社会的統合はふだんから自尊心に関連し，サポートの利用可能性は実際にストレッサーに直面したときに重要となる，といった説明が可能である（橋本，2005 も参照）。

また，ストレッサーの水準からこの効果を解釈することもできる。図7－5の左側部分に示すように，ストレッサーの水準が相対的にそれほど高くない場合は，

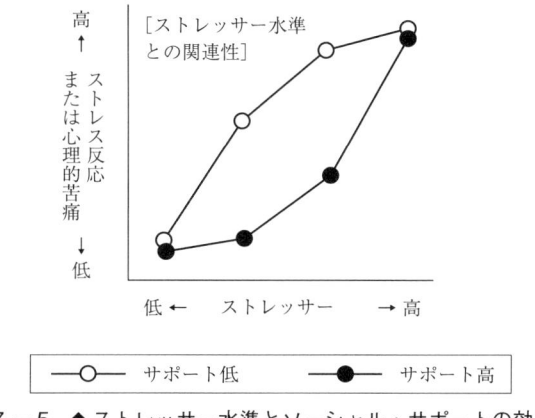

図7−5 ◆ ストレッサー水準とソーシャル・サポートの効果

ストレッサーに直面しても，ソーシャル・サポートはその悪影響を抑制する。しかし徐々にストレッサーの水準が高まってくると，ソーシャル・サポートがあってもその悪影響を抑えることは難しくなってくる（図7−5中央部分）。そして，さらにストレッサーの水準が高まると，もはやソーシャル・サポートがその悪影響を緩衝しきれなくなり，ソーシャル・サポートの高低にかかわらず高いストレス反応を示すようになる（図7−5右側），というものである。

初期のソーシャル・サポート研究では，緩衝効果と直接効果のどちらがより多く見い出されるのか，どちらがより正しい考え方なのかを検証しようとする研究が多く行われていた。しかし，この2つの考え方は対立するものではなく，用いられるソーシャル・サポートの指標や対象者の特徴によって，両方の効果が見い出されることもあれば片方のみが見い出されることもある，と考えられるようになっている（稲葉，1998も参照）。

3　媒介変数としてのソーシャル・サポート── さまざまな可能性

これまで述べてきたソーシャル・サポートの緩衝効果や直接効果，とりわけその分析にあたっては，あたかもソーシャル・サポートがストレッサーの生起とは独立であるかのように扱われてきた。実際，ストレッサー，ソーシャル・サポート，および両者の交互作用項を扱う階層的重回帰分析では，ストレッサーとソーシャル・サポートの項が，統計的にも独立であることが求められる。しかし現実には，ストレッサーの生起とソーシャル・サポートが連動して（相互に影響し合って）精神的健康に影響することも十分に考えられる。

たとえば，ソーシャル・サポート・ネットワークのなかでは，有害なストレッ

サーを最初から経験しなくてすむかもしれない（ストレス抑制モデル：Barrera, 1986）。また，たとえば災害やあるいは対人葛藤などの要因によって，サポート・ネットワークの一部が損なわれるかもしれない（サポート減衰モデル：Kaniasty & Norris, 1993）。劣悪な社会経済的環境（低所得，住居の狭さなど）は，豊かなサポート・ネットワークを形成することへの障害になるかもしれない（Lepore et al., 1991; 浦, 1993）。このような場合，ストレッサーとソーシャル・サポートは負の相関を持つことになる。

　また，実行されたサポートの場合には，常に受け手が何らかのストレッサー（サポートのニーズ）を経験していることが前提となる。したがって，実行されたサポートは必然的にストレッサーと正の相関を持つことになる。実際，実行されたサポートはしばしばストレス反応とも正の相関を示すが，これは高いストレス反応を示す人が多くのストレッサーを経験している場合が多いことによると考えられている（Barrera, 1986; 福岡, 2000b）。

　このような場合，ソーシャル・サポート（またはストレッサー）はストレス過程における媒介変数（mediator）として位置づけられることになる。一方，ストレス緩衝効果におけるソーシャル・サポートは，ストレッサーとストレス反応の結びつきを左右する調整変数（moderator）である。調整変数と媒介変数の区別（Baron & Kenny, 1986）は重要であり，ソーシャル・サポート研究も例外ではない。とくに分析モデルによって変数の性質が異なることには十分注意しなくてはならない。

❺節　ソーシャル・サポートとよりよい対人関係——依存性との関連から

1　他者依存性研究とソーシャル・サポート研究

　本節では，ソーシャル・サポートの観点から見た，個人にとって「よりよい対人関係」を考察する手がかりとして，他者依存性との関わりを取り上げる。

　ソーシャル・サポート研究は，これまで述べてきたように，支持的な対人関係の存在やそこから得られるさまざまな援助が，生活上の出来事に対する直接あるいは間接の対処資源として，その人の心身の健康が損なわれるのを防ぐ役割を果たすことを主張してきた。

　一方，他者依存的な人は，その根底に養護的・支持的な関係を獲得し維持したいという強い欲求を慢性的に持つ一方で（Bornstein, 1992），抑うつを始めとする種々の心理的苦痛に陥りやすいことが指摘されている（Blatt et. al., 1976; Bornstein & Johnson, 1990）。オーバーホルザー（Overholser, 1992）は，大学生のサンプルにおいて依存性が高いほど抑うつ的であること，さらに依存性の高低

による差異が10カ月後の追跡調査時にもなお有意であったことを報告している。

他者との温かい関係を持ちたいという欲求は，人間にとって基本的なものとされる（Baumeister & Leary, 1995）。この欲求それ自体の強弱を扱っているのが他者依存性研究，この欲求の対象としての対人関係を扱っているのがソーシャル・サポート研究であり，両者は表裏のような関係にあるといえる。

2　他者依存性とソーシャル・サポートの効果

さて，他者依存性のもたらす問題としての心理的苦痛との関連性は，ソーシャル・サポートの観点からはどのように考察しうるであろうか。可能性としては，①依存的な人はサポートが利用可能であるような対人関係を持っていないために心理的苦痛を感じやすい，②依存性とサポートの利用可能性との間に直接の関係はないが，依存的な人ではサポートが心理的苦痛を軽減する効果を持たない，という2通りが考えられる。福岡（1998）は，大学生を対象とした調査で，「周囲の人々全般」および「父親」「母親」「同性の友人」からのサポートの利用可能性をたずね，他者依存性の高い人と低い人でその程度およびストレッサーとの関連から見た心理的苦痛（抑うつ）の軽減効果を比較した。その結果，他者依存性とさまざまなサポートの入手可能性との間には何ら有意な関係が認められなかった。しかし，心理的苦痛に対するサポートの効果は，依存性の低い人のみに認められ，依存性の高い人では有意ではなかった。

なお，類似の結果はレフコートら（Lefcourt et al., 1984），ヒル（Hill, 1987）によっても見い出されている。これらの研究では依存性を直接は扱っていないが，親和欲求の強い人では心身の自覚症状に対するサポートの効果があまり見られないことが明らかにされている。

3　他者依存性と心理的苦痛の関係に及ぼすソーシャル・サポートの影響

福岡（1998）らの結果は，サポートの入手可能性が量的に同様であるにもかかわらず，依存性あるいは親和欲求の高低によってサポートの心理的苦痛への影響力が異なることを意味している。このことから，他者への依存性が高い人には，ある程度のサポートが存在する場合でも，そこから心理的苦痛の軽減に寄与するポジティブな効果を引き出すことを困難にするような何らかの要因があると考えられる。そこで福岡（2003）の調査1では，他者依存性の高さと，サポートを受けることにともなう自尊心への脅威や心理的負債感といった否定的な認知との関連性を，サポートの欲求度（サポートを望む程度），入手可能性，提供可能性との関連性とともに検討した。その結果，サポートの入手および提供可能性には差がなかったが，他者依存性の高い人は低い人に比べ，欲求度と否定的な認知の両

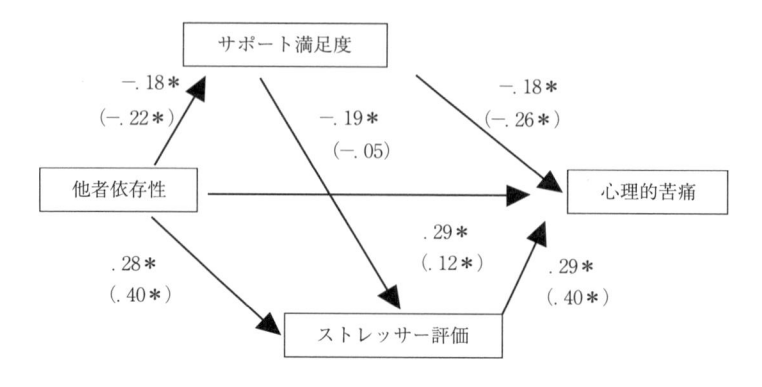

7章 ソーシャル・サポート研究の基礎と応用——よりよい対人関係を求めて

```
                    サポート満足度
           -.18*  ↗   │   ↘  -.18*
          (-.22*)     │     (-.26*)
                 -.19*│
                (-.05)│
   ┌──────┐            ↓            ┌──────┐
   │他者依存性│ ──────────────────→ │ 心理的苦痛│
   └──────┘                          └──────┘
          .28*  ↘    .29*    ↗  .29*
         (.40*)   (.12*)       (.40*)
                  ストレッサー評価
```

                                            *p<.05 +p<.10
注) 数値は標準偏回帰係数を示す（上段：男子，下段：括弧内：女子）。

図7-6 ◆ 他者依存性と心理的苦痛の関係に及ぼすソーシャル・サポートとストレッサー評価の影響

方が高かった。また調査2では，他者依存性とサポート源の人数および満足度，生活ストレッサー評価との関係を調べた。他者依存性の高い人は，サポート源の人数は依存性の低い人と同様であるが，サポート関係への満足度は低かった。パス解析により，サポート関係への満足度の低さおよびネガティブなストレッサー評価が他者依存性と心理的苦痛の関係を媒介していることが示された（図7-6）。

4 他者依存性とソーシャル・サポートの関連性が示唆するもの

　上述の2つの研究（福岡，1998，2003）の結果は，他者に頼りたいという強い欲求を持つ人は，サポート源の人数やそこからのサポートの入手可能性が低いわけではないにもかかわらず，支持的・養護的な関係に対する過度の欲求の結果として，逆にサポートを受けることへの心理的な抵抗感があることを示している。そしてまた，サポートを与えてくれる相手への強い不満足感をもたらし，それらによって心理的苦痛をより強く感じるようになることを示唆している。他者依存性の強い人は，同じような量のサポートが得られると認知していながらも自分のサポート関係に満足できず，ささいな出来事であってもそれを非常にネガティブなものと評価してしまい，また必要なサポートを求めることにも抵抗があるため，結果として心理的な苦痛が強いものになってしまうのであろう。

　このことはひるがえって，サポートの受け手にとってその有効性が発揮されるためには，自身に過度の依存的欲求があってはならず，またサポートの送り手にとっては相手が過度に依存的であったり，また相手の依存性を助長するようであ

ってはならないことを意味する。さらにいえば、ソーシャル・サポート研究全般に対する示唆として、他者から必要に応じてサポートを得ることができるという知覚が心理的苦痛を軽減する効果を持つために、個人の内的特徴として一定の条件が必要であることも指摘できる（Cohen et al., 1997）。ソーシャル・サポートを個人内過程と対人的過程の両面から探求することが、ひとつの方向性として有益であろう。

❻節 おわりに

本章では、ソーシャル・サポート研究が登場した背景、ソーシャル・サポートの概念とその測定方法、効果に関するモデルに関して基礎的な知見を紹介し、また、応用的な研究のひとつとして個人差要因としての他者依存性とソーシャル・サポートの関係に関する知見を紹介し、ソーシャル・サポートの観点から見たよりよい対人関係のあり方について若干の考察を述べた。

しかしながら、限られた紙幅のなかで省略せざるをえなかった論点は数多くある。たとえば、概念および測定の問題としては、「知覚されたサポート」それ自体が内的作業モデル（Internal Working Model）に代表されるパーソナリティ変数の反映であるとの指摘（Sarason et al., 1991）、および関連するアプローチとしての知覚されたサポートに対する社会的認知の観点からの検討（たとえば Lakey & Drew, 1997; Rhodes & Lakey, 1999）がある。またソーシャル・サポートの効果に関しては、稲葉（1998）の指摘するサポートの規範化に関わる文脈モデル（中村・浦, 2000 も参照）の問題、また小杉（2005）が指摘する疫学的アプローチと心理学的アプローチの差異および後者における「期待された（利用可能性としての）サポート」の解釈に関わる問題、関連して実行されたサポートに関するさらなる検討の可能性と必要性（Rook & Underwood, 2000）などの問題も重要である（福岡, 2000b; Goldsmith, 2004 も参照）。これらについては別途改めて論じる必要がある。

また、本章ではソーシャル・サポート研究の基本的なアプローチを紹介することから、もっぱらサポートの「受け手」としての個人に焦点を当てていた。しかし、実際の持続的な対人関係のなかで、人は単にサポートの受け手であるばかりでなく、送り手でもありうる。サポートの適切な送り手になることは自尊心を高め精神的健康に寄与する可能性があり、とくにサポートの受容－提供のバランスは「好ましい対人関係のあり方」をソーシャル・サポートの観点から論じるためには重要な視点であると思われる。とくに最後の問題は「サポートの互恵性」として、次の8章で詳しく取り扱われる。

8章
ソーシャル・サポートの互恵性と適応
——個人内および個人間発達の影響

❶節 サポートの互恵性

　前章ですでに解説されているとおり，社会心理学領域における従来のソーシャル・サポート研究では，主として，受け手の側の視点に立って，他者から受け取るサポートと心身の健康との関連が検討されてきた。そこでは，他者から受け取るサポートが抑うつ状態を緩和し，仕事や生活に対する満足感を高めることなどが実証されてきた。一方，近年では，ソーシャル・サポートが社会的相互作用を通じて交換される資源であるという観点から，その双方向的な特質に注意が向けられるようになってきている。とくに，最近では，サポートの送り手と受け手の双方の視点に立って，他者から受け取るサポートと他者に提供するサポートの程度の差が心身の健康に与える影響を検討したものが数多く見受けられるようになってきた(Antonucci & Jackson, 1990; Buunk et al., 1993; 周・深田, 1996など)。これらの研究では，社会的交換理論のひとつである衡平理論（equity theory）を適用して，サポートのやりとりがどのような状態にあるときに心身の健康が促進されるかについて検討が行われている。それではまず最初に，衡平理論とはどのような理論なのかについて詳しく見ていくことにしよう。

1　衡平理論

　衡平理論はホーマンズ（Homans, 1961）の分配公正（distributive justice）の考えに基づくものである。分配公正とは，①人は，社会的交換のなかで，個々人が行う投資とその人がその交換から得る報酬との割合が等しくなるように報酬が分配されるように期待しており，②この期待に反した分配が行われたとき，不公正（injustice）を感じる，③不公正にともない，相対的に有利な分配を受けた人は何らかの罪悪感を，相対的に不利な分配を受けた人は何らかの怒りを経験する，④人は，自分が公正な分配を受けているかを判定するために，重要な点で似ている他者と自分を比較する，というものである。たとえば，ある二者関係において，一方が他方よりも多くの投資を行った場合，投資の多い者のほうが，少ない者に

比べて，より多くの報酬を得ることが公正であると判断される。もしも，投資の多い者が相対的に少ない報酬しかもらえなかった場合には，その人は何らかの怒りを経験する。一方，投資の少ない者が相対的に多い報酬をもらった場合には，その人は何らかの罪悪感を感じる。

　アダムス（Adams, 1965）は，ホーマンズ（1961）の分配公正という概念をフェスティンガー（Festinger, 1957）の認知的不協和理論に援用して，さらに発展させている。彼によると，人がその人にふさわしい報酬を公正に分配されているか否かは，その人の結果（outcome）と投入（input）の比率によって示される。ある人の結果と投入の比率が，交換関係における他者のそれと等しいときに，そこに衡平（equity）が存在することになる。衡平は以下のような等式で表すことができる。

$$\frac{Oa}{Ia} = \frac{Ob}{Ib}$$
Oa, Ob：AおよびBの結果
Ia, Ib：AおよびBの投入

　この関係が崩れたとき，すなわち，左辺＞右辺（Aは過大利得，Bは過小利得），または，左辺＜右辺（Aは過小利得，Bは過大利得）となったとき，交換関係の参加者AとBは不衡平（inequity）を経験することになる。前者の場合を例にとって，もう少し具体的に説明してみよう。たとえば，2人の関係において，AさんもBさんも，ともに「3」ほど投入したとする。その後，Aさんは「9」の結果を得ることができ，Bさんは「6」の結果を得ることができたとする。Aさんの結果／投入の比率は，9／3＝3となる。一方，Bさんの比率は，6／3＝2となる。Aさんの結果／投入の比率の方が，Bさんのそれと比べて大きいため，両者は不衡平を経験することになる（左辺＞右辺となり，不衡平を経験する）。Aさんは，Bさんと同じ投入をしたにもかかわらず，相対的により多い結果を得ているため罪悪感を感じる。一方，Bさんは，相対的により少ない結果しか得られないため不満や怒りを感じる。人は，不衡平を経験したとき，その程度が大きければ大きいほど，より不快となり，不衡平の解消へと動機づけられる。不衡平を低減するために取られる方法としては，①自分または他者の投入や結果を実際に変える，②自分または他者の投入や結果を認知的に歪曲する，③交換関係を断ってその場を離れる，④自分の結果／投入の比率と等しい他者を比較相手に選ぶ，などがあげられる。

2　サポートの互恵性と心身の健康

　話をソーシャル・サポート研究にもどそう。衡平理論をソーシャル・サポート

1 節＊サポートの互恵性

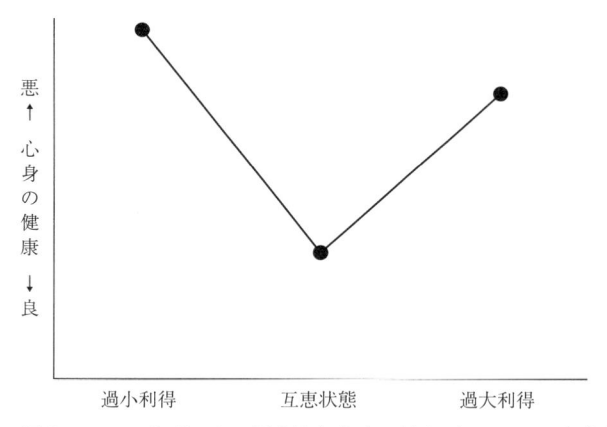

縦軸：悪←心身の健康→良
横軸：過小利得　互恵状態　過大利得

図8－1　◆サポートの互恵性と心身の健康（Rook, 1987をもとに作成）

に適用した研究では，受け取るサポートの量（自分の結果と見なす）と提供するサポートの量（相手の結果と見なす）が一致するときが衡平状態であり，一致しないときが不衡平状態であると仮定されている。これに対して，従来の衡平理論では，自分の結果／投入の比率が他者のそれと一致するときが衡平状態であると考えられているため，両者が扱っている衡平状態は厳密な意味では必ずしも同じものではない。本書では，概念的な混同を避けるために，受け取るサポートの量と提供するサポートの量が一致しているときのことを互恵（reciprocal）状態と呼ぶことにする。

ルック（Rook, 1987）は，サポートのやりとりと心身の健康との関係に対して，衡平理論をもとに以下のような仮説を立てている。①他者から受け取るサポートよりも多くのサポートを提供しているという過小利得（underbenefited）知覚は，不公平感（unfairness）や憤慨感を引き起こす。②他者に提供するサポートよりも多くのサポートを受け取っているという過大利得（overbenefited）知覚は，罪悪感や恥ずかしさを引き起こす。③他者から受け取るサポートと他者に提供するサポートが同程度である場合，すなわちサポートのやりとりが互恵的である場合にのみ，心身の健康が促進される（図8－1）。

以下では，ルックの仮説を検討した主要な研究を3つ紹介する。その際，サポートの互恵性をどのように定義しているかについても詳しく見ていくことにする。

まず最初に，ルック自身の研究（Rook, 1987）では，平均年齢72歳の未亡人を対象として，サポートの互恵性と孤独感および満足感との関係が検討された。サポートの互恵性は，以下のように操作的に定義された。提供したサポートを測

8章 ソーシャル・サポートの互恵性と適応——個人内および個人間発達の影響

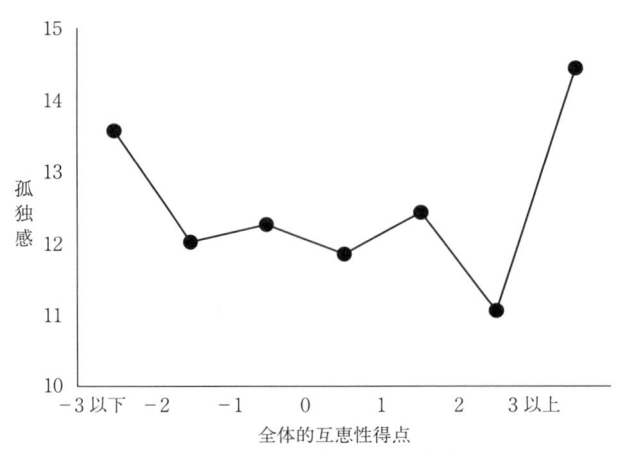

図8-2 ◆ 全体的互恵性と孤独感との関連（Rook,1987）

定する7つの質問項目に対して，自分がサポートを提供した相手の名前を回答者にあげさせ，1名以上名前があがった項目を1点，名前があがらなかった項目を0点とした。同様に，受け取ったサポートを測定する7つの質問項目に対しても，自分にサポートを提供してくれた相手の名前をあげさせ，1名以上名前があがった項目を1点，名前があがらなかった項目を0点とした。そして，受け取ったサポートの合計得点（0点〜7点）から提供したサポートの合計得点（0点〜7点）を引いたものを全体的互恵性得点とした（−7点〜7点）。この得点が0に近いほど，サポートのやりとりが互恵的であることを意味する。このほかに，友人と子どもの各関係別に互恵的交換数（0点〜7点）も算出された。これは，提供したサポートを測定する項目と受け取ったサポートを測定する項目において，それぞれ対応する項目ごとに同一の名前があがった場合を1点とし，それを合計した後，友人および子どもの人数で割ったものである。この得点が高いほど，それぞれの関係が互恵的であることを示す。分析の結果，孤独感に対して全体的互恵性の有意な2次効果が得られた（図8-2）。すなわち，自分が営む社会的ネットワークから受け取るサポートの程度と自分が社会的ネットワークに対して与えるサポートの程度が同じであるほど，孤独感が低い傾向が認められた。また，友人関係における互恵的交換数と友人関係の満足感において有意な正の相関が認められ，友人とのサポートのやりとりが互恵的であるほど，満足感が高まることが見い出された。

次に，バンクら（Buunk et al., 1993）は，精神病院の勤務者を対象にして，上

司と同僚の各関係におけるサポートの互恵性の有無，互恵性とネガティブな感情（いらいら，抑うつ，困惑，神経質などの合計）との関係，その関係に対する仕事上のストレスの影響を検討した。サポートの互恵性は以下のような方法によって測定された。上司や同僚との関係でやりとりされるサポート（たとえば，情報を与える，理解を示す，賞賛する）を回答者に想起させたうえで，その関係がどの程度互恵的であるかを1項目の尺度によって直接的に評定させた。測定に使用された尺度は，ハットフィールドら（Hatfield et al., 1985）が考案した，衡平理論を検討した研究で幅広く利用されているハットフィールド全体的衡平尺度（Hatfield Global Measure of equity）に基づいて新たに作成された。回答者は，上司や同僚との関係について，以下の5つの選択肢のなかから最も当てはまるものをひとつだけ選択した。5つの選択肢は，①自分が受け取るよりもかなり多くのサポートを相手に与えている，②自分が受け取るよりも多くのサポートを相手に与えている，③私たちは同じ程度のサポートをお互いに与えている，④自分が与えるよりも多くのサポートを相手から受け取っている，⑤自分が与えるよりもかなり多くのサポートを相手から受け取っている，であった。①と②は過小利得，③は互恵的関係，④と⑤は過大利得であることをそれぞれ示している。分析の結果は以下のとおりであった。上司と同僚の各関係における互恵性の有無に関しては，上司との関係よりも同僚との関係において，関係が互恵的であると知覚される傾向があった。また，上司との関係では，過大利得であると感じる者が多かった。互恵性とネガティブな感情との関連については，上司と同僚いずれの関係においても，互恵的であると報告した者が，ネガティブな感情が最も低く，過大利得の者と過小利得の者では，前者のほうがネガティブな感情が低かった（図8-3）。また，ネガティブな感情に対するこうした互恵性の効果は，仕事上のストレスを統計的にコントロールしても有意であった。

　最後に，わが国では，周と深田（1996）が，大学・短期大学・専門学校生を対象として，サポートの互恵性と感情状態，不適応度，精神的自覚症状，および，身体的自覚症状との関連を検討している。サポートの互恵性は以下のようにして測定された。まず，35項目からなるサポート尺度に対して，周囲の人からどの程度サポートを受け取ったか，また，周囲の人にどの程度サポートを与えたかについて，回答者に4件法で評定を求めた。次に，各項目の得点を合計し，受け取ったサポート得点から提供したサポート得点を引いて互恵性得点を算出した。パス解析の結果，互恵性得点の絶対値が負債感（恥ずかしさと申し訳なさの得点和）や負担感（負担感と欲求不満感の得点和）に対して有意な正のパスを示し，受け取ったサポートと提供したサポートの差が大きいほど（サポートのやりとりが互恵的でないほど），負債感や負担感が引き起こされていた。また，不適応度，精

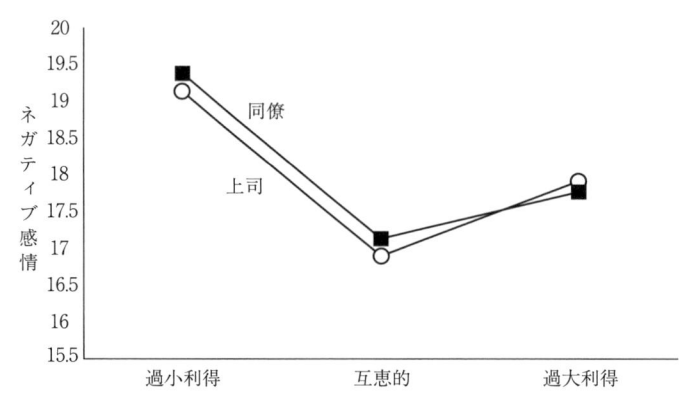

図8−3 ◆ 上司・同僚との関係における互恵性とネガティブ感情
（Buunk et al., 1993 より作成）

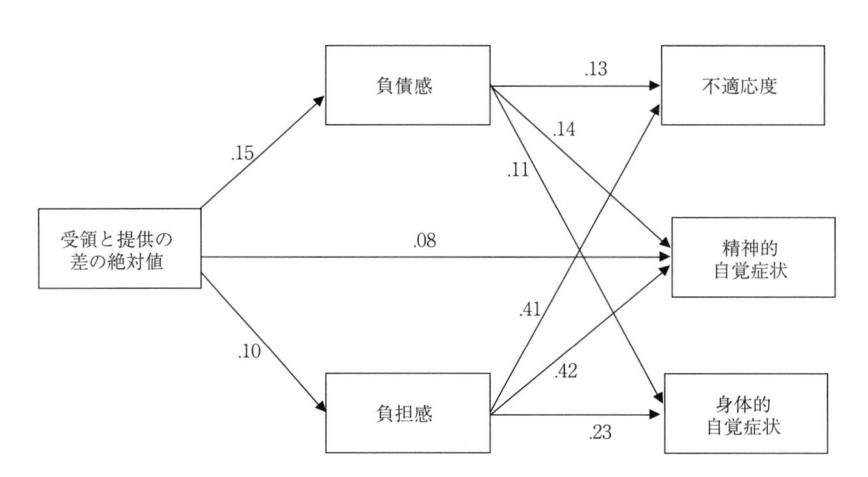

図8−4 ◆ 互恵性，感情状態，心身の健康との関連（周・深田, 1996）

神的自覚症状，身体的自覚症状のいずれに対しても，負債感や負担感の両方から正の有意なパス係数が認められ，負債感や負担感が強いほど心身の健康が悪化していた（図8−4）。

　以上のように，サポートの互恵性の操作化については，各研究ごとにさまざまな方法がとられているが，いずれの研究においても，サポートのやりとりが互恵的であるほどポジティブな感情が高まり，心身の健康が促進されることが見い出

されている。これらの結果は，サポートのやりとりと精神的健康との関係について，衡平理論から導かれる仮説を支持するものである。

3 互恵性の査定方法と査定対象

サポートの互恵性の操作化に着目すると，互恵性の査定方法と査定対象はそれぞれ2通りずつあることがわかる。査定方法に関しては，ひとつは，自分が他者から受け取るサポートと自分が他者に提供するサポートの程度を直接比較させ，"自分のほうが相手よりもかなり多くのサポートを得ている"から"相手のほうが自分よりもかなり多くのサポートを得ている"までの5件法で評定させ，過大利得，互恵的関係，過小利得の3群に分類する方法である。もうひとつは，自分が他者から受け取るサポートと自分が他者に提供するサポートを表した具体的な項目について評定させ，その具体的項目の評定値の合計を受け取ったサポートと提供したサポートの得点とする。そして，この2つの得点に基づいて互恵性得点を算出する方法である。バンクら（1993）の研究では前者の方法が，ルック（1987）および周と深田（1996）の研究では後者の方法がそれぞれ採用されている。

査定対象に関しては，ある特定の対人関係における互恵性を対象にする場合と，社会的ネットワーク全体における互恵性を対象にする場合の2通りがある。関係ネットワークの観点から衡平理論を検討したオースティンとウォルスター（Austin & Walster, 1974, 1975）によれば，伝統的衡平理論では，特定の関係に

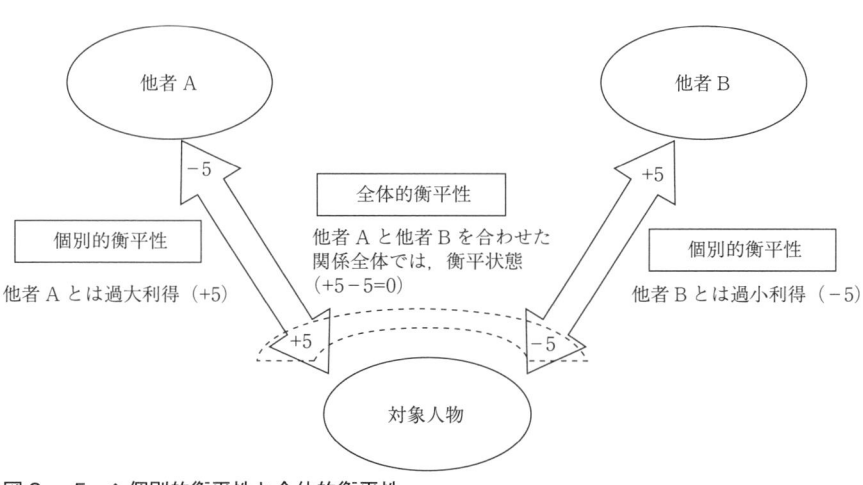

図8-5 ◆ 個別的衡平性と全体的衡平性

おける衡平性が扱われており，特定の関係で経験された不衡平が他の関係での行動に影響しないことが前提とされている。彼らは，特定の関係に限定された衡平性を個別的衡平性（person-specific equity）と呼んだ。一方，彼らは，人には当該の時間範囲内での自己の関係全体において衡平を維持しようとする傾向もあることを指摘した。つまり，その人が営む複数の関係間で全体として帳尻を合わせることによって，自己の衡平を維持しようとするのである。彼らは，これを全体的衡平性（equity with the world）と呼んだ（図8-5）。図に示すように，ある対象人物が友人Aと友人Bの2人の友人を持っているとしよう。この人物は，友人Aとは＋5の過大利得状態にあり，友人Bとは－5の過小利得状態にある。このように，友人Aおよび友人Bのそれぞれの関係における衡平状態が個別的衡平性である。一方，この人物は，友人全体，すなわち友人Aと友人Bを合わせた友人関係全体では，Aとの過大利得（＋5）とBとの過小利得（－5）が互いに打ち消し合って，衡平状態（＋5－5＝0）になっている。こうした関係全体の衡平性が全体的衡平性である。バンクら（1993）の研究で扱われている特定の対人関係における互恵性は，個別的衡平性に対応するものであり，ルック（1987）や周と深田（1996）の研究で扱われている社会的ネットワーク全体における互恵性は，全体的衡平性に対応するものであると考えられる。

❷節　サポートの互恵性に影響を与える要因

アントヌッチとジャクソン（Antonucci & Jackson, 1990）によれば，ソーシャル・サポートの交換は，個人の特定の発達段階と二者間の関係の特定の発達段階によって決定される。たとえば，若い母親と新生児の関係では，母親は他者との社会的関係の長い歴史を持っており，子どもとの関係に対して特定の期待を抱く。一方，新生児は，先行経験がなく，関係に対する期待を持たない。すなわち，両者はそれぞれが異なる発達段階で関係に参加している。それと同時に，その関係は，両者にとって新しいものであるので，その関係自体は関係発達の初期段階にあると見なされる。こうした個人内発達（intraindividual development）と個人間発達（interindividual development）の概念は，社会的関係での互恵性の評価に影響を与えたり，あるいは逆に影響を受けたりすると考えられている。

1　個人内発達

まず最初に，サポート授受，サポートの互恵性評価，サポートの互恵性と心身の健康との関連に対する個人内発達の影響を検討した研究をいくつか紹介してみよう。

2節＊サポートの互恵性に影響を与える要因

（1） サポート授受に対する個人内発達の影響

アントヌッチと秋山（Antonucci & Akiyama, 1987）は，カーンとアントヌッチ（Kahn & Antonucci, 1980）のコンボイモデル（convoy model）の観点から，ソーシャル・サポートネットワークの構造や機能が加齢にともなってどのように変化するかを検討した。コンボイモデルは，ソーシャル・サポートが交換される社会的ネットワークを３つの同心円構造で表したものである（図８－６）。それぞれの円は，異なる親密性のレベルを表している。最も内側の円に所属する人は，親密性のレベルが最も高く，非常に重要なサポート提供者であると同時にサポート受領者であると見なされる。これらの人との関係は，役割要求（role requirements）を超えたものであり，ライフスパンを通じて比較的安定しており，さまざまなタイプのサポートが交換される。２番目の円に所属する人は，ある程

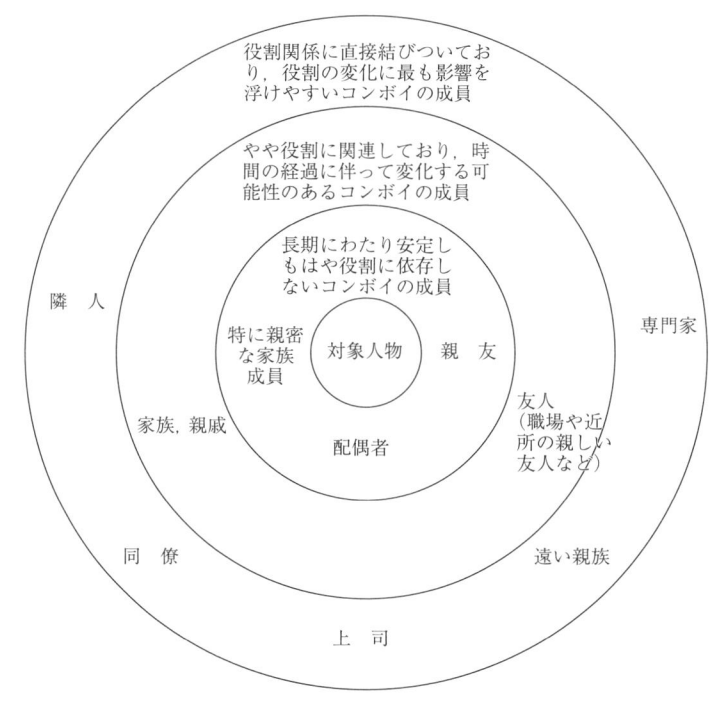

注）　コンボイ（護衛隊）という言葉は，ある個人がもつネットワークを，その人が精神的健康を維持し，さまざまなストレスに効果的に対処することを援助する保護層のようなイメージでとらえるために用いられている。

図８－６　◆コンボイの仮説的な１例（Kahn & Antonucci, 1980／遠藤・河合,1993）

度の親密性があり，役割要求を単純に満たすサポート以外のものもしばしば交換される関係である。最も外側の円に所属する人は，親密ではあるけれども，通常，役割に規定された方法でサポートが交換される関係である。

　彼女らの研究では，50歳から90歳までのアメリカ老人を対象として，サポートネットワークの構造的および機能的特徴の加齢にともなう変化が検討された。老人のネットワークメンバーは，親密性の程度によって，同心円上の3つの円の内側から外側に向かって配置された。構造的特徴に関しては，年齢の高い老人（75歳～95歳）と比べて，年齢の低い老人（50歳～64歳）のほうが，内側に配置されたネットワークメンバーとの距離が近く，接触頻度が高かった。機能的特徴に関しては，年齢が高くなるにつれて，ネットワークメンバーに対して提供するサポートの種類やサポートを与えてくれるネットワークメンバーの人数が減少していた。これらの結果は，対象としたサンプルが高齢者に限られているという制限があるが，ネットワークメンバーそのものや，ネットワークメンバーとの間でやりとりされるサポートの内容および頻度が年齢によって変化することを示しており，個人内発達がサポート授受に影響することを示唆するものである。

(2) サポートの互恵性評価に対する個人内発達の影響

　インガーソル-デイトンとアントヌッチ（Ingersoll-Dayton & Antonucci, 1988）は，中年と老人を対象にして，個人内発達がサポートの互恵性評価にどのような影響を与えるかについて検討した。互恵性の指標は，配偶者，子ども，友人のそれぞれの関係において，情緒的サポートと道具的サポートの2種類のサポートごとに，サポートを受けた人数からサポートを与えた人数を引いて求められた。この値が0の場合は互恵的であり，正の値の場合は過大利得，負の値の場合は過小利得である。結果は以下の通りであった。互恵性の評価に関しては，配偶者，子ども，友人のいずれの関係においても，互恵的な関係が多かった。とくに，配偶者との関係では80％以上が互恵的であった。加齢にともなう互恵性評価の変化に関しては，中年に比べて，年齢の高い老人のほうが，配偶者や子どもから情緒的サポートを多くもらっており，過大利得になっていた。また，子どもからの道具的サポートも年齢の上昇とともに過大利得となっていた。

　アントヌッチら（Antonucci et al., 1990）は，25歳以上のアメリカ人と65歳以上のフランス人を対象にして，ネットワーク全体におけるサポートの互恵性を検討している。分析の結果，アメリカ人のサンプルにおいては，40歳から64歳までの者は，ネットワーク全体との関係を過小利得である認知している者が多かったが，65歳から97歳までの者は，互恵的であると認知している者が多かった。65歳以上のアメリカ人のサンプルと同様にフランス人のサンプルにおいても，ネットワーク全体との関係を互恵的であると認知している者が多かったが，

図8－7 ◆世代間サポートの比較（Levitt et al., 1992）

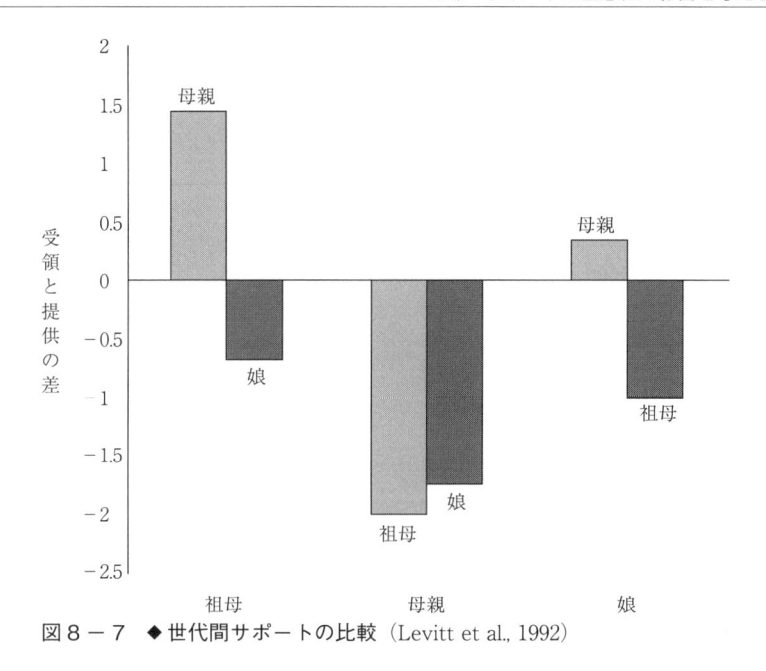

過大利得であると認知している者も多かった。

レビットら（Levitt et al., 1992）は，英語圏とスペイン語圏に暮らす成人女性，母親，祖母の3世代のサンプルを対象にして，世代間サポートを検討した。その結果，真ん中の世代の母親が，娘と祖母の両方に対して，自分が受けているサポートよりも多くのサポートを提供していた。すなわち，娘および祖母との両方の関係が過小利得であった（図8－7）。

（3）サポートの互恵性と心身の健康との関連に対する個人内発達の影響

先のレビットら（Levitt et al., 1992）の研究では，娘と母親との関係におけるサポートの互恵性が，関係満足感を通じて心身の健康と有意な関連を持つことが見い出されている。その他の関係においては，互恵性と心身の健康との間に有意な関連は認められなかった。

先述したインガーソル－デイトンとアントヌッチ（1988）の研究では，老人が子どもからより多くの道具的サポートを受け取っているほど，すなわち，子どもとの関係が過大利得であるほど，老人のネガティブな感情が低下するという衡平理論の仮説とは異なる結果が得られた。これらの結果は，アントヌッチ（Antonucci, 1985）が提唱したサポートバンク（support bank）の概念を用いて，ソーシャル・サポートに関するライフスパンの枠組みから考察されている。アン

トヌッチ (1985) によると，サポートバンクの概念は，個人がサポートの提供量と受領量を継続的に計算することを想定している。すなわち，表面的な関係において提供されたサポートは，短期的な預金 (deposits) と見なされ，親密な関係において提供されたサポートは，長期的な預金と見なされる。関係が長期的に続くと期待される場合では，ある時点での不均衡状態が必ずしもネガティブに評定されるとは限らない。サポートバンクの概念に従うと，一時的な過小利得状態 (サポートの提供が受領よりも多い状態) が生じたとき，返却されない投資 (提供したサポート) は，万が一の場合の投資と見なされる。すなわち，提供されたサポートは，近い将来において必要なときに引き出すことができる預金 (deposits) を作り出す。また，将来において，過大利得状態 (サポートの受領が提供よりも多い状態) が生じても，提供されたサポートを過去の預金の引き出しと見なすことで，当事者はその関係を互恵的であると見なす。したがって，老人が子どもからより多くの道具的サポートを受け取り，子どもとの関係が過大利得な状態にあっても，過去に子どもに対して多くの道具的サポートを提供してきたと考えることで，老人の負債感 (恥ずかしさや申し訳なさ) が低減され，ネガティブな感情が低下すると推測される。

(4) 友人関係におけるサポートの互恵性と心身の健康との関連に対する個人内発達の影響

上で紹介してきたように，個人内発達の影響を検討した研究のほとんどは，親子関係に焦点を当てている。その他の親密な関係 (友人や恋人など) を扱った研究は数が非常に少なく，とくに，友人関係では，調査対象者が中年のみという場合がほとんどである。もう少し年代の若い友人関係では，個人内発達はいったいどのような影響を与えているのであろうか。谷口と浦 (Taniguchi & Ura, 2002) は，児童期と青年期という2つの異なる年齢層の友人関係を取り上げ，個人内発達が，友人関係におけるサポートの互恵性と心身の健康との関係に対してどのような影響を与えているかを検討した。児童期のサンプルには小学6年生，青年期のサンプルには高校1年生がそれぞれ採用された。分析の結果，高校生においてのみ，サポート受領得点からサポート提供得点を引いて求めた互恵性得点と抑うつ得点との間に有意な2次関係が認められた (図8-8)。すなわち，高校生では，友人とのサポート交換が互恵的である場合に，抑うつの程度が最も低くなるということが明らかとなった。

(5) 個人内発達の影響プロセス

友人関係におけるサポートの互恵性と心身の健康との関連に対して，個人内発達はどのような過程を通して影響を与えているのであろうか。ひとつには，青年期の友人関係では，発達にともなって，2人の間の互恵的な関係が重視されるよ

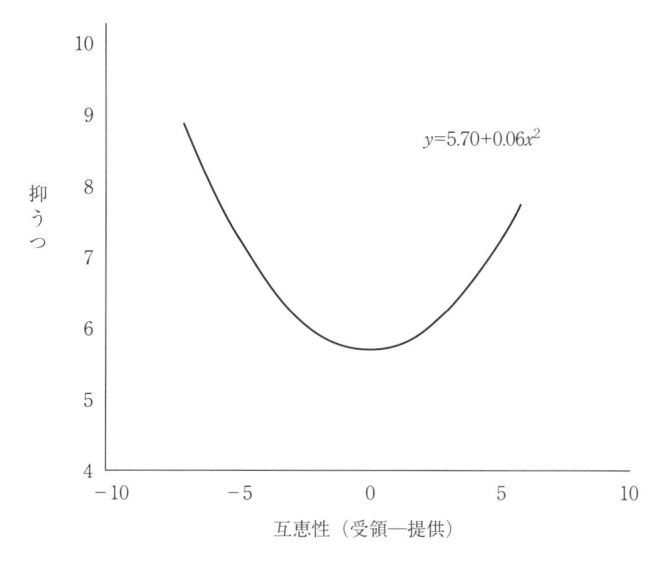

図8-8 ◆ 高校におけるサポートの互恵性と抑うつとの関連
(Taniguchi & Ura, 2002)

(グラフ中の式: $y=5.70+0.06x^2$、横軸: 互恵性（受領—提供）、縦軸: 抑うつ)

うになり，自分と相手の双方が価値を発揮できる関係こそ友人関係であると考えるようになることがあげられよう（楠見・狩野，1986）。このほかには，年齢の増加にともない，①友人関係における互恵性の規範が変化すること，②友人関係の付き合い方が，数人のグループでの気軽な友だち付き合いからひとりの友だちとの深い付き合いへと変化すること（菅原，1985; 落合・佐藤，1996）などが考えられる。

谷口と田中（2005a）は，①の友人関係における互恵性規範の発達的変化を検討するために，交換志向性という個人差変数に着目した。交換志向性の高い人は，他者に利益を提供したとき，即座に同等な利益を期待したり，すぐに返報できない利益を受けたとき，不快に感じたりする（Clark et al., 1987）。交換志向性は，互恵性と関係満足感あるいは否定的感情との関連に対して調整効果を持つことが明らかになっている（Buunk & Van Yperen, 1991; Buunk et al., 1993 など）。たとえば，バンクら（1993）は，交換志向性の高い従業員は，交換志向性の低い従業員と比べて，上司との関係が互恵的でないとき，否定的感情を経験することを見い出している。交換志向性は，過小利得志向性（underbenefiting exchange orientation）と過大利得志向性（overbenefiting exchange orientation）に細分化できる（Sprecher, 1992）。前者は，相手に与えた利益よりも少ない利益を自分

が得ているということに対して，どの程度，関心があるかを表し，後者は，相手に与えた利益よりも多い利益を自分が得ているということに対して，どの程度，関心があるかを表す。谷口と田中（2005a）は，小・中・高校生を対象にして，過小利得志向性および過大利得志向性が発達にともなってどのように変化するかを検討した。その結果，発達にともなって過小利得志向性が高まる可能性が示唆された（図8-9）。このような交換志向性の発達的変化は，サポートの互恵性と心身の健康との関連に対する個人内発達の影響過程のひとつであると考えられる。

　②の友人との付き合い方の発達的変化に着目した個人内発達の影響過程については，谷口と田中（2005b）が検討を行っている。その際，オースティンとウォルスター（1974, 1975）が提唱する個別的衡平性（person-specific equity）と全体的衡平性（equity with the world）の2つの衡平性も考慮された。彼らは，小・中・高校生を対象にして，親密度が異なる3名の友人をあげてもらい，それぞれの友人とのサポート授受について調査を行った。そして，特定の友人関係における互恵性と友人関係全体での互恵性が，それぞれ精神的健康とどのように関連しているかを検討した。特定の友人関係における互恵性では，高校生において，親密度が最も高い友人と中程度の友人におけるサポートの互恵性が，ストレス反応と有意な関連を持つことが示された。サポートの互恵性とストレス反応との関連は，U字型の2次関係であった（図8-10）。ひとりの友人と深く付き合うことが多い高校生では，その友人との互恵性が他の友人との互恵性よりも重要視されると考えられる。そのため，親密度の高い友人関係における互恵性のほうが，親密度の低い友人との互恵性よりも精神的健康と有意な関連を持っていたと考えられる。友人関係全体における互恵性では，高校生においてのみ，サポートの互恵性が，ストレス反応と有意な2次関係を持つことが明らかとなった。こうした結果は，高校生において，親密度の高い友人とのサポート授受に不均衡があっても，親密度の低い友人とのサポート授受によって，それが補償される可能性があることを示唆している。

2　個人間発達

　アントヌッチとジャクソン（1990）によって個人間発達がサポートの互恵性に影響を与えることが指摘されているが，まだ，実証的な研究はほとんど行われていない。しかし，衡平理論を親密な関係における満足感や安定性に適用し，個人間発達の影響を検討した研究がいくつか存在する（Lloyd et al., 1982; Matthews & Clark, 1982; 諸井, 1989; 諸井・小川, 1987; Murstein, et al., 1977; 中村, 1990など）。以下では，そうした研究のいくつかを紹介してみることにしよう。

2節＊サポートの互恵性に影響を与える要因

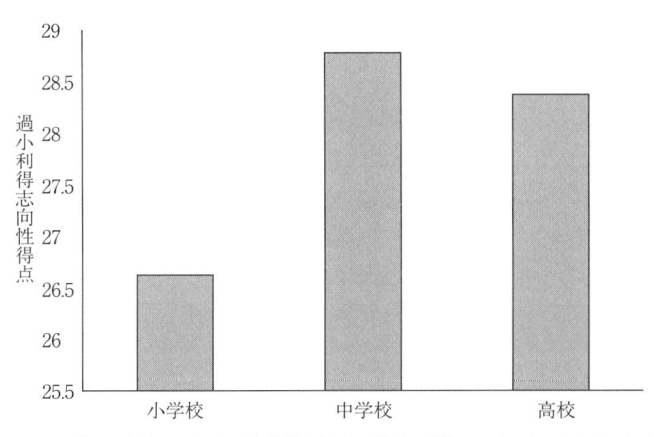

図8－9 ◆ 学校種別ごとの過小利得志向性得点（谷口・田中，2005a より作成）

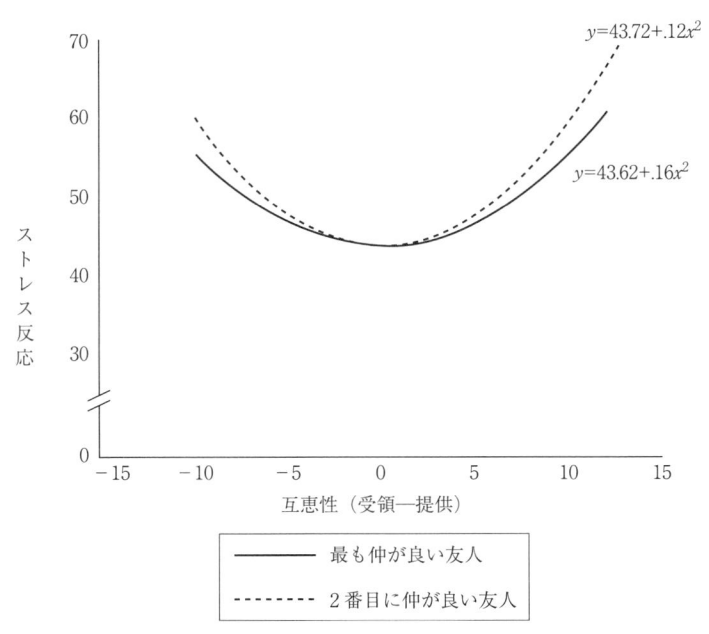

$y=43.72+.12x^2$

$y=43.62+.16x^2$

互恵性（受領―提供）

―――― 最も仲が良い友人

-------- 2番目に仲が良い友人

図8－10 ◆ 高校生の友人関係(親密度別)におけるサポートの互恵性とストレス反応（谷口・田中，2005b）

（1）親密な関係における衡平性と満足感・安定性との関連に対する個人間発達の影響

ロイドら（Lloyd et al., 1982）は，男女大学生を対象にして，親密な関係よりも付き合いの浅い関係のほうで，衡平性がTMI（Total Mood Index: 満足感＋幸福感－怒り－罪悪感）と有意な関連を持つことを見い出した。同様に，諸井と小川（1987）も，女子大学生を対象にして，交際期間が長い関係よりも短い関係において，異性親友との関係が衡平であるほど満足感や幸福感が高まるという結果を得た。これらの結果は，関係進展の初期段階のほうが，衡平性と関係満足感との関連が強いことを示している。

親密でない表面的な関係では，交換に関して比較的厳密なルールが使用される（Wentowski, 1981）。すなわち，もし何かが提供された場合，受け手は，提供されたもの，あるいは，それと同じ価値のものを即座に返すことが要求される。一方，親密で長期的な関係ではそうしたことは要求されない。親密で長期的な関係では，一時的に不均衡な状態があっても，近い将来には互恵性が必ず達せられるという確信が存在する。

また，対人関係は共同関係（communal relationships）と交換関係（exchange relationships）の2つに分類される（Clark, 1984）。共同関係では，当事者（関係参加者）はより一般的な方法でお互いの要求に反応する義務を持っていると感じている。血縁関係や恋愛関係，友人関係などは共同関係に該当する。一方，交換関係では，当事者は，より実利的であり，他者から受け取った利益に反応して，他者に利益を与えるという責任を持っている。ビジネス関係や知り合いの関係などは交換関係の一例である。共同関係に参加している人は，自分たちの関係を，最終的には相互に利益をもたらすような持続した関係であると見なす傾向を持つ。一方，交換関係に参加している人は，互いに利益を与えるような長期的な相互作用に関する期待を持っていない。

以上のような理由から，ロイドら（1982）や諸井と小川（1987）の研究では，付き合いの長い関係よりも付き合いの短い関係において，衡平性と関係満足感との関連が顕著に認められたと考えられる。こうした結果は，短期的な関係のほうが具体的・特殊的なものが交換されるので査定の値が明確であり，衡平計算が簡単であるというウォルスターら（Walster et al. 1978a）の指摘とも一致している。

これに対して，諸井（1989）や中村（1990）の研究では，付き合いの長い関係のほうが，衡平性と関係満足感の関連が強くなるという結果が得られている。諸井（1989）は，男女大学生を対象にして，関係の初期段階よりも関係が進んだ段階のほうが，同性親友との衡平性が二者関係の安定性と関連を持つことを見い出した。また，中村（1990）も，大学生を対象にした縦断的研究から，親密性が低

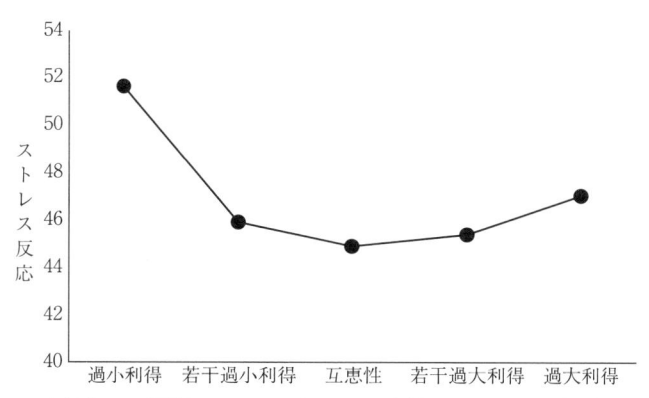

図8-11 ◆ 高校生の3学期におけるサポートの互恵性とストレス反応（谷口・浦，2003）

い関係よりも親密性が高い関係において，同性親友との関係が衡平であるほど関係継続意志が高まることを明らかにしている。

これらの結果は，親密な関係である恋愛・夫婦関係を対象にして，衡平性の認知が感情状態や関係の安定性と有意な関連を持つことを見い出した諸研究（Walster et al., 1978b; Utne et al., 1984; Traupmann et al., 1981; Traupmann & Hatfield, 1983; 井上，1985）の結果と一致するものである。また，家族のライフサイクルの後期になるほど夫婦関係を衡平であると認知する者の割合が増加する傾向にあることを示した研究（Schafer & Keith, 1980）もある。

以上のように，衡平理論を友人や夫婦関係に適用した研究からは，関係の初期段階あるいは進展した段階のいずれであれ，関係の進展段階が衡平性と関係満足感あるいは関係安定性との関連に影響を与えることが示されている。

（2） サポートの互恵性と心身の健康との関連に対する個人間発達の影響

それでは，サポートの互恵性と心身の健康との関連に対して，個人間発達はいかなる影響を及ぼしているのであろうか。谷口と浦（2003）は，個人間発達，すなわち，関係の進展段階によって，友人関係におけるサポートの互恵性と心身の健康との関連がどのような影響を受けるかについて，縦断的研究による検討を行った。高校1年生と小学6年生を対象にして，1学期（5月下旬～7月中旬）と3学期（2月下旬～3月中旬）の2回にわたって調査が実施された。分析の結果，小学生では，1学期および3学期のいずれの時点においても，互恵性はストレス反応と有意な関連を持っていなかった。一方，高校生においては，1学期の時点では，互恵性とストレス反応との間に有意な関連は認められなかったが，3学期の時点では，有意な2次の傾向を示した（図8-11）。これらの結果と先に

述べた谷口と浦（2002）の結果を併せて考えると，友人関係におけるサポートの互恵性が精神的健康と関連を持つためには，まず個人内の発達段階が進展していること，次いで，友人関係自体の発達段階が進展していることが必要であるといえよう。

　谷口と田中（2007）は，個人間発達の影響をさらに詳しく検討するため，とくに，関係形成の初期段階に焦点を当てた研究を行っている。彼らは，大学新入生を対象にして，知り合って1週間後，2週間後，4週間後，3カ月後の合計4回にわたって調査を実施した。分析の結果は以下のとおりであった。知り合って1週間後，2週間後，4週間後の時点では，友人関係におけるサポートの互恵性と精神的健康との間には有意な関連が認められなかったが，3カ月後の時点では，両者の間に有意な2次関係が認められるようになった。このことから，サポートの互恵性が心身の健康と関連をもつようになるには，知り合ってからある程度の時間が必要であるといえよう。先述した谷口と浦（2003）の研究によると，高校生では，1学期の時点よりも3学期の時点において，サポートの互恵性とストレス反応との間に有意な2次関係が認められていることから，サポートの互恵性が心身の健康と関連をもつようになるには，高校生のほうが大学生と比べて，より長い時間を要すると考えられる。こうした解釈の妥当性も含めて，今後の研究では，高校生に限らず小・中学生も対象にして，関係形成の初期におけるサポートの互恵性と心身の健康との関連について詳細に検討することが望まれる。

9章 学校におけるストレスマネジメント

❶節 子どもたちの心理的ストレス

　現代の社会は,「ストレス」に満ちているといわれている。成人ばかりではなく,子どもたちにとってもそれは例外ではない。わが国では,1990年頃から「学校ストレス」が注目され,子どもたちのストレスが生じるプロセスを検討し,さまざまな(学校)不適応行動,すなわち,不登校やいじめ,攻撃行動,無気力状態などとの関係性を実証しようとした研究がさかんに行われるようになった。それらの研究の基盤とされた理論は,成人の心理的ストレスが生じるプロセスの枠組みを利用していることが多い。しかし,子どもたちの発達段階を考慮すると,「認知的評価」のあり方や「コーピングスキル」の獲得が未分化であることや,子どもたちの生活環境が成人のそれとは大きく異なることなどをふまえて,子どものストレス研究は独自の展開を見せるに至っている。

　成人と同様に,子どもたちのストレスマネジメントを考える際には,子どもたちにとってどのような出来事や刺激が「ストレッサー」になりうるのかを適切にとらえていく必要がある。子どもたちにとって,いわゆる「ライフイベント」に相当するものとしては,「両親の離婚」「転校」「入学試験の失敗」などが考えられる。実際に,心理臨床場面では,このようなライフイベントと考えられる出来事によって,(学校)不適応行動やストレス性疾患の生起に至ったと考えられる児童生徒のケースに頻繁に出くわす。したがって,子どもたちを対象とした場合にも,ライフイベントはさまざまな問題の直接的に大きな要因になりうると考えられる。このようなライフイベントに相当すると思われる経験をした子どもたちには,直接的な回復の援助を考える必要がある。

　しかしながら,やはり成人の場合と同様に,ライフイベントは多くの子どもたちが頻繁に経験しているとは考えにくい。したがって,さまざまな(学校)不適応行動の生起や維持に対する説明率はそれほど高くないと考えられる。そこで,子どもたちが日常の生活のなかで経験する「デイリーハッスル」に着目する必要性が出てくる。とくに,学校のなかで経験するデイリーハッスルは,とくに「学

校ストレッサー」と呼ばれる。ただし,「ライフイベント」と「デイリーハッスル」は,まったく質の異なるストレッサーであるというわけではない。学校ストレッサーのなかにもライフイベントに相当するものもあると考えられる。したがって,ライフイベントを,経験頻度はそれほど高くないものの,それを経験した場合には多くの子どもたちに共通してインパクトが大きいと評価される可能性が高いストレッサーであるととらえれば,整合的に理解することが可能である。

　子どもたちの学校ストレッサーを整理した嶋田ら(1992)や岡安ら(1992)の報告によると,「先生との関係」「友人関係」「学業」「部活動」「委員活動」「校則」「叱責」などの学校ストレッサーが見い出されている。これらは,小中学生の回答に基づいて,日常の学校生活場面においてストレス度の高い出来事をどの程度経験しているかについて分類を行ったものである。これらの学校ストレッサーの経験率は全般的に高く,とくに「学業」に関する学校ストレッサーを多くの子どもたちが経験していることが明らかにされている。しかしながら,より頻繁に経験するストレッサーが,そのまま強いストレス反応を引き起こすわけではない。すなわち,子どもたちの学校ストレッサーに対する「受け止め方(認知的評価)」のいかんによって,ストレス反応に対する影響力は異なってくることが予測される。

　ここで,子どもたちの表出するストレス反応の分析を行った研究報告(嶋田ら,1994;岡安ら,1992)によれば,小中学生に共通して,「抑うつ・不安反応」「不機嫌・怒り反応」「無気力反応」「身体的反応」が見い出されている。さらに,これらのストレス反応のカテゴリーは,成人におけるストレス反応の分析を行った研究報告(鈴木ら,1997)と一致しており,インパクトの大きいストレッサーを経験した際に表出するストレス反応の種類に関しては,成人も子どももほぼ同様の傾向にあることが明らかにされている。そこで,これらのストレス反応の表出の程度を手がかりにすることによって,学校ストレッサーを分類することができれば,子どもたちのストレスマネジメントを考える際に,どのような学校ストレッサーを想定すると,より大きな効果が見られるのかという手がかりが得られることが期待できる。

　そこで,嶋田(1998)や岡安ら(1992)は,子どもたちの「学校ストレッサーの経験」と「ストレス反応の表出」とが,どのような関係にあるかについて検討を行った。その結果,一般にさまざまな学校ストレッサーを経験した子どもほどストレス反応の表出が強いこと,「先生との関係」と「不機嫌・怒り反応」,「学業」と「無気力反応」などといったように,特定の学校ストレッサーを経験した子どもは特定のストレス反応を表出傾向にあることが明らかにされている。さらに,「友人関係」に関する学校ストレッサーは子どもたちにとって最もインパクトが大きく,「抑うつ・不安反応」を中心として,すべてのストレス反応に影響

を与えていることが示されている。したがって，友人関係をめぐるトラブルに起因する学校ストレッサーは，子どもたちにとって非常に重大な意味を持っていることが理解できる。

　以上のことをふまえると，学校におけるストレスマネジメントを考える際には，友人関係に起因するストレッサーに対するコーピングという視点は，欠くことのできない重要なものであるといえる。このことは見方を変えてみると，子どもたちにとっての友人関係は，「学校ストレッサー」にも，ストレス反応の表出の抑制に重要な役割を果たすソーシャル・サポートの「サポート源」にもなりうるということでもあり，子どもたちの友人関係のあり方が，日常生活の多くを過ごす学校場面において，非常に重要な意味を持っていることがわかる。また，友人関係に関するコーピングスキルを高めていくという視点は，結果的に「対人関係一般」に関するコーピングスキルとしての般化も期待できることから，十分なスキルを身につけることによって対教師関係の学校ストレッサーに対する効果的なコーピングも可能になることが期待される。

❷節　学校場面における対人ストレスに介入する意義

　これまでに述べたように，友人関係をはじめとする対人関係に起因する学校ストレッサーに対するコーピングスキルを身につけることは，子どもたちのストレス反応を低減し，（学校）不適応行動を変容，予防することに大きな役割を果たすと考えられる。しかしながら，学校場面における友人関係のトラブルは，子どもたちの健やかな成長を促進するために，むしろ必要であるという見方もある。すなわち，学校教育場面は，子どもたちに対してある程度のストレスを経験させる場所でもあるため，単純に学校ストレッサーを遠ざけたり，取り除いたりするだけでは人間としての成長が促されず，学校ストレッサーを効果的にコントロールしたり，さまざまなストレス状況を乗り越える経験を通じて，心身の健康を高めるための具体的な方法を子どもたちに教えていく必要があるとの知見も多い（たとえば，Ramano, 1992 など）。

　実際に，嶋田ら(1992)や岡安ら(1992)によって整理された学校ストレッサーを，すべて学校生活から排除することは非常に困難であり，現実的ではない。さらに，学校生活のみならず，その後の人生においてあらゆるストレッサーを一切排除することも不可能である。したがって，ストレッサーの排除という視点は保ちつつも，学校生活で避けられないストレッサーといかに付き合っていくか，すなわち，子どもたち自身の「ストレス耐性」を高めることによって，ストレスマネジメントを行っていくという視点が非常に重要であると考えられる。そして，子どもた

ちのストレス耐性を高めることができれば，当該の心理的ストレスに関する諸問題の解決のみならず，やがて近い将来に直面するであろう同様の対人関係に起因するストレッサーに対しても予防的に機能することが期待される。

このような視点から，嶋田（1998）は，ラザルスとフォルクマン（Lazarus & Folkman, 1984）によって提唱された心理的ストレスモデルを基盤として，子どもたちの心理的ストレス生起のプロセスをモデル化し（学校ストレスモデル），それらの各プロセスに応じた効果的なストレスマネジメントの必要性を指摘している。この学校ストレスモデルにおいては，心理的ストレス生起のプロセスが，大きく「学校ストレッサー」「認知的評価」「コーピング」「ストレス反応」に分けられており，これらに効果的に働きかけるためには，認知行動的アプローチの観点から，それぞれ「刺激統制や環境調整」「認知的技法」「行動的技法」「リラクセーションやアクチベーション」を対応づけて考えていく必要性が指摘されている（図9-1）。したがって，実践するストレスマネジメントの目的に照らし合わせて，対象となる子どもたちのそれぞれのプロセスの現状を適切にアセスメントすることによって，それぞれのプロセスに対する具体的技法を必要に応じて選択して（組み合わせて）用いていくことになる。

ストレッサーの経験	→	ストレッサーの除去	環境を整える
認知的評価	→	認知的技法	受け止め方を変える
コーピング	→	行動的技法	対処の方法を学ぶ
ストレス反応の表出	→	ストレス反応の消去	リラックスする

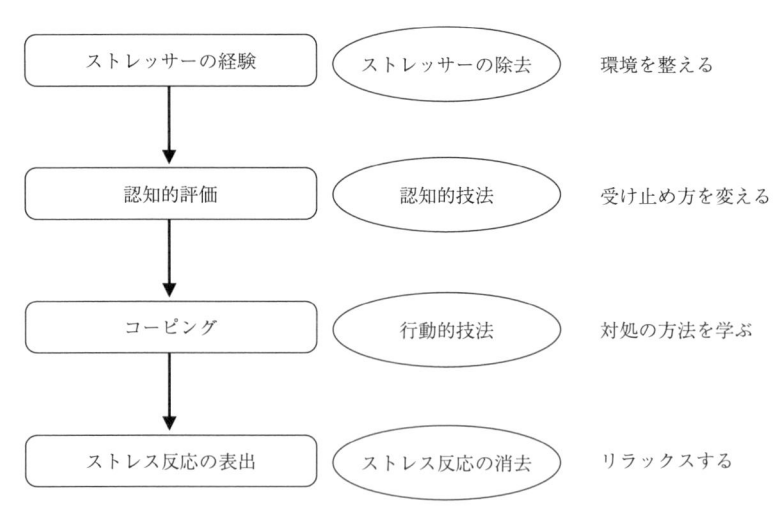

図9-1 ◆ ストレスの生起プロセスと介入方法

❸節 子どもたちの学校ストレッサーとコーピング

　子どもたちの心理的ストレスプロセスを検討した基礎的な研究の報告によると，同じような学校ストレッサーを経験しても，子どもたちの示すストレス反応の表出は非常に個人差が大きく，その心理的ストレスが生じるプロセスにおいて，コーピングの果たす役割は成人以上に大きいことが指摘されている（嶋田，1998）。さらに，嶋田ら（1995）は，子どもたちの代表的なコーピングカテゴリーとして，「積極的対処」「思考回避」「サポート希求」「あきらめ・静観」「価値の転換」が見い出されたことをふまえたうえで，子どもたちの行うどのようなコーピングが，どのようなストレッサーに対するストレス反応の表出に効果があるのかの検討を行った。その結果，一般に当該の状況に不適切なコーピングを行わないようにすると，学校場面で経験する学校ストレッサーに起因するストレス反応を軽減できることが明らかにされている。

　ここであげられている「不適切なコーピング」とは，「思考回避」や「あきらめ・静観」のことをさしており，学校ストレッサーに対しては，これらのコーピングを使用しないことが，ストレス反応の表出を抑制することができるということである。ただし，ここで気をつけなくてはいけないことは，これらの「不適切な」コーピングは，どんな場合でも「不適切である」とは限らないということである。一般には，経験した人の努力によって解決が可能なストレッサー（エフォートタイプ：仕事など）に対しては，「計画立案」や「情報収集」などの問題解決型コーピングの使用が，ストレス反応の低減には有効に機能するとされている一方で，努力をしても解決が困難なストレッサー（ディストレスタイプ：喪失体験など）に対しては，「思考回避」や「あきらめ・静観」などの情動焦点型コーピングの使用がストレス反応の低減に有効であることが明らかにされている（鈴木，2002）。すなわち，子どもたちの経験する学校ストレッサーは，おおむね努力によって解決が可能なストレッサー（エフォートタイプ）が多いために，「思考回避」や「あきらめ・静観」のコーピングが，結果的に不適切なコーピングになってしまうということである。したがって，子どもたちのストレス反応の軽減を考えるには，学校ストレッサーの種類に応じた適切なコーピングを実行させることが重要である。

❹節 子どもたちの対人ストレスに対するコーピングスキル

　子どもたちの対人関係に起因する学校ストレッサーに対してコーピングスキルの獲得を援助するためには，大きく「心理的教育」「認知的技法」「行動的技法」「リラクセーション技法」などがある。ここでは，それらの具体的な実践的研究の例

を紹介する。

1 主張行動スキルに対する介入（行動的技法）

対人関係上の問題を解決するための代表的な方法としては，「主張行動スキル」の獲得がある。「主張行動スキル」とは，自分の要求を適切に周囲に伝えること，状況を打開すること，あるいは上手に援助を求めることとされ，対人関係を結び，その関係を維持するだけではなく，新しい対人関係を作り出すために必要なスキルであるとされている（小林，2004）。太田ら（1999）は，公立小学校5年生の児童を対象として，主張行動スキルの獲得を行わせることによって，児童の学校ストレスを軽減することを目的とした実践研究を行っている。実施された介入プログラムでは，先行研究を整理して4つの質的に異なる主張行動スキルを設定し，それぞれのスキルに4つずつの具体的エピソードが作成され，合計16エピソードが設定された（表9－1）。

具体的な介入方法としては，まず図9－2に示したような「フキダシ」がついた絵を児童に呈示して，自分がそのような状況に置かれたら，どのようにいうかを考えさせ，実際にせりふを吹き出しのなかに記入させた。そして，それを別の児童の回答と交換して，実際にその場面のロールプレイを実施し，自分自身の記入した内容（せりふ）を，自分が「他の人からいわれた」としたら，どのような気持ちがするかを児童同士でお互いに確認する。そして，その場面でどのようにいえば，お互いにいやな気持ちにならないかについて，よりよい案を出し合うという形式で行われた。ここで大切なポイントは，「社会的に望ましい回答」を導き出すことではなく，「相手に不快感を与えない回答」を探索するところにある。すなわち，子どもたちに主張行動スキルの概念や役割を理解させ，自分の要求をただ通すだけでは，相手にいやな思いをさせる可能性があること，自分が我慢するだけでは，自分自身にストレスがたまる可能性があることを理解させることが目的である。

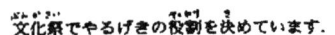

図9－2 ◆介入に用いた場面の例（場面1②）

プログラム実施にともなってそ

表9−1 ◆ 主張訓練に用いた具体的場面

場面1　自分の意見をはっきりいう
　①クラスのお楽しみ会でやる班の出し物を決めています。
　　あなたは歌を歌いたいので，それをうまく友だちに伝えたい。
　②文化祭でやる劇の役割を決めています。
　　あなたは他の役がやりたいので，そのことをみんなに伝えたい。
　③掃除の時間に友だちがさぼって遊んでいます。
　　あなたはちゃんと掃除をしてほしいことを友だちに伝えたい。
　④あなたが貸した本を友だちがなかなか返してくれません。
　　あなたは本を返してほしいことを友だちに伝えたい。

場面2　友だちの要求をうまく断る
　①友だちが遊びに行こうと誘いに来ました。
　　あなたは宿題をしなければならないので，うまくそれを断りたい。
　②友だちがあなたが読んでいる本を見て，貸してほしいといっています。
　　あなたは自分が読んでいる途中なので，うまくそれを断りたい。
　③友だちが係の仕事を手伝ってほしいといっています。
　　あなたは塾があるので，うまくそれを断りたい。
　④休み時間に友だちが遊ぼうといっています。
　　あなたは委員会があるので，うまくそれを断りたい。

場面3　自分の意見を通そうとする
　①友だちの誘いを断ったのに，友だちはそれを聞いてくれません。
　　あなたは，行けないという自分の意見を通したい。
　②掃除をさぼっている友だちに注意しましたが，聞いてくれません。
　　あなたは，掃除をしてほしいという自分の意見を通したい。
　③学校の帰り道で買い食いをしようという友だちを注意しましたが，聞いてくれません。
　　あなたは，買い食いをしないほうがよいという自分の意見を通したい。
　④自習の時間，おしゃべりをしている友だちに注意しましたが，聞いてくれません。
　　あなたは，おしゃべりをやめてほしいという自分の意見を通したい。

場面4　授業中にはっきり発言する
　①先生が授業中，わからないところはないかどうか聞いています。
　　あなたは，自分がわからないところがあるということをうまく伝えたい。
　②授業中，友だちがあなたとは違う意見をいいました。
　　あなたは，自分の意見もみんなにうまく伝えたい。
　③授業中友だちが発言した後，先生が他の人はどうかと聞いています。
　　あなたは，自分の答えもみんなに聞いてほしいことをうまく伝えたい。
　④先生が授業中，みんなに感想を聞いています。
　　あなたは，自分の感想を聞いてほしいということをうまく伝えたい。

の効果測定に用いられた測度は，社会的スキル，学校ストレッサー，ストレス反応，コーピング，自尊感情であり，それぞれの測度に関して自己評価尺度が用いられた。測定の手続きとしては，ベースラインデータ（事前）の測定，1週間2

9章 学校におけるストレスマネジメント

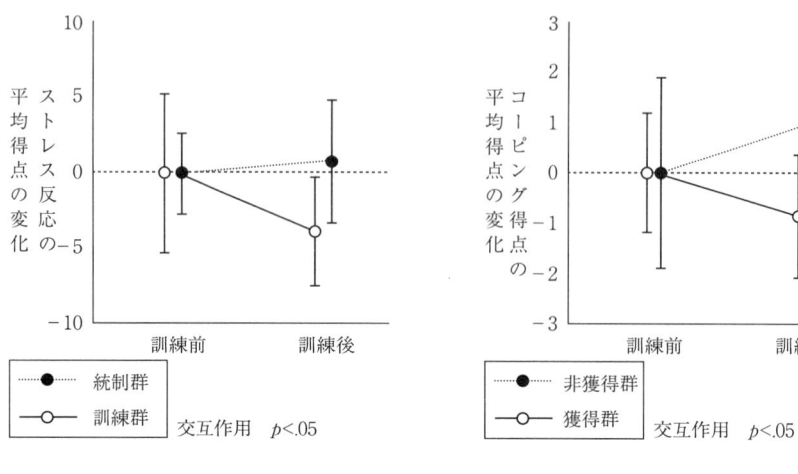

図9-3 ◆ 実践前後の各群のストレス反応得点の変化

図9-4 ◆ 実践前後の各群の思考回避コーピング得点の変化

時間のプログラムを4週間連続して実施，ポストデータ（事後）の測定，フォローアップデータ（持続性）の測定から構成された。さらに，ベースラインデータ測定時には，当該のクラス担任教師を対象として「児童の行動観察調査」を実施しており，担任するクラスの児童のなかから，日常の学校生活において主張行動ができないことに起因して，友人関係にストレスを感じていると思われる数名の児童の選出を依頼した（ターゲット児童）。なお，実践を行ったクラスを「訓練群」，同じ小学校の同学年の別のクラスを「統制群（実践などは何も行わずに，訓練群と同時に自己評価尺度への回答のみを実施）」として，介入効果の測定を行った。

そして，訓練群のなかのターゲット児童とベースラインデータの測定時に「主張行動スキル」が平均値よりも1標準偏差以上低い児童のデータを合成して，統制群の児童のデータと比較して統計的検定を行った結果，訓練群の児童は，統制群の児童に比べてストレス反応が減少したことが示された（図9-3）。また，訓練群のなかで，訓練後の社会的スキルの各下位尺度得点から訓練前の得点を引いた差分値が，平均より0.5標準偏差高い児童を「スキル獲得群」，スキル獲得群以外の児童を「スキル非獲得群」として，それぞれの測度について群間比較の統計的検定を行ったところ，獲得群の児童は，非獲得群の児童に比べてストレス反応が減少したことが示され，さらに，獲得群の児童は，友人関係のストレッサーに対しては不適切な「思考回避」のコーピングの使用が減少したことが示された（図9-4）。以上の結果を総合すると，児童の主張訓練スキル（コーピングスキル）を高めることを目的とした実践（行動的技法）は，児童のストレス反応

4節＊子どもたちの対人ストレスに対するコーピングスキル

を低減させたことが明らかにされた。

2　心理的ストレスが生じるプロセスの知識に対する介入（心理的教育）

これまでの子どもたちを対象とした有効性が高いとされるストレスマネジメントプログラムを概観すると，「心理的教育（心理的ストレスの発生のメカニズムや心身相関，ストレスマネジメントの効果に関する教育など）」「個人的ストレス耐性の強化（コーピングスキルの獲得，ソーシャル・サポートの利用可能性や自尊感情，セルフ・エフィカシーの向上）」「リラクセーションの獲得訓練」の3つの要素が総合的に含まれていることが多い（嶋田，1998）。すなわち，ストレス反応の低減に有効であるとされる個々の諸技法を実施することはもちろん有効ではあるが，子どもたちに対して「なぜそのようなことをするのか」「それをすることによってどのようなよいことがあるのか」といった「心理的教育」を実施し

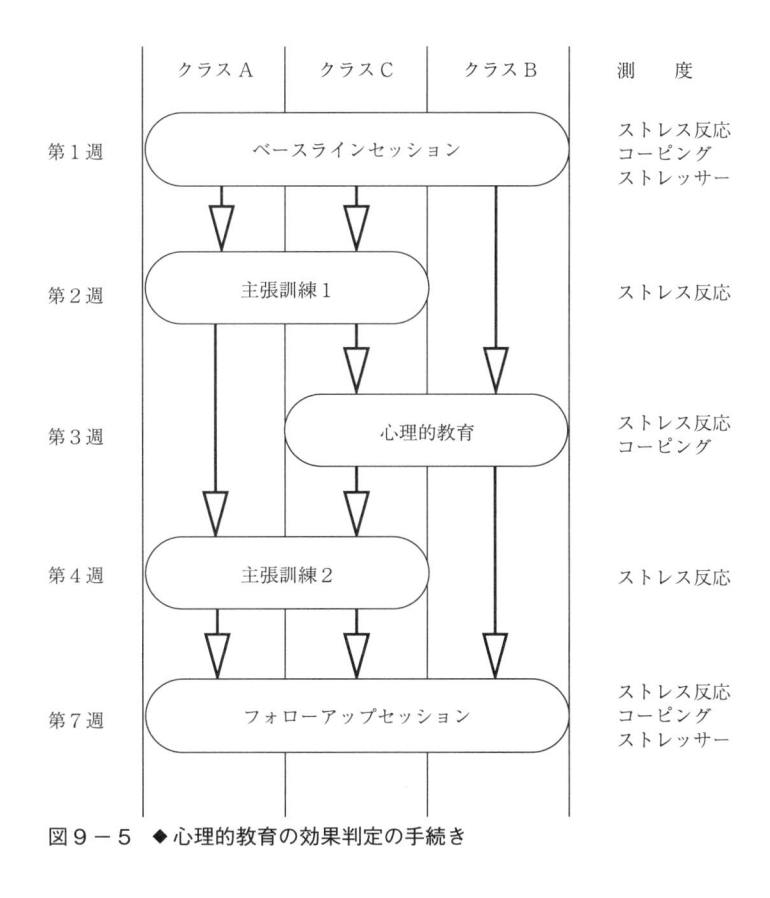

	クラスA	クラスC	クラスB	測度
第1週	ベースラインセッション			ストレス反応 コーピング ストレッサー
第2週	主張訓練1			ストレス反応
第3週		心理的教育		ストレス反応 コーピング
第4週	主張訓練2			ストレス反応
第7週	フォローアップセッション			ストレス反応 コーピング ストレッサー

図9−5　◆心理的教育の効果判定の手続き

ないと，個々の諸技法によってもたらされるストレス反応の低減効果が定着しない，長期間によって持続しないなどのように，介入による効果が半減してしまうことが予想される。

そこで，この「心理的教育」の効果に着目して，ストレスマネジメントにおける役割を明らかにしようした研究報告がある（嶋田，1999）。公立小学校6年生の児童を対象として，同じ学年の3クラスをそれぞれ別の条件に割り付けて条件間の比較検討を行った（図9-5）。まず，クラスAには，先に述べた太田ら（1999）によって実践された「主張行動スキル」の獲得をめざしたプログラムの短縮版を実施した。すなわち，児童に対して，相手の気持ちを害さないように自分の思っていること，考えていることを適切に伝えるスキルを獲得させることが目的である。そして，クラスBには，ストレスマネジメントに関する心理的教育を実施した。すなわち，児童に対して，ストレスマネジメント教育の技法を基盤として，「ストレス」とは何か（心理的ストレスの生じる仕組み）を理解させ，ストレス状態とさまざまな情動的，認知的，行動的変化（ストレス反応の諸側面）との関連性を理解させること，普段の生活のなかに存在するさまざまな「ストレッサー」を特定させて，その内容に気づかせること，「リラクセーション」によって得られる身体的変化を理解させること，「主張行動スキル（コーピングスキル）」の有効性を理解させることが目的である（表9-2）。さらに，クラスCには，クラスAに実施した「主張行動スキル」の獲得と，クラスBに実施した「心理的教育」の両方を実施した。すなわち，児童に対して，心理的教育を施したうえで，主張行動スキルを獲得させることが目的である。

プログラム実施にともなってその効果測定に用いられた測度は，社会的スキル，ストレッサー，ストレス反応，コーピングであり，それぞれの測度に関して

表9-2 ◆ 心理的教育の内容

①ストレスの理解
　ストレスとは何か（ストレスの生じる仕組み）を理解し，ストレス状態とさまざまな情動的，認知的，行動的変化，ストレス反応との関連性を理解すること。
②ストレッサーの理解
　生活のなかに存在するさまざまなストレッサーを特定してその内容に気づくこと。
③リラクセーションの理解
　リラクセーションにともなって生じるさまざまな身体的変化を理解すること。
④コーピングの理解
　主張訓練など（ストレスの具体的な対処法）の有効性を理解すること。

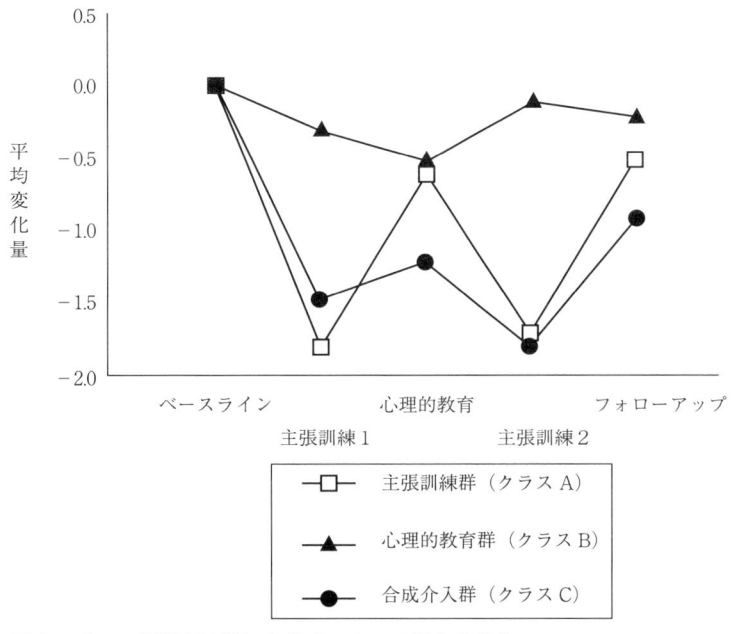

図9-6 ◆各測定時期におけるストレス反応の変化

　自己評価尺度が用いられた。測定の手続きとしては，ベースラインデータの測定（第1週，クラスA，B，C），1時間の主張行動スキル獲得プログラム（1回目）を実施（第2週，クラスA，C），2時間の心理的教育を実施（第3週，クラスB，C），2時間の主張行動スキル獲得プログラム（2回目）を実施（第4週，クラスA，C），フォローアップデータの測定（第7週，クラスA，B，C）から構成された（図9-5）。なお，子どもたちへの回答の負担を考慮して，ストレス反応の測度のみを毎回の介入後に測定を行い，他の測度については計画上の必要に応じて測定が行われた。

　そして，ストレス反応得点に関して，各群間比較の統計的検定を行ったところ，主張行動スキル群（クラスA）と，合成介入（主張行動スキル＋心理的教育）群（クラスC）の児童は，心理的教育群（クラスB）の児童に比べてストレス反応が軽減したことが示された（図9-6）。さらに，主張行動スキル群と合成介入群を比較したところ，合成介入群のほうが，ストレス反応の抑制の持続効果が高いことが明らかにされた。すなわち，児童に対するストレスマネジメントに関する心理的教育のみでは，児童のストレス反応の低減には有効に作用しにくいものの，主張行動スキルの獲得プログラムと心理的教育を組み合わせることによって，

主張行動スキルを単独で訓練するよりも，児童のストレス反応を低減させたことが明らかにされた（心理的教育の効果）。

なお，この実践研究の報告では，条件の割り付けに工夫を行っているところにも特徴がある。学校教育現場では，同じ学校の同じ学年という条件下で，あるクラスには何らかの介入を行って，別のクラスに何も行わない（統制群）という設定は実際に困難なことが多い。この実践報告では，それぞれの介入の回数や時期が群（クラス）によって異なっている，サンプル数が少ない，クラスという単位を用いているため個々の子どものデータの独立性が保証されていない，などの問題点もあるが，学校教育現場の要請をふまえたうえで，可能な限り確実性の高い効果測定を試みるという発想は注目に値すると考えられる。ストレスマネジメントの実践に限らず，クラス集団を対象とした場合の統制されたデータの収集は困難な場合も多いが，同一のクラスに所属する児童を2群に分けて，時期をずらした介入を行っている実践研究もある（嶋田，2001）。

3 ストレス評価と反応に対する介入（認知的技法，リラクセーション技法）

子どもたちのストレス反応を低減させるために，これまでストレス反応の低減に影響を与える要因の検討が行われてきた。そのなかでも，ラザルスとフォルクマン（1984）が指摘するように，ストレッサーに対する「認知的評価」は個人のストレス反応に影響を及ぼす重要な媒介要因である（1次的評価はストレッサーに対する脅威性や影響性に関する評価であり，2次的評価はストレッサーに対して行うコーピングの実行に関する評価であるとされる）。子どもたちの心理的ストレスの場合にも，認知的評価に関する基礎的な研究も行われている。たとえば，嶋田ら（1996）は，ストレス反応とコーピングの関連については，実行したコーピングの数や種類だけではなく，認知的評価をも含めた包括的検討の必要性を指摘し，小学校4，5，6年生を対象として，ストレッサーに対する認知的評価とコーピング，ストレス反応の関係性を検討した。

データ分析の結果，子どもたちの行う「認知的評価」は，やはり個々の子どもがストレッサーに対して行うコーピングの実行に影響を及ぼす重要な規定要因であることが明らかにされている。具体的には，対人関係のトラブルを「大変なことだ」と影響性を大きく見積もる児童は，そう見積もらない児童と比べて，具体的な問題解決を図るなどの積極的なコーピングを多く行う傾向にあることが示された（1次的評価）。そして，たとえ対人関係のトラブルを経験しても「何とか解決できるだろう」とコントロール可能性を大きく見積もる児童は，そう見積もらない児童と比べて，やはり積極的な対処行動を多く行う傾向があることが明ら

かにされた（2次的評価）。さらには，それらの児童の認知的評価を組み合わせて検討を行った結果，対人関係のトラブルの影響性を大きく見積もり，かつそのコントロール可能性を小さく見積もる児童は，問題を回避したり，あきらめたりする（不適応的な）コーピングの採用が増加し，ストレス反応の表出も多いことが明らかにされている。したがって，学校ストレッサーに対する認知的評価に対する介入は，子どもたちを対象としたストレスマネジメントにおいても有効性が高いことが期待される。

この点を考慮した実践としては，三浦・上里（2003）の研究報告があり，中学校1，2，3年生の生徒を対象として，認知的評価とストレス反応への介入を中心としたストレスマネジメントプログラムが行われている。具体的には，対象とされる生徒に，自分自身の心理的ストレスを把握，理解させ，不適切な認知，行動，

表9-3 ◆ ストレスマネジメントプログラムの構成と内容

	小タイトル	ねらいと内容	おもな変数
導入	どうしてストレスの話をするの？	「ストレス」について学ぶことへの興味を高める。ストレスについて知ることで，ストレスに負けずに問題を乗り越え，楽しく毎日を過ごせるようになることを理解する。	
心理的ストレスの理解	ストレスってなあに？	ストレスを感じたときに，さまざまなストレス反応が表出されることを理解する。最近のストレス反応の程度を考えることで，自分のストレス状態への気づきを高める。	ストレス反応
	どんなときにストレスを感じるの？	ストレッサーの存在と種類について知る。問題に対して過剰に「重要だ」「どうにかしなきゃ」と思うとストレスが高まってしまうことを理解し，考え方を変える必要性を認識する。解決の見通しや自信がある場合にはストレスをそれほど感じないことを理解し，じょうずに解決する方法を探して見通しを持つことの重要性を認識する。	ストレッサー認知的評価
	ストレスに強いってどんなこと？	コーピングの存在といろいろな種類があることを理解する。どのコーピングにも，よい面と悪い面があることを理解させ，レパートリーの豊富さの重要性を認識する。いつも同じコーピングではなく，状況に応じて柔軟に使い分けることの必要性に気づく。	コーピング
リラクセーション法の習得	リラクセーション法のしくみ，効果，実施方法	心と身体の関連性を知り，リラクセーション法は，心と身体をリラックスさせ，ストレスを軽減する方法であることを理解する。ストレス反応の低減や集中力の増加といった効果について知る。漸近的筋弛緩法の具体的な方法を習得する。	ストレス反応コーピング

反応をセルフコントロールさせる能力を高めさせること目的として，ストレス反応の理解と認知的評価，コーピングへの介入という観点が準備された（表9－3）。これらの観点は，大きく「心理的ストレスの理解」と「リラクセーション法の習得」の2段階に分けることができる。この「心理的ストレスの理解」のなかには，認知的評価，コーピングがターゲットにされた実践が含まれており，それまでに効果があるとされているそれぞれの観点がトータルに含まれているところに特徴があるといえる。

　まず，心理的ストレスの理解の段階では，ストレスマネジメントの心理的教育に関係する内容がより詳細に扱われており，ストレス（反応）を感じるには原因があるということ，すなわち，子どもたちにストレッサーの存在を理解させ，ストレッサーに直面したときにどのようなストレス反応が生じるかを理解させることが行われている。さらに，同じストレッサーを経験しても，そのストレスのとらえ方（認知的評価）によってストレスを感じる程度が異なってくることを理解させること，普段はストレス反応を軽減させるためにさまざまな対処行動（コーピング）を行っているが，それぞれの対処行動はすべてのストレッサーに対して万能ではなく一長一短があることを理解させることも行われている。結果的には，コーピングレパートリーを豊富に持ち，それらを使い分けることの重要性（2次的評価）を理解させることが目的である。次のリラクセーション法の習得の段階では，子どもたちに人間の心と身体は密接に関連していること（心身相関）を理解させ，具体的に漸進的筋弛緩法によるリラクセーション技法を獲得させることが目的である。

　プログラム実施にともなってその効果測定に用いられた測度は，ストレッサー，ストレス反応，認知的評価，コーピングであり，それぞれの測度に関して自己評価尺度が用いられた。測定の手続きとしては，ベースラインデータの測定，1週間1時間のプログラムを9週間実施，ポストデータの測定から構成された（ただし，ポストデータは介入直後ではなく1カ月後に測定）。この実践研究においては，とくに比較対象となる統制群などが置かれていないが，ベースラインデータを測定した時点のストレス反応の高い生徒の群と低い生徒の群を分けて，両群の介入前後の得点の変化の比較すること，同様にストレッサーに対するコントロール可能性（認知的評価）の高低群を構成して両群の比較検討を行うなどの介入効果の有無を検討するための工夫が行われている。

　そして，統計的検定を用いてデータ整理を行ったところ，プログラム実施前に「不機嫌・怒り」「抑うつ・不安」などの情動的反応，「無気力」などの認知行動的反応，「頭痛」など身体的反応の各ストレス反応について，いずれの側面でも表出レベルが高かった生徒は，プログラム実施後にストレス反応の各側面の表

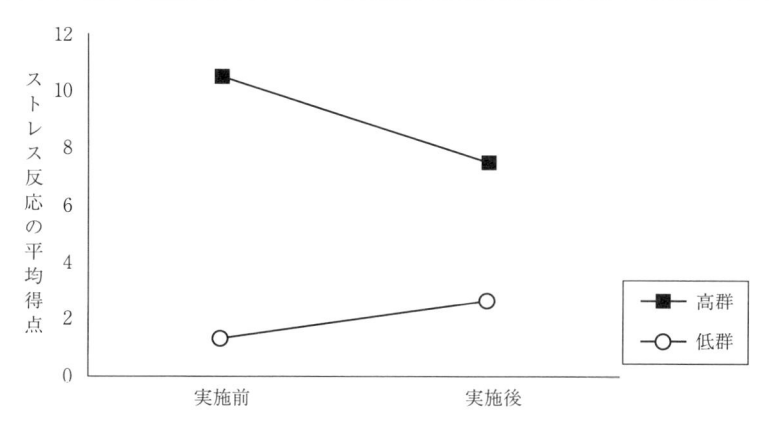

4節＊子どもたちの対人ストレスに対するコーピングスキル

図9-7 ◆ 実施前後の各群のストレス反応得点の変化

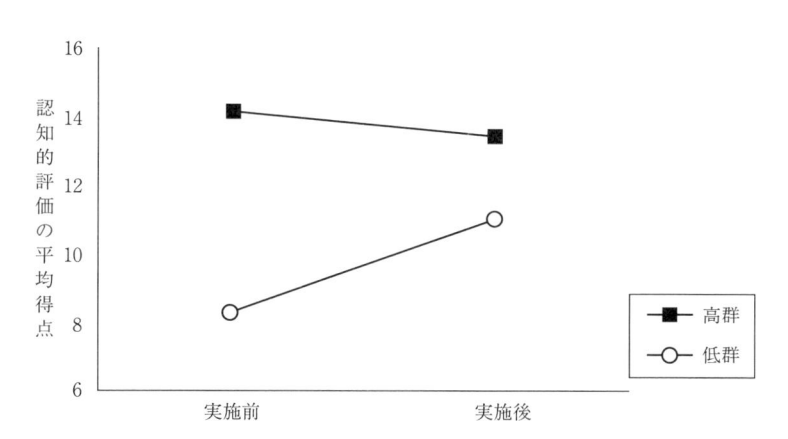

図9-8 ◆ 実施前後の各群の認知的評価得点の変化

出レベルが低下したことが示された（図9-7）。また，認知的評価については，プログラム実施前に「学業」や「友人関係」の学校ストレッサーに対する「コントロール可能性」を低く見積もっていた生徒が，プログラム実施後はその見積もりが高くなる変化が生じたことが明らかにされた（図9-8）。同様に，実施前にそれぞれの学校ストレッサーの「影響性」を高く見積もっていた生徒が，実施後にはその見積もりを低減させたことが示された。すなわち，プログラムの実施

（認知的技法）は，生徒の認知的評価をより適切な方向に変容させ，ストレス反応を低減させたことが明らかにされた。

　一方で，生徒のコーピングに対しても統計的検定を用いてデータ整理が行われており，プログラムの実施によって，実施前に「友人関係」の学校ストレッサーに対して積極的な対処やサポートを求める対処を行わなかった生徒が，実施後には，それらの対処方略の実行程度が増加していることが明らかにされている。この結果を認知的評価の結果と総合して考えると，それまで個々の生徒が経験した学校ストレッサーに対して，「すごく大変なことだ」「どうにもならない」と影響性やコントロール可能性を評価し，「そのことを考えないようにする」「あきらめる」などと回避的コーピングを行う傾向が顕著であった生徒が，ストレスマネジメントプログラムの実施によって，たとえ同じような学校ストレッサーに直面しても，「それほど大変なことではない」「何とか解決できそうだ」と評価し，「計画を立てて取り組む」「誰かにやり方を教えてもらう」などと積極的コーピングやサポート希求コーピングを行うようになったことを示していると考えられる。

　このような生徒の変化は，いずれもストレス反応の生起を抑制する方向にシフトしている（学校ストレッサーに対する影響性を低く，コントロール可能性を高く評価し，積極的コーピングの実行が増加し，回避的コーピングの実行が減少している）ことがわかる。この実践研究の結果は，これまでの基礎的研究の知見をふまえ，直接コーピングの数や種類を増やすだけではなく，認知的評価などのコーピングの規定要因を含めた包括的な介入を行ったという点で大変意義深く，有用な知見であるといえる（ここで用いられたデザインではリラクセーション技法の獲得に関する単独の効果検証はできないが，単独の効果があることは，三浦・上里（1999）によって別途検証されている）。したがって，包括的ストレスマネジメントプログラムとして見ても，嶋田（1998）の指摘したストレスマネジメントに必要な要素はすべて含まれており，有用性の高いプログラムであると考えられる。

　また最近は，子どもたちの認知に特化して働きかける認知的技法も多く用いられるようになり，ストレスマネジメントの枠組みのなかでも，実践的研究が行われるようになった。たとえば，小関ら（印刷中）は，小学校5年生を対象として，認知行動的アプローチの観点から，「いやな気分が生じる原因として，学校ストレッサーに対する認知的評価が大きな役割を果たす」という心理的教育を行ったうえで，同一場面における多様な認知的評価の存在を理解させ，それに応じた適切なコーピングスキルの使用を促進させることを目的とした介入を行っている。また，赤松・嶋田（2006）は，小学校5年生を対象として，多義的なストレス状況ビデオを作成し，特定のストレス状況の「解釈」や「対処」はたくさん存在す

ることを理解させることを目的としたプログラムを実践している。これらの実践的研究はいずれも、子どもたちに対して、対人関係に起因する問題に対するコーピングスキルを身につけるために、子どもたちの「認知的評価」の役割に焦点を当てた介入であると理解できる。

❺節　子どもたちに対するストレスマネジメント総合プログラム…

以上のように、学校におけるストレスマネジメントを考える際には、学校ストレッサーとなりえる出来事を子どもたちがどのようにとらえているのか、すなわち、どの程度の影響性を感じているのか、コントロール感をどのくらい強く持っているのかという点について、プログラム実践前に丁寧にアセスメントする必要がある。そして、子どもたちの有するコーピングスキルのレパートリーの程度や、それらのコーピングが適切に実行できる環境が整っているかを把握することも必要である。このような観点から、心理的教育を活用しながら、ストレス反応の直接的な低減技法（リラクセーション技法やアクチベーション技法）を身につけさせると同時に、子どもたちのストレスが生起するプロセスに対して全般的に働きかけること（ストレスマネジメント総合プログラム）によって、子どもたちの心理的ストレスに関する問題の解決に際し、大きな効果が得られることが期待される。

これまでに、学校場面で子どもたちを対象として、このような総合的なプログラムが実施された例はそれほど多くはないが、問題解決訓練の観点から、子どもたちのストレスの問題に取り組もうと試みた研究もある。とくに対人関係ストレスは、それまでの関係性のあり方や、相互の行き違いなどのさまざまな要因が複合していることも多い。とくにこのような場合に役立つのが「問題解決訓練」であり、主張行動スキルとならんで子どもたちの対人関係に起因するストレスの問題に解決に有効であるとされている（小林, 2004）。この「問題解決」とは、「個人や集団が日常生活で出くわす諸問題に対処できる効果的な手段を識別、発見する『認知-感情-行動プロセス』である」と定義されている（D'Zurilla, 1995）。ここでいう「問題」とは、外部から観察可能なストレッサーだけではなく、内的な欲求の阻止などもそれにあたる。すなわち、個人の要因と環境（対人関係など）の要因の相互作用によって問題が生じるとされる。この考え方は、ラザルスとフォルクマン（1984）のトランスアクショナル・モデルの考え方と類似しており、問題解決訓練はストレスマネジメントを考える際にも有用な技法である（図9-9）。

このような観点から、藤森（2000）は、小学校5、6年生を対象として、問題

9章　学校におけるストレスマネジメント

問題の明確化 → ブレインストーミング → 今回実行する解決策の決定 → 実行 → 実行したことの評価

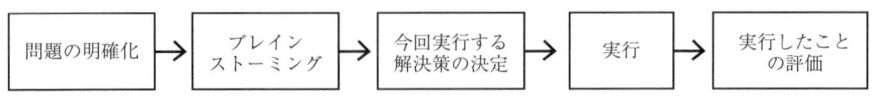

図9－9　◆問題解決訓練の手順

解決訓練のステップにしたがって，ストレスマネジメント教育の実践を行っている。この実践では「上級生と遊んでいて，上級生がルールやぶりをしたので，そのことを私が言ったら，上級生が攻撃してきた」という具体的なストレス場面を呈示し，「この場面の問題点」「この場面の上級生の気持ち」「この場面の私の気持ち」「この場面の解決策」という観点からブレインストーミングを行い，話し合ったメンバーで解決策に優先順位をつけるという方法が用いられている。そして，今回実行する解決策を決定し，それを実行し，実行したことを評価するプロセスへと進んでいくという全体的な流れである。

これまでのストレスマネジメントプログラムでは，認知的評価についてもコーピングについても，不適切なものの変容や適切なものの獲得を促進するための素地作りとして，まずは多様な認知的評価やコーピングの存在を知るという点に比較的力点が置かれてきた傾向にある。たとえば，三浦・上里（2003）によって実施されたプログラムにおいても，特定のコーピングに固執せずにコーピングのレパートリーを増やすこと，ストレッサーの種類に応じてさまざまなコーピングを柔軟に使い分けることが強調されている。しかしながら，「柔軟に使い分ける」ためには，そうする必要があることを知っているだけでは不十分であることが予想される。このような観点を補う具体的な方法として，問題解決訓練の技法は有用であり，実効性の高い，包括的なストレスマネジメントプログラムを考える際には，必要になってくる観点である。したがって，今後学校におけるストレスマネジメントを考えていくうえで，まずはどのような技法が，どのような問題に対して，どの程度の効果を持つのか，という基礎的な研究を続けながら，それらをモジュール化することによって，プログラム実施の目的や制約に照らし合わせて，その目的が最大限に達成できると考えられるものを必要に応じて組み合わせていくという発想が必要であると考えられる。

*10*章 職場のストレスマネジメント
──対人ストレスを中心に

❶節 はじめに

　厚生労働省による労働者健康状況調査（厚生労働省，2003）によれば，企業で働く従業員の約62％が仕事でストレスを感じており，その最大の理由が対人関係に関する問題であることが明らかになっている。また，近年の産業構造の変化に伴い，対人サービス業を含む第三次産業に従事する就業者の割合が上昇していることから（厚生労働省，2005），職場内外における対人関係のあり方が，労働生活の質を考えるうえでより重要になってくると思われる。本章では，職場のストレスマネジメントの考え方と進め方，およびその実践例について，主に対人ストレスに焦点を当てながら紹介する。

❷節 職場における対人関係

1 職業性ストレスモデル

　職業性ストレス研究では，職場のどのような要因がストレスを生起させ，それはどのように進展し，どのような影響をわれわれに及ぼすのか，さまざまな検証が行われてきた。米国国立職業安全保健研究所（National Institute for Occupational Safety and Health：以下NIOSHと略記）は，職業性ストレス研究のレビューに基づいて図10－1に示す職業性ストレスモデルを作成した（Hurrell & McLaney, 1988）。このモデルは，仕事に関連するストレッサーがストレス反応を生起させ，それらのストレス反応が長期化した場合，疾病へと進展する可能性を指摘している。そして，ストレッサーとストレス反応との関連を調整する要因として，仕事外のストレッサー，個人要因（年齢，性別など），緩衝要因（職場内外のソーシャルサポート）をモデルに組み入れている。

　このNIOSHモデルの各側面に，職場の対人関係に関わる要因をあてはめてみると，ストレッサーには職場で生起する対人関係上の問題を，緩衝要因にはソーシャルサポートや，職務満足感の構成要素である対人関係への満足感（田中，

10章 職場のストレスマネジメント——対人ストレスを中心に

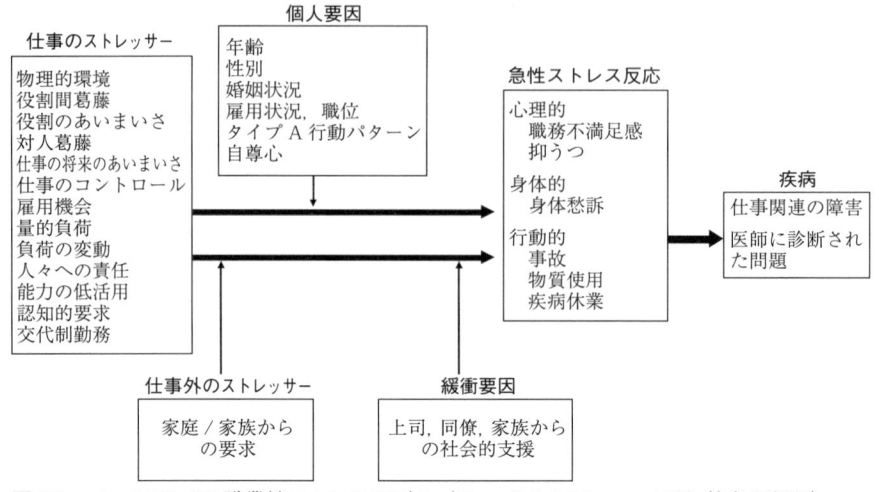

図10−1 ◆NIOSH職業性ストレスモデル（Hurrell & McLaney, 1988: 筆者が邦訳）

1998）を，それぞれ位置づけることができる。そこで，以下の節では，職場における対人関係のストレッサー，ソーシャルサポート，職務満足感について簡単に言及する。

2　ストレッサー

　労働者の心身の健康や仕事・組織への態度，生産性などにネガティブな影響を及ぼすといわれているストレッサーに関しては，これまでに，仕事の量的・質的な負担，役割の曖昧さ，役割間の葛藤，人々への責任，裁量権の低さ，将来への不安，心理社会的報酬の低さ，対人関係などが取り上げられてきた（Hurrell & McLaney, 1988; Karasek & Theorell, 1990; Siegrist, 1996）。とりわけ，対人関係に関するストレッサーは，日本だけでなく海外においても，職場での主要なストレッサーとして注目を集めている。

　日本では，仕事でストレスを感じている者の35％が対人関係の問題をストレッサーとして回答しており，回答を求めた11種類のストレッサーのうち最も大きな割合を占めている（表10−1：厚生労働省，2003）。また，その割合は男性の30％に対して，女性では44％と大きく異なっており，職場における対人関係の問題は，女性においてより重要な問題であることが示されている。

　一方，海外では，スミスら（Smith & Sulsky, 1995）が調査対象者の約25％が対人関係の問題を最も主要なストレッサーと回答したと述べているほか，ボルガーら（Bolger et al., 1989）も，日常生活での気分状態の80％以上が，職場での

表10-1 ◆ 仕事や職業生活に関する強い不安，悩み，ストレスの内容別労働者割合：3つまでの複数回答 (%)

	全体	男性	女性
仕事の質	30.4	32.1	27.3
仕事の量	32.3	32.2	32.4
仕事への適性	20.2	18.1	23.9
情報化・技術革新	8.9	8.8	9.0
人間関係	35.1	30.0	44.4
昇進，昇給	14.5	16.0	11.6
配置転換	6.4	6.1	6.9
転勤にともなう転居	3.9	5.8	0.4
雇用の安定性	17.7	18.7	15.9
会社の将来性	29.1	34.2	19.9
定年後の仕事，老後	17.2	20.4	11.3
その他	7.7	6.2	10.3

対人関係の問題によって説明できると述べている。ボルガーらはさらに，職場での対人関係上の問題は家族との問題よりもはるかに大きな苦痛をもたらすことも指摘している。さらに近年では，対人サービス業従事者の増加にともない，情緒的な負担（emotional demands）や感情を隠す負担（hiding emotion）という新しい内容のストレッサーも提唱されている（de Jonge & Dormann, 2003）。

3 ソーシャル・サポート

職業性ストレスにおいてソーシャル・サポートは，「持続的な対人関係のなかで，受け手の安寧を意図して行われる，あるいは受け手がそのように認知しうる支持的・援助的な行動」と定義され，主要なテーマのひとつとして，多くの結果が蓄積されてきた（Rhoades & Eisenberger, 2002）。ローデスら（Rhoades & Eisenberger, 2002）によるメタ分析では，職場でより多くのサポートを受けているほど，心身の健康，仕事・組織への肯定的態度，パフォーマンスが良好であることが示されている。では，このような良好な対人関係（ソーシャル・サポート）は，いったいどのようなメカニズムで，われわれの健康や態度に影響を及ぼしているのだろうか？

小杉ら（小杉・種市，2002）によれば，ソーシャル・サポートはストレスに関わるさまざまな要因（ストレッサー，認知的評定，コーピング，ストレス反応）に直接的・間接的に影響を及ぼしている。そのうち，ソーシャル・サポートとコ

―ピングとの関連については，ソーシャル・サポートがコーピング資源（Lazarus & Folkman, 1984, p.154）として機能し，①コーピング方略の選定，②コーピング努力の維持，③コーピング方略の効果，に影響を及ぼしていると考えられている（Shimazu et al., 2004, 2005）。ソーシャル・サポートとコーピングとの関連を検証した従来の研究では，そのほとんどが，①コーピング資源と選定される方略の種類との関連を検討したものである。そこでは，ソーシャル・サポートが豊富な個人ほど，問題焦点型，積極的なコーピング方略を選びやすく，その結果として，より良好な健康状態に結びつくことが指摘されている（Holahan et al., 1999; Pierce et al., 1996; Schreurs & de Ridder, 1997; Spector, 2002）。しかしながら，ソーシャル・サポートと②コーピング努力の維持，ないし③コーピング方略の効果，との関連を検討した研究は非常に少ない。

　そこで，島津ら（Shimazu et al., 2004, 2005）は，コーピング資源としての同僚からのサポートがコーピング方略の効果にどのような影響を及ぼすのかを階層的重回帰分析という方法を用いて検討した。図10−2a・図10−2bは，積極的コーピングと同僚サポートとの相互作用が心理的ストレス反応および職務満足感に及ぼす影響を，それぞれグラフに示したものである。図10−2a（注：縦軸では得点が高いほどストレス反応が高いことを示す）を見ると，同僚サポートが多い群（平均値＋1SD）でも少ない群（平均値−1SD）でも，積極的コーピングを多く行うほど心理的ストレス反応は低減することがわかる。ただし，積極的コーピングによる心理的ストレス反応の低減効果は，同僚サポートの多い群においてより顕著であった。つまり，積極的コーピングによるストレス反応の低減効果は，同僚サポートが多いほど促進されるといえよう。一方，図10−2b（注：縦軸では得点が高いほど職務満足感が高いことを示す）を見ると，積極的コーピングと職務満足感との関連のあり方は，同僚サポートの程度によって異なることがわかる。具体的には，同僚サポートの多い群（平均値＋1SD）では，積極的コーピングを多く行うほど職務満足感が上昇するのに対して，同僚サポートの少ない群（平均値−1SD）では，積極的コーピングを多く行うほど職務満足感が低下していた。つまり，積極的コーピングが職務満足感を上昇させる効果は，同僚サポートが多い状況に限定されるといえよう。

　これらの結果は，同じコーピング方略を行っても，適応への影響がソーシャルサポートのあり方によって異なることを示している。つまり，職場における対人関係が良好であることで，従業員個人のコーピングがより効果的になることを示唆している。

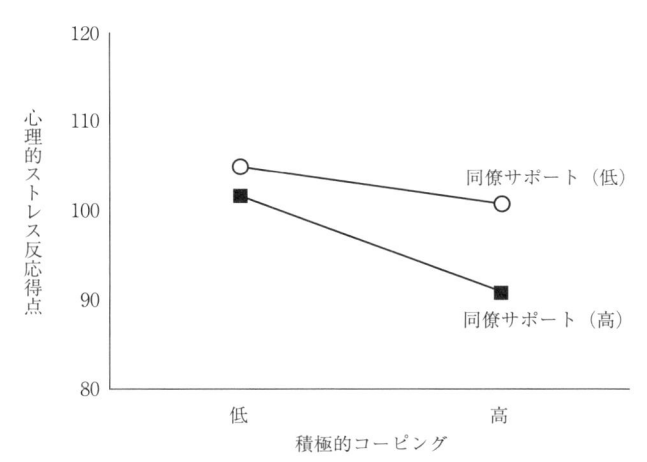

図10−2a ◆ 同僚サポートが積極的コーピングの効果に及ぼす影響（心理的ストレス反応）

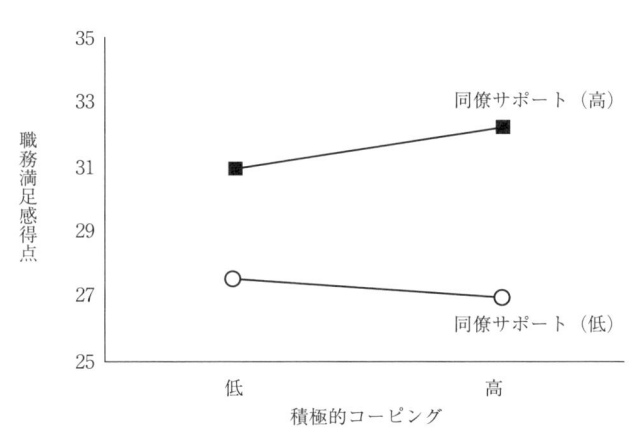

図10−2b ◆ 同僚サポートが積極的コーピングの効果に及ぼす影響（職務満足感）

4　職務満足感

　職務満足感は「個人の仕事と仕事の経験の評価によりもたらされる喜ばしいもしくは肯定的な感情」と定義され（Locke, 1976），仕事や職場全体に関する評価を問う「全体的職務満足感」と，職務遂行上の具体的・個別的な側面についての評価を問う「個別的職務満足感」とに，大きく二分される。今日の職業性ストレス研究では，全体的職務（不）満足感はストレス反応として，個別的職務満足感

10章 職場のストレスマネジメント——対人ストレスを中心に

はストレッサーによるネガティブな影響を緩和する緩衝要因として，それぞれ位置づけられている（田中, 2002）。

個別的職務満足感については，研究者によって見い出される因子が異なっているが（McLean, 1979; Warr et al., 1979），わが国では，田中（1998）が「能力発揮への満足感」「キャリアへの満足感」「対人関係への満足感」の3つの因子を見出している。このうち対人関係への満足感は，上司のマネジメント方法や同僚との人間関係に関する肯定的評価を意味しており，職場における良好な人間関係を反映する因子と考えることができる。

田中ら（田中・小杉, 1998）は，900名を超える企業従業員に質問紙調査を行い，上述した3つの個別的職務満足感（能力発揮，キャリア，対人関係）がストレッサーのネガティブな影響を緩和する効果を検討している。その結果，対人関係への満足感については，ストレッサーの内容や程度とは独立に，ストレス反応を低減することが明らかになった。このことは，対人関係への満足感によるストレス反応低減効果が，特定の職場環境に限定されることなく，あらゆる職場環境において認められることを意味するものである。田中らの結果は，職場のストレスマネジメントにおいて，対人関係の改善と向上を目的としたプログラムが，従業員のストレス状態の改善に結びつく可能性を示唆したものであるといえよう。

❸節 職場におけるストレスマネジメント

1 考え方と進め方

職場でストレスマネジメントを計画し実行する際，労働者のストレスに関わる諸要因を整理することは有用である。上述したNIOSH職業性ストレスモデル（図10-1）をもとに，職場でのストレスマネジメントのあり方を考えてみると，主に職場環境に焦点を当てたもの（組織志向アプローチ）と，個人要因に焦点を当てたもの（個人志向アプローチ）とに二分できることがわかるであろう（Ganster & Murphy, 2000）。前者には，職場でのストレス要因（職場ストレッサー）の同定・除去による職場環境の改善やソーシャル・サポートなどの緩衝要因の増強を図る活動が含まれ，後者には，個々の従業員におけるストレス対処（コーピング）能力の向上と職場ストレッサーに起因するストレス反応の低減を図る活動が含まれる（Ganster & Murphy, 2000）。

対人関係に焦点を当てたさまざまなストレスマネジメントについても，組織志向アプローチと個人志向アプローチとにプログラムの内容を分類することができる。これまでに実施されてきたおもなプログラムを概観すると，組織志向アプローチとしては，従業員参加型の職場環境改善によってコミュニケーション

の活性化を図った活動（Mikkelsen & Gundersen, 2003），上司へのメンタルヘルス教育やリスニング研修を通じて部下に対するソーシャル・サポートの増強を図った活動（Kawakami et al., 2005; 河島ら, 1997; Kubota et al., 2004; Tsutsumi et al., 2005）などがあげられる。他方，個人志向アプローチとしては，アサーションスキルの学習を通じて対人関係におけるストレス対処能力の向上を図った活動（Kobayashi et al., 2005 ; Shimizu et al., 2003），グループワークによる問題解決トレーニングを通じて，ソーシャル・サポート知覚の向上を図った活動（Shimazu et al., 2003）などがあげられる。

以下の節では，上司を対象とした積極的傾聴研修，従業員個人を対象としたアサーション訓練，教師を対象としたグループディスカッションによる問題解決研修について，その内容と効果評価の結果について紹介する。

2　積極的傾聴研修による上司サポートの強化

労働省（現厚生労働省）は，2000年に「事業場における労働者の心の健康づくりのための指針」（心の健康づくり指針：労働省労働基準局, 2000）を発表し，事業者が行うことが望ましい心の健康づくり対策の実施方法を提示した。指針では，事業者（経営者），労働者，管理監督者（上司），産業医・衛生管理者，事業場外の機関・専門家などが，心の健康づくりにおいてどのような役割を果たすべきかについて，具体的に記載されている。これらのうち，職場の上司である管理監督者に対しては，職場環境等の改善と部下への相談対応が，主要な役割として求められている。とくに，部下への相談対応に関しては，部下の相談内容にじっくりと耳を傾ける積極的傾聴が，部下の不安を低減するとともに，上司と部下との間のコミュニケーションを促進し，部下のストレッサーの低減と，ソーシャル・サポート知覚の上昇に結びつくことが期待されている。

久保田ら（Kubota et al., 2004)は，地方公務員の管理監督者を対象に積極的傾聴法のセミナーを行い，その効果を検討している。セミナーは13回に分けて行われ，各回（1日）あたり20〜30名，合計345名の管理監督者が受講した。セミナーは，実技と総合討論の2つの部分から構成されていた。実技(約20分)では，参加者が4〜5名のグループに分かれ，各グループ内で，「話し手」1名，「聞き手」2名，残りが「オブザーバー」の役割を担当した。聞き手には，話し手ができるだけ長く，自発的に話し続けられるような工夫をすることが求められたが，傾聴のために必要な具体的なスキルは事前には教えられていなかった。続く総合討論では参加者全員が集合し，聞き手のどのような工夫が話し手の話を長続きさせるのに役立ったのか，各グループの代表者が気づいた点を報告した。

研修前，研修後1カ月，研修後3カ月に実施した質問紙調査の得点を比較して

研修効果を検討したところ,「傾聴態度」および「傾聴スキル」のいずれの下位尺度においても,研修前に比べ研修後1カ月,および3カ月後の得点が有意に上昇していた。本研究では,部下のストレッサー,ソーシャル・サポート,ストレス反応などは測定されていないが,1日の研修によって管理監督者の傾聴態度やスキルが上昇し,その効果が少なくとも3カ月間は維持されていることは注目すべきであろう。管理監督者は,職場のストレス対策のキーパーソンであることから,彼らのコミュニケーションスキルの向上によって部下との対人関係が円滑になり,部下の精神的健康状態の向上だけでなく,組織全体のパフォーマンスの向上に寄与することが期待される。

3 アサーション訓練によるコミュニケーションスキルの強化
―― eラーニングによる学習

職場では,役職,年齢,性別などの違いにより多様な役割関係が存在するため,役割の違いによる人間関係の問題が生じやすい。なかでも,固定的・形式的な役割関係が重視される職場においては,理不尽で,一方向的なコミュニケーションのやりとりが交わされている可能性がある。このような職場環境においては,自己の考えや感情を上手に表現できないことが,個人の不愉快な体験を増加させ,仕事の能率低下などの問題を引き起こすと考えられる。したがって,職場でのストレス対策を考えた場合,役割関係をアサーションの視点から見直し,アサーションスキルを向上することで,ストレス対処能力の向上とストレス状態の改善を図ることが期待される。

小林ら(Kobayashi et al., 2005)は,建設コンサルタント会社に勤務する企業従業員57名を学習群(29名)と待機群(28名)の2群に無作為に割り付け,学習群には約2週間の間に,アサーションに関するWeb学習を各自で行うように依頼した。一方,待機群には学習群への実施終了後に同様の学習を実施した。両群に対しては学習開始前と学習終了1週間後の2時点で質問紙調査を実施し,学習効果を比較した。その結果,①自己表現することが不合理ではなく合理的であるとの認知が上昇し,②仕事で自分の意見を反映でき,仕事の進め方やペースを自分で決めることができるという認識(仕事の裁量度)が高まる,という効果が認められた。また,面接調査の結果からは,「アサーティブであることを意識するようになった」「自分は忙しい場面でアサーティブになれなかった」など,アサーションに関して,客観的に自分をモニターすることができるようになったという意見が得られた。これらの結果は,Web教材による学習を通じて,より柔軟に自己表現でき,仕事のストレッサーが低減したことを示唆しているといえよう。

4 グループディスカッションによるサポート知覚の強化

島津ら（Shimazu et al., 2003）は，教師を対象としたストレスマネジメントプログラムを集団で実施し，その効果を検討した。このプログラムが実施された背景には，近年，児童・生徒の不登校，問題行動の数が増加しており，教師がそれまでの経験やキャリアのなかで身につけたスキルでは対処が難しくなった一方で，上司や同僚に援助を求め，アドバイスが得られるようなサポート環境が十分に整備されていないことがあった。そこで，本プログラムでは，①教師が児童・生徒の問題行動への対処スキルを習得することによって，ストレス反応の低減を図ること，②プログラムの実施形態としてグループワークを採用することで，ソーシャル・サポートの存在と重要性を再認識すること，の2点を目的とした。

各学校を通じて募集された24名の参加者が，学習群（12名）と待機群（12名）のいずれかに分けられ，参加者には，1回90分のプログラムが2週間間隔で5回に分けて行われた。グループワークでは，生徒（児童）指導上の問題にどのように対処しているかについて，5～6人でグループを構成し，意見を出し合った。一連のプログラムの実施前後に，両群に対して質問紙調査を実施し，プログラムの効果を評価した。なお，待機群には介入群のプログラムが終了した時点で，同じプログラムを遅れて実施した。

2回の調査にともに回答した各群8名ずつのデータを用いて，群（介入群，待機群）と時期（介入前，介入後）を要因とする繰り返しのある分散分析を行った結果，ストレス反応得点にはポジティブな介入効果は認められなかったものの（$p > .10$），同僚からのサポート得点においてポジティブな介入効果が認められ

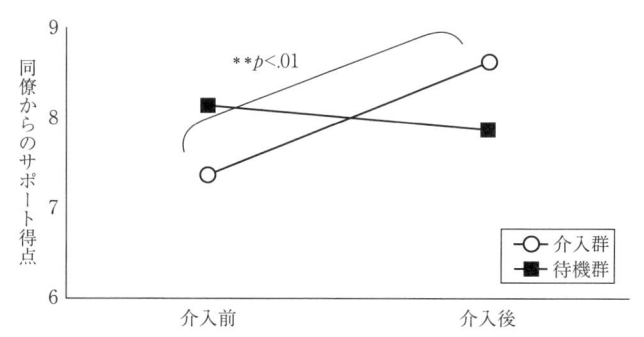

図10-3 ◆ ストレスマネジメント研修の効果：介入前後における同僚サポート得点の比較

た（$p=0.035$）。講義，グループワーク，ロールプレイなどを通じて，周囲からのサポートの存在と重要性を再認識したことが，同僚サポート得点の上昇に結びついたものと推察される（図10－3）。

❹節 おわりに──効果的なストレスマネジメントに向けて

コンピエールら（Kompier et al., 1998）は，これまでに行われたヨーロッパでのストレス対策を概観して，職場でストレス対策を成功させるためのポイントを次の5点にまとめている。①目的，対策内容，責任者，計画，財政源を明確にした「段階的・系統的なアプローチ」，②リスク集団とリスク要因を同定する「適切な現状評価」，③職場環境（ストレッサー）と労働者個人（対処能力）の双方に向けた対策，④外部の専門家と事業所内関係者の双方が関与する「参加型アプローチ」，⑤「トップマネジメントのサポート」の5点である。とくに，トップマネジメントの理解とサポートによって，会社経営の一部としてストレス対策が位置づけられれば，ストレス対策が管理監督者の日常業務となり，作成したプログラムがより円滑に実行されることになる。

しかしながら，職場でストレス対策を行うことによって，一時的に負荷が増加する可能性もあるため（Kawakami et al., 1997），ストレス対策自体が，実施者や参加者への負担にならないような工夫も必要である。そのためには，既存の人的・物的資源を有効に利用し，すぐにできるものからとりかかることが望ましい。また，多様な側面を効果の指標とすること（小林，2001），短期的効果だけでなく，長期的効果についても考慮することが必要である。とくに職場環境に焦点を当てたストレス対策では，その効果が出現するまでに数年かかるともいわれている（Kawakami et al., 1997；川上，2002a）。事業所は，費用対効果の観点から，短期的な指標によって介入効果の有無を判断する可能性が高く，継続的なストレス対策の実施が困難になる場合がある。そのため，結果の評価だけでなく，プロセスの評価についても考慮し（川上，2002a, 2002b），ストレス対策が継続的に実施できるように努力すべきである。計画されたプログラムは順調に実行できたか，もし実行できなかった場合には，何が阻害要因になっていたのかを明らかにすることによって，次のプログラム計画と実施の参考になる。

なお，島津ら（Shimazu et al., 2003）は，個人向けストレスマネジメントプログラムを成功させるためのポイントとして，次の4点を挙げている。

（1）「参加者の動機づけを高め，心理的抵抗を低減するための工夫を行うこと」

これらの工夫がなければ，脱落率が高まり，プログラムの効果も現れにくい。すなわち，参加者にとって「楽しく役に立つ」プログラム作成が重要である。

(2)「プログラム実施のための適切な時間と場所を設定すること」

参加者が参加しやすい時間と場所の設定は，プログラムの脱落率を低減するのに役立つ。トップマネジメントの理解があれば，プログラムを時間外ではなく就業時間内に事業所内で実施することができ，参加者への時間的・経済的負担を低減することができる。

(3)「参加者の特徴に応じたプログラムを構成すること」

参加者の特徴やニーズは対象集団が大きくなるほど多様になる。参加者の特徴やニーズに応じたプログラムを企画することで，プログラム参加への動機づけが高まり効果も促進されやすい。たとえば，職場単位で実施するストレス対策では，対象者が所属する職場に特有のストレッサーをアセスメントしたうえで，そのストレッサーへの解決方法についてトレーニングするようなプログラム構成もひとつの方法である。このような工夫によって，参加者のニーズに応じたプログラムの実施が可能になり，プログラム参加への動機づけがより高まると思われる。

(4)「可能な限り Follow-through セッションを実施すること」

プログラムで習得した内容を日常場面で適用し，その効果が確認されるまでにはある程度の時間が必要である（van der Klink et al., 2001）。職場では，時間的・経済的理由から実施が制約される場合が多いが，プログラムで習得したスキルの日常場面での適用をサポートすることが，効果をより長期的に持続させることにつながる。

引用・参考文献

1章

有光興記 2002 日本人青年の罪悪感喚起状況の構造 心理学研究, **73**, 148-156.

坂西友秀 1995 いじめが被害者に及ぼす長期的な影響および被害者の自己認知と他の被害認知の差 社会心理学研究, **11**, 105-115.

Baumeister, R.F., & Leary, M.R. 1995 The need to belong: Desire for interpersonal attachments as a fundamental human motivation. *Psychological Bulletin*, **117**, 497-539.

Baumeister, R.F., Wotman, S.R., & Stillwell, A.M. 1993 Unrequited love: On heartbreak, anger, guilt, scriptlessness, and humiliation. *Journal of Personality and Social Psychology*, **64**, 377-394.

Bellak, L. 1970 *The porcupine dilemma, reflections on the human condition*. Citadel Press. L. ベラック（著）小此木啓吾（訳）1974 山アラシのジレンマ―人間的疎外をどう生きるか― ダイヤモンド社

Bolger, N., DeLongis, A., Kessler, R.C., & Schilling, E.A. 1989 Effects of daily stress on negative mood. *Journal of Personality and Social Psychology*, **57**, 808-818.

Braiker, H.B., & Kelley, H.H. 1979 Conflict in the development of close relationships. In R.L. Burgess & T.L. Huston（Eds.）, *Social exchange in developing relationships*. New York: Academic Press. Pp.135-167.

Bratslavsky, E., Baumeister, R.F., & Sommer, K.L. 1998 To love or be loved in vain: The trials and tribulations of unrequited love. In B.H. Spitzberg & W.R. Cupach（Eds.）, *The dark side of close relationships*. Mahwah,New Jersey: Lawrence Erlbaum Associates. Pp.307-326.

Collins, N.L., & Feeney, B.C. 2004 Working models of attachment shape perceptions of social support: Evidence from experimental and observational studies. *Journal of Personality and Social Psychology*, **87**, 363-383.

Cornelius, R.R. 1996 *The science of emotion : Research and tradition in the psychology of emotion*. Upper Saddle River,NJ, US: Prentice-Hall, Inc. R.R. コーネリアス（著）齋藤勇（監訳）1999 感情の科学―心理学は感情をどこまで理解できたか― 誠信書房

Davis, K.E. 1985 Near and dear: Friendship and love compared. *Psychology Today*, 1985 February, 22-30.

Dohrenwend, B.S., Krasnoff, L., Askenasy, A.R., & Dohrenwend, B.P. 1978 Exemplofocation of a method for scaling life events: The PERI life events scale. *Journal of Health and Social Behavior*, **19**, 205-229.

Fiore, J., Becker, J., & Coppel, D.B. 1983 Social network interactions: A buffer or a stress. *American Journal of Community Psychology*, **11**, 423-439.

藤井恭子 2001 青年期の友人関係における山アラシ・ジレンマの分析 教育心理学研究, **49**, 146-155.

Greenberg, J., Pyszczynski, T., & Solomon, S. 1986 The causes and consequences of a need for self-esteem: A terror management theory. In R.F.Baumeister（Ed.）, *Public self and private self*. New York: Springer-Verlag. Pp.189-212.

Harvey, J.H. 2000 *Give sorrow words: Perspectives on loss and trauma*. Philadelphia, PA, US: Brunner／Mazel. J.H. ハーヴェイ（著）安藤清志（監訳）2002 悲しみに言葉を―喪失とトラウマの心理学― 誠信書房

Harvey, J.H. 2002 *Perspectives on loss and trauma: Assaults on the self*. Thousand Oaks, CA, US: Sage Publications. J.H. ハーヴェイ（著）和田実・増田匡裕（監訳）2003 喪失体験とトラ

　　　　ウマ―喪失心理学入門―　北大路書房
橋本　剛　1997a　対人関係が精神的健康に及ぼす影響―対人ストレス生起過程因果モデルの観点から―　実験社会心理学研究, **37**, 50-64.
橋本　剛　1997b　大学生における対人ストレスイベント分類の試み　社会心理学研究, **13**, 64-75.
橋本　剛　2003　対人ストレスの定義と種類―レビューと仮説生成的研究による再検討―　静岡大学人文学部人文論集, **54**（1), 21-57.
橋本　剛　2005a　対人ストレッサー尺度の開発　静岡大学人文学部人文論集, **56**（1), 45-71.
橋本　剛　2005b　ストレスと対人関係　ナカニシヤ出版
橋本　剛・谷口弘一・田中宏二　2005　児童・生徒におけるサポートと対人ストレス（2）―高校生を対象にした検討―　日本心理学会第69回大会発表論文集, 212.
日比野桂・湯川進太郎・吉田富二雄　2005　日常的な腹立ち経験とその処理―場面と対処方法の分類―　日本心理学会第69回大会発表論文集, 983.
飛田　操　1989　親密な対人関係の崩壊過程に関する研究　福島大学教育学部論集, **46**, 47-55.
平木典子　1993　アサーション・トレーニング―さわやかな＜自己表現＞のために―　日本・精神技術研究所
Holmes, T.H., & Rahe, R.H. 1967 The social readjustment rating scale. *Journal of Psychosomatic Research*, **11**, 213-218.
Horwitz, A.V., Mclaughlin, J., & White, H.R. 1997 How the negative and positive aspects of partner relationships affect the mental health of young married people. *Journal of Health and Social Behavior*, **39**, 124-136.
日向野智子・小口孝司　2002　対人苦手意識の実態と生起過程　心理学研究, **73**, 157-165.
唐沢かおり　1996　認知的感情理論―感情生起に関わる認知評価次元について―　土田昭司・竹村和久（編）感情と行動・認知・生理―感情の社会心理学―　誠信書房　Pp.55-78.
笠井孝久　1998　小学生・中学生の「いじめ」認識　教育心理学研究, **46**, 77-85.
金政祐司　2003　成人の愛着スタイル研究の概観と今後の展望―現在，成人の愛着スタイル研究が内包する問題とは―　対人社会心理学研究, **3**, 73-84.
金政祐司　2005　恋する・愛する　和田　実（編著）男と女の対人心理学　北大路書房　Pp.65-92.
Kanner, A.D., Coyne, J.C., Schaefer, C., & Lazarus, R.S. 1981 Comparison of two modes of stress measurement: Daily hassles and uplifts versus major life events. *Journal of Behavioral Medicine*, **4**, 1-39.
数井みゆき・利根川智子　2005　文化とアタッチメント　数井みゆき・遠藤利彦（編著）アタッチメント―生涯にわたる絆―　ミネルヴァ書房　Pp.223-244.
Kirkpatirck, L.A., & Davis, K.E. 1994 Attachment style, gender, and relationship stability: A longitudinal analysis. *Journal of Personality and Social Psychology*, **66**, 502-512.
北山　忍　1998　自己と感情―文化心理学による問いかけ―　共立出版
小石寛文・田花修二・神藤貴昭・竹内博美　1994　学級における仲間関係ストレスの要因―尺度作成の試み―　神戸大学発達科学部心理学紀要, **4**, 25-41.
Lakey, B., Tardiff, T.A., & Drew, J.B. 1994 Negative social interactions: Assessment and relations to social support, cognition, and psychological distress. *Journal of Social and Clinical Psychology*, **13**, 42-62.
Lazarus, R.S. 1991 *Emotion and adaptation*. New York: Oxford University Press.
Lazarus, R.S., & Folkman, S. 1984 *Stress, appraisal, and coping*. New York: Springer.　R.S.ラザルス・S.フォルクマン（著）本明　寛・春木　豊・織田正美（監訳）1991　ストレスの心理学―認知的評価と対処の研究―　実務教育出版

Leary, M.R. 1999 The social and psychological importance of self-esteem. In R.M.Kowalski & M.R.Leary（Eds.）, *The social psychology of emotional and behavioral problems: Interfaces of social and clinical psychology*. Washington,D.C.: American Psychological Association. Pp.197-221. M.R. リアリー（著） 小島弥生（訳） 2001 自尊心のソシオメーター理論 R.M. コワルスキ・M.R. リアリー（編著） 安藤清志・丹野義彦（監訳） 臨床社会心理学の進歩―実りあるインターフェイスをめざして― 北大路書房 Pp.222-248.

Leary, M.R., Tambor, E.S., Terdal, S.K., & Downs, D.L. 1995 Self-esteem as an interpersonal monitor: The sociometer hypothesis. *Journal of Personality and Social Psychology*, **68**, 518-530.

Markus, H.R., & Kitayama, S. 1991 Culture and the self: Implications for cognition, emotion, and motivation. *Psychological Review*, **98**, 224-253.

長根光男　1991　学校生活における児童の心理的ストレスの分析―小学4, 5, 6年生を対象にして―　教育心理学研究, **39**, 182-185.

大迫秀樹　1994　高校生のストレス対処行動の状況による多様性とその有効性　健康心理学研究, **7**, 26-34.

岡安孝弘・嶋田洋徳・丹羽洋子・森　俊夫・矢冨直美　1992　中学生の学校ストレッサーの評価とストレス反応との関係　心理学研究, **63**, 310-318.

岡安孝弘・高山　厳　2000　中学校におけるいじめ被害者および加害者の心理的ストレス　教育心理学研究, **48**, 410-421.

Rands, M., & Levinger, G. 1979 Implicit theories of relationship: An intergenerational study. *Journal of Personality and Social Psychology*, **37**, 645-661.

Rook, K.S. 1984 The negative side of social interaction: Impact on psychological well-being. *Journal of Personality and Social Psychology*, **46**, 1097-1108.

Ryff, C.D., & Singer, B.H.（Eds.）2001 *Emotion, social relationships, and health*. New York: Oxford University Press.

Sarason, I.G., Johnson, J.H., & Siegal, J.M. 1978 Assessing the impact of life changes: Development of the life experiences survey. *Journal of Consulting and Clinical Psychology*, **46**, 932-946.

Schuster, T.L., Kessler, R.C., & Aseltine, R.H.,Jr. 1990 Supportive interactions, negative interactions, and depressed mood. *American Journal of Community Psychology*, **18**, 423-438.

Solomon, S., Greeenberg, J., & Pyszczynski, T. 1991 A terror management theory of social behavior: The psychological functions of self-esteem and cultural worldviews. *Advances in Experimental Social Psychology*, **24**, 93-159.

Suinn, R.M. 2001 The terrible twos: Anger and anxiety. *American Psychologist*, **56**, 27-36.

高比良美詠子　1998　対人・達成領域別ライフイベント尺度（大学生用）の作成と妥当性の検討　社会心理学研究, **14**, 12-24.

谷口弘一・橋本　剛・田中宏二　2005　児童・生徒におけるサポートと対人ストレス(1)―中学生を対象にした検討―　日本心理学会第69回大会発表論文集, 211.

立脇洋介　2005　異性交際中の出来事によって生じる否定的感情　社会心理学研究, **21**, 21-31.

Triandis, H.C. 1995 *Individualism and collectivism*. Boulder, CO, US: Westview Press. H.C. トリアンディス（著） 神山貴弥・藤原武弘（編訳） 2002　個人主義と集団主義―2つのレンズを通して読み解く文化―　北大路書房

Vinokur, A.D., & van Ryn, M. 1993 Social support and undermining in close relationships: Their independent effects on the mental health of unemployed persons. *Journal of Personality and Social Psychology*, **65**, 350-359.

湯川進太郎　2005　バイオレンス―攻撃と怒りの臨床社会心理学―　北大路書房

湯川進太郎・日比野桂　2003　怒り経験とその鎮静化過程　心理学研究, 74, 428-436.

2章

Bolger, N., & Zuckerman, A. 1995 A framework for studying personality in the stress process. *Journal of Personality and Social Psychology*, 69, 890-902.

Bowman, M.L. 1990 Coping effects and marital satisfaction: Measuring marital coping and its correlates. *Journal of Marriage and the Familiy*, 52, 463-474.

Carver, C.S., Scheier, M.F., & Weintraub, J.K. 1989 Assessing coping strategies: A theoretically based approach. *Journal of Personality and Social Psychology*, 56, 267-283.

Connor-Smith, J.K., Compas, B.E., Wadsworth, M.E., Thomsen, A.H., & Saltzman, H. 2000 Responses to stress in adolescence: Measurement of coping and inventory stress responses. *Journal of Consulting and Clinical Psychology*, 68, 976-992.

Coyne, J.C., Ellard, J.H., & Smith, D.F. 1990 Social support, interdependence, and the dilemmas of helping. In B.R. Sarason, I.G. Sarason, & G.R. Pierce (Eds.), *Social support: An interactional view*. New York: Wiley. Pp.129-149.

Coyne, J.C., & Smith, D.A. 1991 Couples coping with a myocardial infarction: A contextual perspective on wives' distress. *Journal of Personality and Social Psychology*, 61, 404-412.

Coyne, J.C., & Smith, D.A. 1994 Couples coping with a myocardial infarction: Contextual perspective on patient self-efficacy. *Journal of Family Psychology*, 8, 43-54.

DeLongis, A., & O'Brien, T. 1990 An interpersonal framework for stress and coping: An application to the families of alzheimer's patients. In M.A.P.Stephens, J.H.Crowther, S.E.Hobfoll, & D.L.Tennenbaum (Eds.), *Stress and coping in later life families*. New York: Hemisphere. Pp.221-239.

Folkman, S., & Moskowitz, J.T. 2004 Coping: Pitfalls and promise. *Annual Review of Psychology*, 55, 745-774.

Folkman, S., & Lazarus, R.S. 1988 *Manual for the Ways of Coping Questionnaire*. Palo Alto, CA: Consulting Psychologists Press.

Gamble, W.C. 1994 Perceptions of controllability and other stressor event characteristics as determinants of coping young adolescents and young adults. *Journal of Youth and Adolescence*, 23, 65-84.

伊澤冬子　2004　楽観的な説明スタイルおよび属性的楽観性が対人ストレス過程において果たす役割―ハッピネスの観点から―　日本社会心理学会第45回大会発表論文集, 326-327.

Jensen, M.P., Turner, J.A., Romano, J.M., & Strom, S.E. 1995 The Chronic Pain Coping Inventory: Development and preliminary validation. *Pain*, 60, 203-216.

加藤　司　2000　大学生用対人ストレスコーピング尺度の作成　教育心理学研究, 48, 225-234.

加藤　司　2001a　コーピングの柔軟性と抑うつ傾向との関係　心理学研究, 72, 57-63.

加藤　司　2001b　対人ストレス過程における帰属とコーピング　性格心理学研究, 9, 148-149.

加藤　司　2001c　対人ストレス過程の検証　教育心理学研究, 49, 295-304.

加藤　司　2002a　共感的コーピング尺度の作成と精神的健康との関連性について　社会心理学研究, 17, 73-82.

加藤　司　2002b　対人ストレス過程における社会的相互作用の役割　実験社会心理学研究, 41, 147-154.

加藤　司　2002c　短縮版対人ストレスコーピング尺度の作成　神戸女学院大学学生相談室紀要, 7, 17-22.

加藤　司　2002d　対人ストレスコーピングが職場における満足感，職務意欲に及ぼす影響　日本

健康心理学会第 15 回大会発表論文集, 202-203.
加藤　司　2003a　大学生の対人葛藤方略スタイルとパーソナリティ，精神的健康との関連性について　社会心理学研究, 18, 78-88.
加藤　司　2003b　対人ストレスコーピング尺度の因子的妥当性の検証　人文論究（関西学院大学人文学会），52, 56-72.
加藤　司　2003c　看護学生における対人ストレスコーピングと精神的健康の関連性　日本応用心理学会第 70 回大会発表論文集, 97.
加藤　司　2003d　対人ストレスイベントには成り行きに任せる方略が効果的か？—解決先送りコーピングの有効性の検証—　日本心理学会第 67 回大会発表論文集, 954.
加藤　司　2004a　自己報告式によるコーピング測定の方法論的問題　心理学評論, 47, 225-240.
加藤　司　2004b　対人ストレス過程における対人ホープと対人ストレスコーピング　日本健康心理学会第 17 回大会発表論文集, 422-423.
加藤　司　2005a　失恋ストレスコーピングと精神的健康との関連性の検証　社会心理学研究, 20, 171-180.
加藤　司　2005b　ストレス反応の低減に及ぼす対人ストレスコーピングの訓練の効果に関する研究—看護学生を対象に—　心理学研究, 75, 495-502.
加藤　司　2005c　対人ストレスコーピングと社会的スキル—解決先送りコーピングの分析—　日本心理学会第 69 回大会発表論文集, 1033.
加藤　司　2005d　ストレスフルな状況に対するコーピングと精神的健康　東洋大学社会学部紀要, 43, 5-21.
加藤　司　印刷中　対人ストレス過程における社会的相互作用モデルの検証—対人ストレス過程における対人ストレスコーピング—　ナカニシヤ出版
加藤　司・今田　寛　2000a　看護職者のストレス反応に及ぼすコーピングの影響　日本健康心理学会第 13 回大会発表論文集, 204-205.
加藤　司・今田　寛　2000b　対人ストレスコーピングのストレス低減効果について　日本心理学会第 64 回大会発表論文集, 872.
加藤　司・今田　寛　2001　ストレス・コーピングの概念　人文論究（関西学院大学人文学会），51, 37-53.
Kramer, B.J. 1993 Expanding the conceptualization of caregiver coping: The importance of relationship-focused coping strategies. *Family Relations*, 42, 383-391.
Kurdek, L.A. 1995 Predicting change in marital satisfaction from husbands' and wives' conflict resolution styles. *Journal of Marriage and Family*, 57, 153-164.
Kuyken, W., & Brewin, C.R. 1999 The relation of early abuse to cognition and coping in depression. *Cognitive Therapy and Research*, 23, 665-677.
Mattlin, J.A., Wethington, E., & Kessler, R.C. 1990 Situational determinants of coping and coping effectiveness. *Journal of Health and Social Behavior*, 31, 103-122.
O'Brien, T.B., & DeLongis, A. 1996 The interactional context of problem-, emotion-, and relationship-focused coping: The role of the big five personality factors. *Journal of Personality*, 64, 775-813.
O'Brien, T.B., & DeLongis, A. 1997 Coping with chronic stress: An interpersonal perspective. In B.H. Gottlieb（Ed.）, *Coping with chronic stress*. New York: Plenum Press. Pp. 161-190.
Pakenham, K.I. 2002 Development of a measure of coping with multiple sclerosis caregiving. *Psychology and Health*, 17, 97-118.
Park, C.L., Armeli, S., & Tennen, H. 2004 Appraisal-coping goodness of fit: A daily internet study. *Personality and Social Psychology Bulletin*, 30, 558-569
Penley, J.A., Tomaka, J., & Wiebe, J.S. 2002 The association of coping to physical and

psychological health outcomes: A meta-analytic review. *Journal of Behavioral Medicine*, **25**, 551-603.

Quayhagen, M.P., & Quayhagen, M. 1982 Coping with conflict: Measurement of age-related patterns. *Research on Aging*, **4**, 364-377.

Rosenstiel, A.K., & Keefe, F.J. 1983 The use of coping strategies in chronic low back pain patients: Relationship to patient characteristics and current adjustment. *Pain*, **17**, 33-44.

Tobin, D.L., Holroyd, K.A., Reynolds, R.V., & Wigal, J.K. 1989 The hierarchical factor structure of the Coping Strategies Inventory. *Cognitive Therapy and Research*, **13**, 343-361.

友野隆成・橋本 宰 2004a 対人場面におけるあいまいさへの非寛容が対人ストレス過程に与える影響 日本心理学会第68回大会発表論文集, 965.

友野隆成・橋本 宰 2004b 対人場面におけるあいまいさへの非寛容とストレス過程―状況的コーピングによる検討― 日本教育心理学会第46回総会発表論文集, 159.

Torquati, J.C., & Vazsonyi, A.T. 1999 Attachment as an organizational construct for affect, appraisal, and coping of late adolescent females. *Journal of Youth and Adolescence*, **28**, 545-562.

3章

Aldwin, C.M., & Revenson, T.A. 1987 Does coping help? A reexamination of the relation between coping and mental health. *Journal of Personality and Social Psychology*, **53**, 337-348.

Amirkhan, J.H. 1990 A factor analytically derived measure of coping: The Coping Strategy Indicator. *Journal of Personality and Social Psychology*, **59**, 1066-1074.

Aspinwall, L.G., & Taylor, S.E. 1992 Modeling cognitive adaptation: A longitudinal investigation of the impact of individual differences and coping on college adjustment and performance. *Journal of Personality and Social Psychology*, **63**, 989-1003.

Ayers, T.M., Sandler, I.N., West, S.G., & Roosa, M.W. 1996 A dispositional and situational assessment of children's coping: Testing alternative models of coping. *Journal of Personality*, **64**, 923-958.

Bolger, N. 1990 Coping as a personality process: A prospective study. *Journal of Personality and Social Psychology*, **59**, 525-537.

Carver, C.S., Scheier, M.F., & Weintraub, J.K. 1989 Assessing coping strategies: A theoretically based approach. *Journal of Personality and Social Psychology*, **56**, 267-283.

Carver, C.S., & Scheier, M.F. 1994 Situational coping and coping dispositions in a stressful transaction. *Journal of Personality and Social Psychology*, **66**, 184-195.

De Ridder, D. 1997 What is wrong with coping assessment? A review of conceptual and methodological issues. *Psychology and Health*, **12**, 417-431.

Endler, N.S., & Parker, J.D.A. Multidimensional Assessment of Coping: A Critical Evaluation. *Journal of Personality and Social Psychology*, **58**, 844-854.

Folkman, S., & Lazarus, R.S. 1980 An analysis of coping in a middle-aged community sample. *Journal of Health and Social Behavior*, **21**, 219-239.

Folkman, S., Lazarus, R.S., Dunkel-Schetter, C., DeLongis, A., & Gruen, R.J. 1986 Dynamics of a stressful encounter: Cognitive appraisal, coping, and encounter outcomes. *Journal of Personality and Social Psychology*, **50**, 992-1003.

Friedman, H.S. 1992 Understanding hostility, coping, and health. In H.S. Friedman (Ed.),

Hostility, coping and health. Washington, DC: American Psychological Association. Pp.3-9.
Holahan, C. J., & Moos, R. H. 1987 Personal and contextual determinants of coping strategies. *Journal of Personality and Social Psychology,* **52**, 946-955.
加藤　司　2000　大学生用対人ストレスコーピング尺度の作成　教育心理学研究，**48**，225-234.
加藤　司　2004　自己報告式によるコーピング測定の方法論的問題　心理学評論，**47**，225-240.
Lazarus, R. S., & Folkman, S. 1984 *Stress, appraisal, and coping.* New York: Springer.
McCrae, R. R. 1984 Situational determinants of coping responses: Loss, threat, and challenge. *Journal of Personality and Social Psychology,* **46**, 919-928.
中川泰彬・大坊郁夫　1985　日本版 GHQ 精神健康調査票手引　日本文化科学社
日本健康心理学研究所　1996　ラザルス式ストレスコーピングインベントリー　実務教育出版
尾関友佳子　1993　大学生用ストレス自己評価尺度の改訂―トランスアクショナルな分析に向けて―　久留米大学大学院比較文化研究科年報，**1**，95-114.
Parkes, K. R. 1984 Locus of control, cognitive appraisal, and coping in stressful episodes. *Journal of Personality and Social Psychology,* **46**, 655-668.
Sasaki, M. 2004 The causal relationship between dispositional coping and mental health among Japanese university students: Is cognitive reinterpretation the most safety strategy? *World congress of Behavioral and Cognitive Therapies 2004 Abstracts,* 213.
佐々木恵・山崎勝之　2002a　コーピング尺度（GCQ）特性版の作成および信頼性・妥当性の検討　日本公衆衛生雑誌，**49**，399-408.
佐々木恵・山崎勝之　2002b　敵意と健康状態の因果関係ならびにその媒介過程としてのストレス・コーピングの検討　健康心理学研究，**15**（2），1-11.
佐々木恵・山崎勝之　2004　敵意と健康状態の因果関係における状況的コーピングの媒介機能健康心理学研究，**17**（1），1-9.
Sasaki, M., & Yamasaki, K. 2005 Dispositional and situational coping and mental health status of university students. *Psychological Reports,* **97**, 797-809.
Sasaki, M., & Yamasaki, K. 2007 Stress coping and the adjustment process among university freshmen. *Counselling Psychology Quarterly,* **20**, 51-67.
Schwartz, J. E., Neale, J., Marco, C., Shiffman, S. S., & Stone, A. A. 1999 Does trait coping exist? A momentary assessment approach to the evaluation of traits. *Journal of Personality and Social Psychology,* **77**, 360-369.
Sølie, T., & Sexton, H. C. 2001 The factor structure of "The Ways of Coping Questionnaire" and the process of coping in surgical patients. *Personality and Individual Differences,* **30**, 961-975.
Stanton, A. L., Kirk, S. B., Cameron, C. L., & Danoff-Burg, S. 2000 Coping through emotional approach: Scale construction and validation. *Journal of Personality and Social Psychology,* **78**, 1150-1169.
Stone, A. A., & Neale, J. M. 1984 A new measure of daily coping: Development and preliminary results. *Journal of Personality and Social Psychology,* **46**, 892-906.
Terry, D. J. 1994 Determinants of coping: The role of stable and situational factors. *Journal of Personality and Social Psychology,* **66**, 895-910.
内田香奈子・山崎勝之　2003　大学生用感情コーピング尺度（ECQ）の作成と信頼性，妥当性の検討　日本健康心理学会第 16 回大会発表論文集，290-291.
内田香奈子・山崎勝之　2005　感情コーピング尺度における標準化の試み―妥当性の検証―　日本心理学会第 69 回大会発表論文集，1378.
内田香奈子・山崎勝之　2006　感情コーピング尺度（状況版）の作成と信頼性，妥当性の検証　美作大学・美作大学短期大学部紀要，**51**，17-23.

4章

Bornstein, R. F. 1992 The dependent personality: Developmental, social, and clinical perspectives. *Psychological Bulletin*, **112**, 3-23.

Downey, G., Bonica, C. & Rincon, C. 1999 Rejection sensitivity and adolescent romantic relationships. In W. Furman, B. B. Brown & C. Feiring (Eds.), *The development of romantic relationships in adolescence*. Cambridge studies in social and emotional development. New York: Cambridge University Press, Pp. 148-174.

Downey, G. & Feldman, S.I. 1996 Implications of rejection sensitivity for intimate relationships. *Journal of Personality and Social Psychology*, **70**, 1327-1343.

Giesler, R.B., Josephs, R. A., & Swann, Jr., W. B. 1996 Self-verification in clinical depression: The desire for negative evaluation. *Journal of Abnormal Psychology*, **105**, 358-368.

長谷川孝治・浦　光博　2002　低自尊心者における下方螺旋過程についての検討（2）―安心さがし行動が自他の一体性に及ぼす影響過程―　日本グループ・ダイナミックス学会第50回大会発表論文集, 92-93.

Hasegawa, K., Ura, M., & Isobe, C. 2004 Excessive reassurance seeking leads to decreases in inclusions of other in a friend's self. *Poster presented at the meeting of the 28th International Congress of Psychology*, August 8-13, Beijing, China.

長谷川孝治・浦　光博・前田和寛　2001　他者からの拒絶認知が抑うつ傾向に及ぼす影響過程についての検討―安心さがし行動の仲介効果と関係性の調整効果―　日本グループ・ダイナミックス学会第49回大会発表論文集, 92-93.

Joiner, T. E., Jr. 1995 The price of soliciting and receiving negative feedback: Self-verification theory as a vulnerability to depression theory. *Journal of Abnormal Psychology*, **104**, 364-372.

Joiner, T. E., Jr. 1999 Self-verification and bulimic symptoms: Do bulimic women play a role in perpetuating their own dissatisfaction and symptoms? *International Journal of Eating Disorders*, **26**, 145-151.

Joiner, T. E., Jr., Alfano, M. S., & Metalsky, G. I. 1992 When depression breeds contempt: Reassurance seeking, self-esteem, and rejection of depressed college students by their roommates. *Journal of Abnormal Psychology*, **101**, 165-173.

Joiner, T. E., Jr., Alfano, M. S., & Metalsky, G. I. 1993 Caught in the crossfire: Depression, self-consistency, self-enhancement, and the response of others. *Journal of Social and Clinical Psychology*, **12**, 113-134.

Joiner, T. E., Jr. & Metalsky, G. I. 1995 A prospective test of an integrative interpersonal theory of depression: A naturalistic study of college roommates. *Journal of Personality and Social Psychology*, **69**, 778-788.

Joiner, T. E., Jr. & Metalsky, G. I. 2001 Excessive reassurance seeking: Delineating a risk factor involved in the development of depressive symptoms. *Psychological Science*, **12**, 371-378.

Joiner, T. E., Jr., Metalsky, G. I., Katz, J., & Beach, S. R. H. 1999 Depression and excessive reassurance-seeking. *Psychological Inquiry*, **10**, 269-278.

勝谷紀子　2003　重要他者に対する再確認傾向と対人コミュニケーションの関係―携帯メール使用場面の検討―　日本社会心理学会第44回大会発表論文集, 398-399.

勝谷紀子　2004　改訂版重要他者に対する再確認傾向尺度の信頼性・妥当性の検討　パーソナリティ研究, **13**, 11-20.

勝谷紀子　2006　ネガティブライフイベントへの不適応的な対処行動：重要他者に対する再確認傾向の役割　社会心理学研究, **21**, 213-225.

Katz, J. & Beach, S. R. H. 1997 Romance in the crossfire: When do women's depressive symptoms predict partner relationship dissatisfaction? *Journal of Social and Clinical Psychology*, **16**, 243-258.

Katz, J., & Joiner, T. E., Jr. 2002 Being known, intimate, and valued: Global self-verification and dyadic adjustment in couples and roommates. *Journal of Personality*, **70**, 33-58.

Mikulincer, M., & Shaver, P. R. 2003 The attachment behavioral system in adulthood: Activation, psychodynamics, and interpersonal processes. In M. P. Zanna (Ed.), *Advances in experimental social psychology* Vol. 35., New York: Academic Press. Pp. 53-152.

Potthoff, J. G., Holahan, C. J., & Joiner, T. E., Jr. 1995 Reassurance seeking, stress generation, and depressive symptoms: An integrative model. *Journal of Personality and Social Psychology*, **68**, 664-670.

下斗米淳 1998 自己概念と対人行動 安藤清志・押見輝男 (編) 自己の社会心理 対人行動学研究シリーズ6 誠信書房 Pp. 65-95.

Swann, W. B., Jr. 1990 To be adored or to be known : The interplay of self-enhancement and self-verification. In R. M. Sorrentino & E. T. Higgins (Eds.) *Handbook of motivation and cognition: Foundations of Social Behavior*, Vol. 2., New York: Guilford Press. Pp. 408-448

Swann, W. B., Jr., & Read, S. J. 1981 Self-verification processes: How we sustain our self-conceptions. *Journal of Experimental Social Psychology*, **17**, 351-372.

Swann, W. B., Jr., Rentfrow, P. J., & Guinn, J. S. 2002 Self-verification: The search for coherence. In M. R. Leary & J. P. Tangney (Eds.), *Handbook of self and identity*: New York: Guilford Press. Pp. 367-383.

Swann, W. B., Jr., Stein-Seroussi, A., & Giesler, R. B. 1992 Why people self-verify. *Journal of Personality and Social Psychology*, **62**, 392-401.

Swann, W. B., Jr., Wenzlaff, R. M., Krull, D. S., & Pelham, B. W. 1992 Allure of negative feedback: Self-verification strivings among depressed persons. *Journal of Abnormal Psychology*, **101**, 293-306.

Swann, W. B., Jr., Wenzlaff, R. M., & Tafarodi, R. W. 1992 Depression and the search for negative evaluations: More evidence of the role of self-verification strivings. *Journal of Abnormal Psychology*, **101**, 314-317.

友田貴子・坂本真士・木島伸彦 1997 抑うつ気分からの立ち直りに関する研究―対人的対処行動の視点から― 日本心理学会第61回大会発表論文集, 928.

友田貴子・竹内美香・下川昭夫・北村俊則 2001 抑うつ気分からの立ち直りに関する縦断的研究 (2) ―2時点における気分の変化に影響を与える要因について― 日本心理学会第65回大会発表論文集, 505.

Weinstock, L. M. & Whisman, M. A. 2004 The self-verification model of depression and interpersonal rejection in heterosexual dating relationships *Journal of Social and Clinical Psychology*, **23**, 240-259.

5章

Busse, W.M.O. & Birk, J.M. 1993 The effects of self-disclosure and competitiveness on friendship for male graduate students over 35. *Journal of College Student Development*, **34**, 169-174.

Chelune, G.J., Sultan, F.E.,& Williams, C.L. 1980 Loneliness, self-disclosure, and interpersonal effectiveness. *Journal of Counseling Psychology*, **27**, 462-468.

Christensen, A.J., Edwards, D.L., Wiebe, J.S., Benotsch, E.G., McKelvey, L., Andrews, M.,& Lubaroff, D.M. 1996 Effect of verbal self-disclosure on natural killer cell activity: Moderating influence of cynical hostility. *Psychosomatic Medicine,* 58, 150-155.

Cozby, P.C. 1973 Self-disclosure：A literature review. *Psychological Bulletin.* 79, 73-91.

榎本博明　1987　青年期（大学生）における自己開示性とその性差について　心理学研究，58，91-97.

榎本博明　1993　自己開示と自己評価・外向性・神経症傾向との関係について　名城大学人間科学研究，4，29-36.

榎本博明・清水弘司　1992　自己開示と孤独感　心理学研究，63，114-117.

Franzoi, S.L. & Davis, M.H. 1985 Adolescent self-disclosure and loneliness: Private self-consciousness and parental influences. *Journal of Personality and Social Psychology,* 48, 768-780.

Hargie, O.D.W., Tourish, D.,& Curtis, L. 2001 Gender, religion, and adolescent patterns of self-disclosure in the divided society of Northern Ireland. *Adolescence,* 36, 665-679.

畑中美穂　2003　会話場面における発言の抑制が精神的健康に及ぼす影響　心理学研究，74，95-103.

畑中美穂　2005　発言抑制行動が精神的健康に及ぼす影響：影響過程の検討　日本心理学会第69回大会発表論文集，242.

広沢俊宗　1990　青年期における他人コミュニケーション（Ⅰ）―自己開示、孤独感、および両者の関係に関する発達的研究―　関西学院大学社会学部紀要，61，149-160.

Ichiyama, M. A., Colbert, D., Laramore, H., Heim, M., Carone, K., & Schmidt, J. 1993 Self-concealment and correlates of adjustment in college students. *Journal of College Student Psychotherapy,* 7, 55-68.

Jourard, S.M. 1971a *Self-disclosure: An experimental analysis of the transparent self.* New York: Wiley Interscience.

Jourard, S.M. 1971b *The transparent self.* New York: Litton Educational Publishing.　岡堂哲雄（訳）　1974　透明なる自己　誠信書房

Jourard, S.M. & Lasakow, P.　1958　Some factors in self-disclosure. *Journal of Abnormal and Social Psychology,* 56, 91-98.

Kahn, J.H. & Hessling, R.M. 2001 Measuring the tendency to conceal versus disclose psychological distress. *Journal of Social and Clinical Psychology,* 20, 41-65.

河野和明　2000　自己隠蔽尺度（Self-Concealment Scale）・刺激希求尺度・自覚的身体症状の関係　実験社会心理学研究，40，115-121.

Kelly, A.E. & Achter, J.A. 1995 Self-concealment and attitudes toward counseling in university students. *Journal of Counseling Psychology,* 42, 40-46.

金　吉晴（編）　2001　心的トラウマの理解とケア　じほう

King, L.A. & Miner, K.N. 2000 Writing about the perceived benefits of traumatic events: Implications for physical health. *Personality and Social Psychology Bulletin,* 26, 220-230.

Larson, D.G. & Chastain, R.L. 1990 Self-concealment: Conceptualization, measurement, and health implications. *Journal of Social and Clinical Psychology,* 9, 439-455.

小野寺正己・河村茂雄　2002　中学生の学級内における自己開示が学級への適応に及ぼす効果に関する研究　カウンセリング研究，35，47-56.

Pennebaker, J.W. 1989 Confession, inhibition, and disease. *Advances in Experimental Social Psychology,* 22, 211-244.

Pennebaker, J.W. 1990 *Opening up.* New York: Avon.　余語真夫（監訳）　2000　オープニングアップ　北大路書房

Pennebaker, J.W. (Ed.) 1995 *Emotion, disclose, and health*. Washington, DC: American Psychological Association.

Pennebaker, J.W. & Beall, S.K. 1986 Confronting a traumatic event: Toward an understanding of inhibition and disease. *Journal of Abnormal Psychology*, **95**, 274-281.

Pennebaker, J.W. & O'Heeron, R.C. 1984 Confiding in others and illness rate among spouses of suicide and accidental-death victims. *Journal of Abnormal Psychology*, **93**, 473-476.

Pennebaker, J.W. & Susman, J.R. 1988 Disclosure of traumas and psychosomatic processes. *Social Science and Medicine*, **26**, 327-332.

Pennebaker, J.W., Mayne, T.J.,& Francis, M.E. 1997 Linguistic predictors of adaptive bereavement. *Journal of Personality and Social Psychology*, **72**, 863-871.

Rivenbark, Ⅲ, W.H. 1971 Self-disclosure patterns among adolescents. *Psychological Reports*, **28**, 35-42.

Segal, D.L. & Murray, E.J. 1994 Emotional processing in cognitive therapy and vocal expression of feeling. *Journal of Social and Clinical Psychology*, **13**, 189-206.

渋谷郁子・伊藤裕子　2004　中学生の自己開示―自己受容との関連で―　カウンセリング研究, **37**, 250-259.

Solano, C.H., Batten, P.G.,& Parish, E.A. 1982 Loneliness and patterns of self-disclosure. *Journal of Personality and Social Psychology*, **43**, 524-531.

Stanton, A.L., Danoff-Burg, S., Sworowski, L.A., Collins, C.A., Branstetter, A.D., Rodriguez-Hanley, A., Kirk, S.B.,& Austenfeld, J.L. 2002 Randomized, Controlled trial of written emotional expression and benefit finding in breast cancer patients. *Journal of Clinical Oncology*, **20**, 4160-4168.

和田　実　1995　青年の自己開示と心理的幸福感の関係　社会心理学研究, **11**, 11-17.

6章

相川　充　2000　人づきあいの技術：社会的スキルの心理学　サイエンス社

Argyle, M. 1967 *The psychology of interpersonal behaviour*. Penguin Books. 辻　正三・中村陽吉（訳）1972　対人行動の心理学　誠信書房

Argyle, M. 1981 The nature of social skill. In M. Argyle (Ed.), *Social skills and health*. Methuen, 1-30.

Asher, S. R., & Hymel, S. 1981 Children's social competence in peer relations: Sociometric and behavioral assessment. In J. D. Wine, & M. A. Smye (Eds.) *Social competence*. New York: Guilford Press, Pp. 125-157.

Bandura, A. 1971 *Psychological modeling: Conflicting theories*. Chicago: Aldine Atherton. 原野広太郎・福島脩美（訳）1975　モデリングの心理学　金子書房.

Combs, M. L. & Slaby, D. A. 1977 Social skills training with children. In B. B. Lahey & A. E. Kazdin (Eds.), *Advances in clinical child psychology*, Vol.1. New York: Plenum Press. Pp. 161-201.

Conduct Problems Prevention Research Group 1992 A developmental and clinical model for the prevention of conduct disordere: The FAST Track Program, *Developmental Psychology*, **4**, 509-527.

江村理奈・岡安孝弘　2003　中学校における集団社会的スキル教育の実践的研究　教育心理学研究, **51**, 339-350.

藤枝静暁・相川　充　2001　小学校における学級単位の社会的スキル訓練の効果に関する実験

的検討　教育心理学研究, **49**, 371-381.
藤枝静暁・石川芳子　2002　学級単位の社会的スキルの般化促進に関する研究：社会的スキル程度の低い児童に注目した分析　日本カウンセリング学会第35回大会発表論文集, 180.
Goldfried, M. R. & D'Zurilla, R. J. 1969 A behavioral analytic model for assessing competence. In C. D. Spielberger（Ed.）, *Current topics in clinical and community psychology*, Vol.1., New York: Academic Press. Pp. 151-196.
後藤吉道・金山元春・佐藤正二　2000　児童の集団社会的スキル指導の効果―獲得群と非獲得群についての分析―　日本行動療法学会第26回大会発表論文集, 76-77.
後藤吉道・松田　純, 佐藤正二　2003　多動不注意傾向の児童を含むクラスにおいての集団社会的スキル訓練（1）：長期維持効果の検討　日本行動療法学会第29回大会発表論文集, 118-119.
Gresham, F. M. 1986 Conceptual and definitional issues in the assessment of children's social skills : Implications for classification and training. *Journal of Clinical Child Psychology*, **15**, 16-25.
Gresham, F. M. 1988 Social skills: Conceptual and applied aspects of assessment, training, and social validation. In J. C. Witt, S. N. Stephen, & F. M. Gresham（Eds.）*Handbook of behavior therapy in education.* New York: Plenum Press. Pp. 523-546.
原田勝哉　2005　高学年児童に対する集団社会的スキル訓練の効果　平成16年度宮崎大学大学院教育学研究科修士論文
Hersen, M., & Bellack, A. S. 1976 A multiple baseline analysis of social skills training in chronic shcizophrenics. *Journal of Applied Behavior Analysis*, **9**, 239-245.
磯部美良・岡安孝弘・佐藤容子・佐藤正二　2001　児童用社会的スキル尺度の作成　日本行動療法学会第27回発表論文集, 225-226.
貝梅江美・佐藤正二・岡安孝弘　2003　児童の引っ込み思案行動低減に及ぼす社会的スキル訓練の効果：長期維持効果の検討　宮崎大学教育文化学部附属教育実践センター研究紀要 **10**, 55-67.
金山元春・後藤吉道・佐藤正二　2000　児童の孤独感低減に及ぼす学級単位の集団社会的スキル訓練の効果　行動療法研究, **26**, 83-96.
小林正幸・相川充（編）　1999　ソーシャルスキル教育で子どもが変わる　小学校：楽しく身につく学校生活の基礎・基本　図書文化
Kohler, F. W., & Fowler, S. A. 1985 Training prosocial behavior to young children: Analysis of reciprocity with untrained peers. *Journal of Applied Behavior Analysis*, **18**, 187-200.
Ladd, G., & Mize, J. 1983 A cognitive-social learning model of social skill training. *Psychological Review*, **90**, 127-157.
Lewinsohn, P. M. 1974 A behavioral approach to depression. In R. J. Friedman & M. M. Katz（Eds.）*The psychology of depression: Contemporary theory and research*, Washington: V.H. Winston. Pp. 157-178.
前田基成・山口正二　1998　社会的孤立児の社会的スキル遂行に及ぼすセルフ・エフィカシー変容の効果　東京電機大学理工学部紀要, **20**, 人文社会編, 33-39.
松田　純・後藤吉道・佐藤正二　2002　児童への集団社会的スキル訓練（2）：多動不注意傾向の児童を含むクラスにおいての実践　日本カウンセリング学会第35回大会発表論文集, 182.
文部省　1999　学習障害児に対する指導について（報告）学習障害及びこれに類似する学習上の困難を有する児童生徒の指導方法に関する調査研究協力者会議
文部科学省　2005　生徒指導上の諸問題の現状について（概要）　http://www.mext.go.jp/b_menu/houdou/17/09/05092704.htm

佐藤正二　1996　子どもの社会的スキル訓練　相川　充・津村俊充（編）　社会的スキルと対人関係：自己表現を援助する　誠信書房　Pp.174-200.

戸ヶ崎泰子・岡安孝弘・坂野雄二　1997　中学生の社会的スキルと学校ストレスとの関係　健康心理学研究，10(1)，23-32.

戸ヶ崎泰子・佐藤容子　2005　LD児への包括的な支援プログラムの試み　日本行動療法学会第31回大会発表論文集，94.

戸ヶ崎泰子・外所佐知子・井上雅俊・佐藤正二・佐藤容子　2005　小学校における学校規模の社会的スキル訓練（1）　日本行動療法学会第31回大会発表論文集，232-233.

Trower, P. 1982 Toward a generative model of social skills: a critique and synthesis. In J. P. Curren & P. M. Monti（Eds.）, *Social skills training: A practical handbook for assessment and treatment.* New York: Guilford Press. Pp. 399-427.

渡邊朋子・岡安孝弘・佐藤正二　2002　子ども用社会的スキル尺度作成の試み（1）　日本カウンセリング学会第35回大会論文発表集，93.

Wolpe, J. 1982 *The practice of behavior therapy* (3rd Ed.). New York: Pergamon Press. 内山喜久雄（監訳）1987　神経症の行動療法　黎明書房

7章

Antonucci, T.C. 1985 Social support: Theoretical advances, recent findings and pressing issues. In I.G. Sarason & B.R. Sarason（Eds.）*Social support: Theory, research, and applications.* Hague: Martinus Nijoff. Pp.21-37.

Baron, R.M., & Kenny, D.A. 1986 The moderator-mediator variable distinction in social psychological research: conceptual, strategic, and statistical considerations. *Journal of Personality and Social Psychology,* **51**, 1173-1182

Barrera, M.,Jr. 1986 Distinction between social support concepts, measures, and models. *American Journal of Community Psychology,* **14**, 413-445.

Barrera, M.,Jr., Sandler, I.N., & Ramsey, T.B. 1981 Preliminary development of a scale of social support: Studies on college students. *American Journal of Community Psychology,* **9**, 435-447.

Baumeister, R. F., & Leary, M. R. 1995 The need to belong: Desire for interpersonal attachments as a fundamental human motivation. *Psychological Bulletin,* **117**, 497-529.

Berkman, L.F., & Syme, S.L. 1979 Social networks, host resistance, and mortality. *American Journal of Epidemiology,* **109**, 186-204.

Blatt, S.J., D'Afflitti, J.P., & Quinlan, D.M. 1976 Experiences of depression in normal young adults. *Journal of Abnormal Psychology,* **88**, 388-397.

Bornstein, R. F. 1992 The dependent personality: Developmental, social, and clinical perspectives. *Psychological Bulletin,* **112**, 3-23.

Bornstein, R.F., & Johnson, J.G. 1990 Dependency and psychopathology in a nonclinical sample. *Journal of Social Behavior and Personality,* **5**, 417-422.

Caplan, G. 1974 *Support systems and community mental health.* New York: Behavioral Publications. カプラン，G.（著）近藤喬一・増子　肇・宮田洋三（訳）1979　地域ぐるみの精神衛生　星和書店

Cassel, J. 1974 Psychosocial processes and "stress": Theoretical formulations. *International Journal of Health Services,* **4**, 471-482.

Cobb, S. 1976 Social support as a moderator of life stress. *Psychosomatic Medicine,* **38**,

300-314.
Cohen, L. H., Hettler, T. R., & Park, C. L. 1997 Social support, personality, and life stress adjustment. In G. R. Pierce, B. Lakey, I. G. Sarason, & B. R. Sarason (Eds.) *Sourcebook of social support and personality.* New York: Plenum Press. Pp.215-228.
Cohen, S., Gottlieb, B., & Underwood, L. 2000 Social relationships and health. In S. Cohen, L. Underwood, & B. Gottlieb (Eds.) *Social support measurement and intervention: A guide for health and social scientists.* New York: Oxford University Press. Pp.3-25.
Cohen, S., & Hoberman, H.M. 1983 Positive events and social supports as buffers of life change stress. *Journal of Applied Social Psychology,* **13**, 99-125.
Cohen, S., & Syme, S.L. 1985 Issues in the study and application of social support. In S. Cohen, & S.L., Syme (Eds.) *Social support and health.* Orlando: Academic Press. Pp.3-22.
Cohen, S. & Wills, T.A. 1985 Social support and the buffering hypothesis. *Psychological Bulletin,* **98**, 310-357.
Cutrona, C.E., & Russell, D.W. 1987 The provisions of social relationships and adaptation to stress. In W.H. Jones, & D. Perlman (Eds.) *Advances in personal relationships.* Vol. 1. Greenwood: JAI Press. Pp.37-67.
Dunkel-Schetter, C., & Bennett, T.L. 1990 Differentiating the cognitive and behavioral aspects of social support. In B.R. Sarason, I.G Sarason, & Pierce, G.R. Social support: An interactional view. New York: John Wiley. Pp. 267-296
Durkheim, E. 1897 *Le Suiside: Etude de sociologie.* Paris: Pressess Univertaries de France. デュルケーム（著）宮島 喬（訳） 1985 自殺論 中央公論社
福岡欣治 1998 依存的な人にとってのソーシャル・サポートの限界―他者依存性と知覚されたサポートの効果に関する基礎的研究― 静岡県立大学短期大学部研究紀要, **12-3**, 4-1-4-11. http://sizcol.u- shizuoka-ken.ac.jp/~kiyou/12_3.html
福岡欣治 2000a ソーシャル・サポート内容およびサポート源の分類について 日本心理学会第64回大会発表論文集, 144.
福岡欣治 2000b 日常ストレス状況における友人との支持的な相互作用が気分状態に及ぼす効果 静岡県立大学短期大学部研究紀要, **14-3**, 7-1-7-19.
福岡欣治 2001 知覚されたソーシャル・サポートの構造とその効果に関する心理学的研究 同志社大学博士学位論文
福岡欣治 2003 他者依存性と心理的苦痛の関連に及ぼすソーシャル・サポートの影響 対人社会心理学研究, **3**, 9-14.
Goldsmith, D.J. 2004 *Communicating social support.* Cambridge: Cambridge University Press.
橋本 剛 2005 ストレスと対人関係 ナカニシヤ出版
Hill, C.A. 1987 Social support and health: The role of affiliative need as a moderator. *Journal of Research in Personality,* **21**, 127-147.
平松 闊（編著） 1990 社会ネットワーク 福村出版
久田 満 1987 ソーシャル・サポート研究の動向と今後の課題 看護研究, **20**, 170-179.
久田 満・千田茂博・箕口雅博 1989 学生用ソーシャル・サポート尺度作成の試み（1）日本社会心理学会第30回大会発表論文集, 143-144.
Holmes, T.H., & Rahe, R.H. 1967 The social readjustment rating scale. *Journal of Psychosomatic Research,* **11**, 213-218.
House, J.S. 1981 Work stress and social support. Reading: AdisonWesley.
House, J.S., Robbins, C., & Metzner, H.L. 1982 The association of social relationships and activities with mortality: Prospective studies from the Tecumseh County Health Services. *American Journal of Epidemiology,* **116**, 123-140.

House, J.S., & Kahn, R.L. (Eds.) 1985 Measures and concepts of social support. In S. Cohen, & S.L., Syme (Eds.) *Social support and health*. Orlando: Academic Press. Pp.83-108.

稲葉昭英 1998 ソーシャル・サポートの理論モデル 松井 豊・浦 光博（編） 対人行動学研究シリーズ7 人を支える心の科学 誠信書房 Pp.151-175.

Kaniasty, K., & Norris, F.H. 1993 A test of the social support deterioration model in the context of natural disaster. *Journal of Personality and Social Psychology*, **64**, 395-408.

Kaplan, B.H., Cassel, J.C., & Gore, S. 1977 Social support and health. *Medical Care*, **15**, 47-58.

Kessler, R.C., & McLeod, J.D. 1985 Social support and mental health in community samples. In S. Cohen, & S.L., Syme (Eds.) *Social support and health*. Orlando: Academic Press. Pp.219-240.

小杉正太郎 2005 本書の読み方―監訳者の序文にかえて― 小杉正太郎・島津美由紀・大塚泰正・鈴木綾子（監訳） ソーシャルサポートの測定と介入 川島書店 Pp.i-iii.

Lakey, B., & Drew, J.B. 1997 A social-cognitive perspective of social support. In G. R. Pierce, B. Lakey, I. G. Sarason, & B. R. Sarason (Eds.) *Sourcebook of social support and personality*. New York: Plenum Press. Pp.107-140.

Lazarus, R.S., & Folkman, S. 1984 *Stress, appraisal, and coping*. New York: Springer.

Lazarus, R.S., & Launier, R. 1978 Stress-related transactions between persons and environments. In L.A. Pervin & M. Lewis (Eds.) *Perspectives in interactional psychology*. New York: Plenum Press. Pp.287-327.

Lefcourt, H.M., Martin, R.A., & Saleh, W.E. 1984 Locus of control and social support: Interactive moderators of stress. *Journal of Personality and Social Psychology*, **47**, 378-389.

Lepore, S.J., Evans, G.W., & Schneider, M.L. 1991 Dynamic role of social support in the link between chronic stress and psychological distress. *Journal of Personality and Social Psychology*, **61**, 899-909.

Lowenthal, M.F., & Haven, C. 1968 Interaction and adaptation: Intimacy as a critical variable. *American Sociological Review*, **33**, 20-29.

松崎 学・田中宏二・古城和敬 1990 ソーシャル・サポートの供与がストレス緩和と課題遂行に及ぼす効果 実験社会心理学研究, **30**, 147-153.

Mitchel, J.C. 1969 *Social networks and urban situations*. Manchester, England: Manchester University Press.

Murray, H.A. 1938 *Explorations in personality: A clinical and experimental study of fifty men of college age*. New York: Oxford University Press.

中村佳子・浦 光博 2000 適応および自尊心に及ぼすサポートの期待と受容の交互作用効果 実験社会心理学研究, **39**, 121-134.

Overholser, J.C. 1992 Interpersonal dependency and social loss. *Personality and Individual Differences*, **13**, 17-23.

Procidano, M.E., & Heller, K. 1983 Measures of perceived social support from friends and from family: Three validation studies. *American Journal of Community Psychology*, **11**, 1-24.

Rabkin, J.G., & Struening, E.L. 1976 Life events, stress, and illness. *Science*, **194**, 1013-1020.

Rhodes, G.L., & Lakey, B. 1999 Social support and psychological disorder: insight from social psychology. In R.M. Kowalski & M.R. Leary (Eds.) *The social psychology of emotional and behavioral problems: Interfaces of social and clinical psychology*. Washington, DC : American Psychological Association. Pp.281-309.

Rook, K.S., & Underwood, L.G. 2000 Social support measurement and intervention: Comments and future directions. In S. Cohen, L. Underwood, & B. Gottlieb (Eds.) *Social support measurement and intervention: A guide for health and social scientists.* New York: Oxford University Press. Pp.311-334.

Sarason, B.R., Pierce, G.R., Shearin, E.N., Sarason, I.G., Waltz, J.A., & Poppe, L. 1991 Perceived social support and working models of self and actual others. *Journal of Personality and Social Psychology,* **60**, 273-287.

Sarason, B.R., Shearin, E.N., & Pierce, G.R. 1987 Interrelations of social support measures: Theoretical and practical implications. *Journal of Personality and Social Psychology,* **52**, 813-832.

Sarason, I.G., Levine, H., Basham, R.B., & Sarason, B.R. 1983 Assessing social support: The Social Support Questionnaire. *Journal of Personality and Social Psychology,* **49**, 469-480.

Seeman, T.E., Kaplan, G.A., Knudsen, L., Cohen, R., & Guralnik, J. 1987 Social network ties and mortality among the elderly in the Alameda County study. *Amerian Journal of Epidemiology,* **126**, 714-723.

嶋 信宏 1991 大学生のソーシャルサポートネットワークの測定に関する一考察 教育心理学研究, **39**, 440-447.

嶋 信宏 1992 大学生におけるソーシャルサポートの日常生活ストレスに対する効果 社会心理学研究, **7**, 45-53.

Shumaker, S.A., & Brownell, A. 1984 Toward a theory of social support: Closing conceptual gaps. *Journal of Social Issues,* **40** (4), 11-36.

高木 修 1991 援助行動―その分類学的研究― 三隅二不二・木下冨雄（編）現代社会心理学の発展Ⅱ ナカニシヤ出版 Pp.123-151.

Thoits, P.A. 1982 Conceptual, methodological, and theoretical problems in studying social support as a buffer against life stress. Journal of *Health and Social Behavior,* **23**, 145-159.

Thoits, P.A. 1985 Social support and psychological well-being: Theoretical possibilities. In I.G. Sarason & B.R. Sarason (Eds.) *Social support: Theory, research, and applications.* Hague: Martinus Nijoff. Pp.51-72.

田中宏二 1997 ソーシャルサポート 日本健康心理学会（編）健康心理学事典 実務教育出版 p.191

浦 光博 1993 現代社会とソーシャルサポート 心理学評論, **36**, 340-372.

浦 光博 1999 ソーシャル・サポート 中島義明・安藤清志・子安増生・坂野雄二・繁桝算男・立花政夫・箱田裕司（編）心理学辞典 有斐閣 p.541

浦 光博・南 隆男・稲葉昭英 1989 ソーシャル・サポート研究― 研究の新しい流れと将来の展望― 社会心理学研究, **4**, 78-90.

Vaux, A. 1988 *Social support: Theory, research, and intervention.* New York: Praeger.

Zimet, G.D., Dahlem, N.W., Zimet, S.G., & Farley, G.K. 1988 The Multidimensional Scale of Perceived Social Support. *Journal of Personality Assessment,* **52**, 30-41.

8章

Adams, J.S. 1965 Inequity in social exchange. *Advances in Experimental Social Psychology,* **2**, 267-299.

Antonucci, T.C. 1985 Personal characteristics, social support, and social behavior. In R.H. Binstock & E. Shanas (Eds.), *Handbook of aging and the social sciences* (2nd ed.) New

York: Van Nostrand Reinhold. Pp. 94-128.
Antonucci, T.C. & Akiyama, H. 1987 Social networks in adult life and a preliminary examination of the convoy model. *Journal of Gerontology*, **42**, 519-527.
Antonucci, T.C., Fuhrer, R., & Jackson, J.S. 1990 Social support and reciprocity: A cross-ethnic and cross-national perspective. *Journal of Social and Personal Relationships*, **7**, 519-530.
Antonucci, T.C. & Jackson, J.S. 1990 The role of reciprocity in social support. In B.R. Sarason, I.G. Sarason, & G.R. Pierce (Eds.), *Social support: An interaction view*. New York: Wiley. Pp. 173-198.
Austin, W. & Walster, E. 1974 Participants' reactions to "Equity with the world." *Journal of Experimental Social Psychology*, **10**, 528-548.
Austin, W. & Walster, E. 1975 Equity with the world: The trans-relational effects of equity and inequity. *Sociometry*, **38**, 474-496.
Buunk, B.P., Doosje, B.J., Jans, L.G.J.M, & Hopstaken, L.E.M. 1993 Perceived reciprocity, social support, and stress at work: The role of exchange and communal orientation. *Journal of Personality and Social Psychology*, **65**, 801-811.
Buunk, B.P. & VanYperen, N.W. 1991 Referential comparisons, relational comparisons and exchange orientation: Their relation to marital satisfaction. *Personality and Social Psychology Bulletin*, **17**, 709-716.
Clark, M.S. 1984 A distinction between two types of relationships and its implications for development. In J.C. Masters & K. Yarkin-Levin (Eds.), *Boundary areas in social and developmental psychology*. New York: Academic Press. Pp. 241-270.
Clark, M.S., Ouellette, R., Powell, M.C., & Milberg, S. 1987 Recipient's mood, relationship type, and helping. *Journal of Personality and Social Psychology*, **53**, 94-103.
Festinger, L. 1957 *A theory of cognitive dissonance*. Evanston, IL: Row, Peterson.
Hatfield, E., Traupmann, J., Sprecher, S., Utne, M., & Hay, J. 1985 Equity and intimate relations: Recent research. In W. Ickes (Ed.) *Compatible and incompatible relationships*. New York: Springer. Pp. 91-117.
Homans, G.C. 1961 *Social behavior: Its elementary forms*. New York: Harcourt, Brace, & World.
Ingersoll-Dayton, B. & Antonucci, T.C. 1988 Reciprocal and nonreciprocal social support: Contrasting sides of intimate relationships. *Journal of Gerontology*, **43**, S65-73.
井上和子　1985　恋愛関係における Equity 理論の検証　実験社会心理学研究，**24**, 127-134.
周　玉慧・深田博己　1996　ソーシャル・サポートの互恵性が青年の心身の健康に及ぼす影響　心理学研究，**67**, 33-41.
Kahn, R.L. & Antonucci, T.C. 1980 Convoys over the life course: Attachment, roles, and social support. In P.B. Baltes & O.G. Brim (Eds.), *Life-span development and behavior*. New York: Academic Press. Pp. 253-286. 遠藤利彦・河合千恵子（訳）1993 生涯にわたる「コンボイ」―愛着・役割・社会的支え―　東　洋・柏木惠子・高橋惠子（編集・監訳）生涯発達の心理学2巻　気質・自己・パーソナリティ　新曜社　Pp. 33-70.
楠見幸子・狩野素朗　1986　青年期における友人概念発達の因子分析的研究　九州大学教育学部紀要（教育心理学部門），**31**, 97-104.
Levitt, M.J., Guacci, M., & Weber, R.A. 1992 Intergenerational support, relationship quality, and well-being: A bicultural analysis. *Journal of Family Issues*, **13**, 465-481.
Lloyd, S., Cate, R., & Henton, J. 1982 Equity and rewards as predictors of satisfaction in casual and intimate relationships. *Journal of Psychology*, **110**, 43-48.
Matthews, C. & Clark, R.D. 1982 Marital satisfaction: A validation approach. *Basic and*

Applied Social Psychology, **3**, 169-182.

諸井克英　1989　対人関係への衡平理論の適用（2）—同性親友との関係における衡平性と情動的状態—　実験社会心理学研究, **28**, 131-141.

諸井克英・小川久美　1987　対人関係への衡平理論の適用―予備的検討―　人文論集（静岡大学人文学部社会学科・人文学科研究報告）, **37**, 15-40.

Murstein, B.I., Cerreto, M., & MacDonald, M.G.　1977　A theory and investigation of the effect of exchange-orientation on marriage and friendship. *Journal of Marriage and the Family*, **39**, 543-548.

中村雅彦　1990　大学生の友人関係の発展過程に関する研究―関係関与性を予測する社会的交換モデルの比較検討―　社会心理学研究, **5**, 29-41.

落合良行・佐藤有耕　1996　青年期における友だちとのつきあい方の発達的変化　教育心理学研究, **44**, 55-65.

Rook, K.S.　1987　Reciprocity of social exchange and social satisfaction among older women. *Journal of Personality and Social Psychology*, **52**, 145-154.

Schafer, R.B. & Keith, P.M.　1980　Equity and depression among married couples. *Social Psychology Quarterly*, **43**, 430-435.

Sprecher, S.　1992　How men and women expect to feel and behave in response to inequity in close relationships. *Social Psychology Quarterly*, **55**, 57-69.

菅原健介　1985　青少年の友人関係の発達的変化と構造　東京都生活文化局（編）大都市青少年の人間関係に関する調査―対人関係の希薄化の問題との関連からみた分析―　東京都生活文化局　Pp. 115-118.

谷口弘一・田中宏二　2005a　サポートの互恵性と精神的健康との関連に対する個人内発達の影響―利得不足志向性及び利得過剰志向性の発達的変化―　対人社会心理学研究, **5**, 7-13.

谷口弘一・田中宏二　2005b　サポートの互恵性と精神的健康との関連に対する個人内発達の影響（2）―友人とのつきあい方の発達的変化に着目して―　日本健康心理学会第18回大会発表論文集, 134.

谷口弘一・田中宏二　2007　サポートの互恵性と精神的健康との関連に対する個人間発達の影響―関係成立初期に着目して―

Taniguchi, H. & Ura, M.　2002　Support reciprocity and depression among elementary school and high school students. *Japanese Psychological Research*, **44**, 247-253.

谷口弘一・浦 光博　2003　児童・生徒のサポートの互恵性と精神的健康との関連に関する縦断的研究 心理学研究, **74**, 51-56.

Traupmann, J. & Hatfield, E.　1983　How important is marital fairness over the life span? *International Journal of Aging and Human Development*, **17**, 89-101.

Traupmann, J., Petersen, R., Utne, M., & Hatfield, E.　1981　Measuring equity in intimate relations. *Applied Psychological Measurement*, **5**, 467-480.

Utne, M., Hatfield, E., Traupmann, J., & Greenberger, D.　1984　Equity, marital satisfaction, and stability. *Journal of Social and Personal Relationship*, **1**, 323-332.

Walster, E., Walster, G.W., & Berscheid, E.　1978a　*Equity: Theory and Research*. Boston: Allyn & Bacon.

Walster, E., Walster, G.W., & Traupmann, J.　1978b　Equity and premarital sex. *Journal of Personality and Social Psychology*, **36**, 82-92.

Wentowski, G.J.　1981　Reciprocity and the coping strategies of older people: Cultural dimensions of network building. *The gerontologist*, **21**, 600-609.

9章

赤松亜紀・嶋田洋徳　2006　児童の多義的場面における認知変容が怒り感情および攻撃行動の低減に及ぼす効果　日本心理学会第70回大会発表論文集
D'Zurilla,T.J.　1995　問題解決療法：臨床的介入への社会的コンピテンス・アプローチ　金剛出版
藤森敦子　2000　ストレス・マネジメント教育の試みとその検討　学校カウンセリング研究，3，25-36.
小林正幸　2004　子どもの社会性を育てるソーシャル・スキル教育　月間学校教育相談，18（4），100-105.
小関俊祐・嶋田洋徳・佐々木和義　印刷中　小学5年生に対する認知行動的アプローチによる抑うつの低減効果の検討　行動療法研究
Lazarus, R.S. & Folkman, S.　1984　*Stress, appraisal, and coping.* New York: Springer.
三浦正江・上里一郎　1999　中学生の学校場面におけるストレスマネジメントに関する予備的研究：漸進的筋弛緩法のストレス軽減効果　日本教育心理学会第41回総会発表論文集，701.
三浦正江・上里一郎　2003　中学校におけるストレスマネジメントプログラムの実施と効果の検討　行動療法研究，29（1），49-59.
岡安孝弘・嶋田洋徳・丹羽洋子・森　俊夫・矢冨直美　1992　中学生の学校ストレッサー評価とストレス反応との関係　心理学研究，63，310-318.
岡安孝弘・嶋田洋徳・坂野雄二　1992　中学生用ストレス反応尺度の作成の試み　早稲田大学人間科学研究，5，23-29.
太田玲子・嶋田洋徳・神村栄一　1999　小学生における主張訓練のストレス反応軽減効果　日本行動療法学会第25回大会発表論文集，96-97.
Romano, J.L.　1992　Psychoeducational intervention for stress management and well-being. *Journal of Counseling and Development*, 71, 199-202.
嶋田洋徳　1998　小中学生の心理的ストレスと学校不適応に関する研究　風間書房
嶋田洋徳　1999　小学生の学校ストレス軽減に及ぼす心理的教育の効果　日本健康心理学会第12回大会発表論文集，262-263.
嶋田洋徳　2001　心理学的ストレスとソーシャルサポート　ストレス科学，16，40-50.
嶋田洋徳・秋山香澄・三浦正江・岡安孝弘・坂野雄二・上里一郎　1995　小学生のコーピングパターンとストレス反応との関連　日本教育心理学会第37回総会発表論文集，556.
嶋田洋徳・三浦正江・坂野雄二・上里一郎　1996　小学生の学校ストレッサーに対する認知的評価がコーピングとストレス反応に及ぼす影響　カウンセリング研究，29，89-96.
嶋田洋徳・岡安孝弘・坂野雄二　1992　児童における心理的学校ストレス尺度の開発　日本行動療法学会第18回大会発表論文集，28-29.
嶋田洋徳・戸ヶ崎泰子・坂野雄二　1994　小学生用ストレス反応尺度の開発　健康心理学研究，7（2），46-58.
鈴木伸一　2002　ストレス対処の心理・生理的反応に及ぼす影響に関する研究　風間書房
鈴木伸一・嶋田洋徳・三浦正江・片柳弘司・右馬埜力也・坂野雄二　1997　新しいストレス反応尺度（SRS-18）の開発と信頼性・妥当性の検討　行動医学研究，4，22-29.

10章

Bolger, N., DeLongis, A., Kessler, R.C., & Schilling, E.A. 1989 Effects of daily stress on negative mood. *Journal of Personality and Social Psychology*, **57**, 808-818.

Ganster, D.C., & Murphy, L.R. 2000 Workplace interventions to prevent stress-related illness: Lessons from research and practice. In C.L. Cooper, & E.A. Locke (Eds.) *Industrial and Organizational Psychology*. Oxford: Blackwell. Pp.34-51.

廣尚典　2001　事業所における心の健康づくり　産業ストレス研究, **8**, 107-11

Holahan, C.J., Moos, R.H., Holahan, C.K., & Cronkite, R.C. 1999 Resource loss, resource gain, and depressive symptoms: A 10-year model. *Journal of Personality and Social Psychology*, **77**, 620-629.

Hurrell, J.J.,Jr., & McLaney, M.A. 1988 Exposure to job stress — A new psychometric instrument. *Scandinavian Journal of Work, Environment & Health*, **14** (Supple-1), 27-28.

de Jonge, J. & Dormann, C. 2003 The DISC model: Demand-Induced Strain Compensation mechanisms in job stress. In M. F. Dollard, A. H. Winefield, & H. R. Winefield (Eds.) *Occupational stress in the service professins* London: Taylor & Francis. Pp. 43-74.

Karasek, R., & Theorell, T. 1990 *Healthy Work — Stress, Productivity, and the Reconstruction of Working Life —*. New York: Basic Books.

川上憲人　2002a　産業・経済変革期の職場のストレス対策の進め方　各論1.　一次予防（健康障害の発生の予防）職場環境等の改善　産業衛生学雑誌, **44**, 95-99.

川上憲人　2002b　職場におけるメンタルヘルス―計画づくりと進め方―　日本職業・災害医学会会誌, **50**, 154-158.

Kawakami, N., Araki, S., Kawashima, M., Masumoto, T., & Hayashi, T. 1997 Effects of work-related stress reduction on depressive symptoms among Japanese blue-collar workers. *Scandinavian Journal of Work and Environmental Health*, **23**, 54-59.

Kawakami, N., Kobayashi, Y., Takao, S., & Tsutsumi, A. 2005 Effects of web-based supervisor training on supervisor suport and psychological distress among workers: A randomized controlled trial. *Preventive Medicine*, **41**, 471-478.

河島美枝子・川上憲人・桝本　武・林　剛司・荒記俊一　1997　上司教育によるストレス対策の効果評価：抑うつ症状および血圧に及ぼす影響　産業精神保健, **4**, 124.

van der Klink, J.J.L., Blonk, R.W.B., Schene, A.H., & van Dijk, F.J.H. 2001 The benefits of interventions for work-related stress. *American Journal of Public Health*, **91**, 270-276.

小林章雄　2001　職場のストレスマネジメントの考え方　産業ストレス研究, **8**, 115-118.

Kobayashi, T., Kobayashi, T., Nagami, M., Irimajiri, H., & Shimazu, A. 2005 Effects of web-based assertive training — A Randomized controlled trial. *Abstracts — Second ICOH International Conference on Psychosocial Factors at Work*, 189.

Kompier, M.A.J., Geurts, S.A.E., Grundemann, R.W.M., Vink, P., & Smulders, P.G.W. 1998 Case in stress prevention: The success of a participative and stepwise approach. *Stress Medicine*, **14**, 155-168.

小杉正太郎・種市康太郎　2002　ソーシャルサポート　小杉正太郎（編）ストレス心理学　川島書店 Pp. 74-84.

厚生労働省　2003　平成14年度労働者健康状況調査　厚生労働省　http://www.mhlw.go.jp/toukei/itiran/roudou/saigai/anzen/kenkou02/

厚生労働省　2005　労働経済白書―平成17年版労働経済の分析―　厚生労働省　http://www.mhlw.go.jp/wp/hakusyo/roudou/05/index.html

Kubota, S., Mishima, N., & Nagata, S. 2004 A study of the effects of active listening on listening attitudes of middle managers. *Journal of Occupational Health*, **46**, 60-67.

Lazarus, R.S., & Folkman, S. 1984 *Stress, appraisal, and coping.* New York : Springer.

Locke, E.A. 1976 The nature and causes of job satisfaction. In M.D. Dunnette (Ed.) *Handbook of Industrial and Organizational Psychology*. Chicago: Rand McNally College Publishing. Pp. 1297-1349.

McLean, A.A. 1979 *Work stress.* Massachusetts: Addison-Wesly.

Mikkelsen, A., & Gundersen, M. 2003 The effect of a participatory organizational intervention on work environment, job stress, and subjective health complaints. *International Journal of Stress Management*, **10**, 91-110.

Pierce, G.R., Sarason, I.G., & Sarason, B.R. 1996 Coping and social support. In M. Zeidner & N.S. Endler (Eds.) *Handbook of coping: Theory, research, applications.* New York: Wiley. Pp. 434-451.

Rhoades, L., & Eisenberger, R. 2002 Perceived organizational support: A review of the literature. *Journal of Applied Psychology*, **87**, 698–714.

労働省労働基準局　2000　事業場における労働者の心の健康づくりのための指針について

Schreurs, K.M.G., & de Ridder, D.T.D. 1997 Integration of coping and social support perspectives: Implications for the study of adaptation to chronic diseases. *Clinical Psychology Review*, **17**, 89-112.

Shimazu, A., Okada, Y., Sakamoto, M., & Miura, M. 2003 Effects of stress management program for teachers in Japan: A pilot study. *Journal of Occupational Health*, **45**, 202-208.

Shimazu, A., Shimazu, M., & Odahara, T. 2004 Job control and social support as resources of coping: Effects on job satisfaction. *Psychological Reports*, **94**, 449-456.

Shimazu, A., Shimazu, M., & Odahara, T. 2005 Divergent effects of active coping on psychological distress in the context of the job demands-control-support model: The roles of job control and social support. *International Journal of Behavioral Medicine*, **12**, 192-198.

Shimizu, T., Mizoue, T., Kubota, S., Mishima,N., & Nagata, S. 2003 Relationship between burnout and communication skill training among Japanese hospital nurses: A pilot study. *Journal of Occupational Health*, **45**, 185-190.

Siegrist, J. 1996 Adverse health effects of high-effort/low reward conditions. *Journal of Occupational Health Psychology*, **1**, 27-41.

Smith, C.S. & Sulsky, L. 1995 An investigation of job-related coping strategies across multiple stressors and samples. In L. R. Murphy, J.J. Hurrell Jr., S.L. Sauter, & G.P. Keita (Eds.) *Job Stress Intervention.* Washington. DC: American Psychological Association. Pp.109-123.

Spector, P.E. 2002 Employee control and occupational stress. *Current Directions in Psychological Science*, 11, 133-136.

田中美由紀　1998　職務満足感とストレス反応との関連の検討，産業ストレス研究, **5**, 72-81.

田中美由紀・小杉正太郎　1998　職場での質的負荷および量的負荷と職務満足感との関連の検討　産業ストレス研究, **6**, 130-134.

田中美由紀　2002　満足感　小杉正太郎（編）ストレス心理学　川島書店 Pp. 84-96.

Tsutsumi, A., Takao, S., Mineyama, S., Nishiuchi, K., Komatsu, H., & Kawakami, N. 2005 Effects of a supervisory education for positive mental health in the workplace: A quasi-experimental study. *Journal of Occupational Health*, **47**, 226-235.

Warr, P., Cook, J., & Wall, T. 1979 Scales for the measurement of some work attitudes and aspects of psychological well-being. *Journal of Occupational Psychology*, **52**, 129-148.

人名索引

あ

アーガイル（Argyle, M.）　84
相川　充　84
赤松亜紀　151
秋山弘子　125
アダムス（Adams, J. S.）　118
有光興紀　5
アントヌッチ（Antonucci, T. C.）　124

い

磯部美良　89
インガーソル‐デイトン（Ingersoll-Dayton, B.）　126

う

ウィスマン（Whisman, M. A.）　58
ウィルズ（Wills, T. A.）　108
ウェインストック（Weinstock, L. M.）　58
ウォルスター（Walster, E.）　123
ウォルピ（Wolpe, J.）　84
浦　光博　105

え

エインズワース（Ainsworth, M. D. S.）　11
榎本博明　69,70

お

オースティン（Austin, W.）　123
太田玲子　140
岡安孝弘　7,136
小関俊祐　150

か

カーデク（Kurdek, L. A.）　34
カーバー（Carver, C. S.）　24,40
カーン（Kahn, R. L.）　125
カーン（Kahn, J. H.）　71
勝谷紀子　60,61,63,64
加藤　司　21,22,27,28,37,41
川上憲人　162
ガンスター（Ganster, D. C.）　158
ガンブル（Gamble, W. C.）　35

き

ギースラー（Giesler, R. B.）　57
キャッセル（Cassel, J.）　98

キャプラン（Caplan, G.）　99
キング（King, L. A.）　81

く

クエイヘイゲン（Quayhagen, M. P.）　26
久保田進也　159
グレシャム（Gresham, F. M.）　86

こ

コイン（Coyne, J. C.）　36
厚生労働省　154
河野和明　71
コーエン（Cohen, S.）　108
コナー・スミス（Connor-Smith, J. K.）　26
小杉正太郎　155
コズビー（Cozby, P. C.）　73
コッブ（Cobb, S.）　101
後藤吉道　88
小林丈真　160
コンピエール（Kompier, M. A. J.）　162

さ

ザイム（Syme, S. L.）　99
佐々木恵　41,46
佐藤正二　84,86
サラソン（Sarason, B. R.）　105

し

ジュラード（Jourard, S. M.）　67
嶋田洋徳　136,138,139,144
島津明人　156,161,162
下斗米淳　55
ジャクソン（Jackson, J. S.）　124
周　玉慧　121
シュメイカー（Shumaker, S. A.）　102
シュワルツ（Schwartz, J. E.）　42
ジョイナー（Joiner, T. E., Jr.）　58

す

鈴木伸一　139
スタントン（Stanton, A. L.）　81
ストーン（Stone, A. A.）　43
スワン（Swann, W. B., Jr.）　55

そ

ソイツ（Thoits, P. A.）　110

た

立脇洋介　8
田中宏二　102
田中美由紀　158
谷口弘一　128-130,133
種市康太郎　155

て

テリー（Terry, D. J.）　42

と

戸ヶ崎泰子　84,88,92

に

ニール（Neale, J. M.）　43

は

バークマン（Berkman, L. F.）　99
ハウス（House, J. S.）　101
パケナム（Pakenham, K. I.）　33
橋本　剛　13,15
長谷川孝治　63
畑中美穂　75
ハットフィールド（Hatfield, E.）　121
原田勝哉　88
バレラ（Barrera, M., Jr.）　103
ハレル（Hurrell, J. J., Jr.）　153
バンク（Buunk, B. P.）　110

ひ

ビール（Beall, S. K.）　80
久田　満　97
日比野桂　5
日向野智子　6

ふ

フォルクマン（Folkman, S.）　20,39
福岡欣治　105,106,113
藤井恭子　7
藤森敦子　152
ブロウネル（Brownell, A.）　102

へ

米国国立職業安全保健研究所（NIOSH: National Institute for Occupational Safety and Health）　153

ヘッスリング（Hessling, R. M.）　71
ペネベーカー（Pennebaker, J. W.）　78,80,81
ベラック（Bellak, L.）　7

ほ

ボウルビィ（Bowlby, J.）　11
ボーマン（Bowman, M. L.）　34
ホーマンズ（Homans, G. C.）　117
ホームズ（Holmes, T. H.）　1
ボーンスタイン（Bornstein, R. F.）　112
ポトソフ（Potthoff, J. G.）　63
ボルガー（Bolger, N.）　24

ま

マクラニー（McLaney, M. A.）　153

み

三浦正江　147

め

メタルスキー（Metalsky, G. I.）　61

や

山崎勝之　46

ゆ

湯川進太郎　5

ら

ラザルス（Lazarus, R. S.）　4,20,39,108

る

ルック（Rook, K. S.）　119

れ

レイ（Rahe, R. H.）　1
レビット（Levitt, M. J.）　127

ろ

ロイド（Lloyd, S.）　132
労働省労働基準局　159
ローデス（Rhoades, L.）　155

わ

渡邊朋子　89
和田　実　73

事項索引

＊欧文＊

COPE 40
Daily Coping Inventory：DCI 43
General Coping Questionnaire：GCQ 41
General Health Questionnaire：GHQ 46
TMI：Total Mood Index 132
Ways of Coping Checklist：WCC 39
Ways of Coping Questionnaire：WCQ 20

＊あ＊

愛着／アタッチメント（attachment） 11
相手志向（発言抑制行動としての） 75
アサーション訓練 160
安心探し 63

＊い＊

eラーニング 160
怒り 5
いじめ 7
1次的評価 146
逸脱型対人関係 12
イベント特定コーピング尺度 26

＊え＊

エフォートタイプ（ストレッサーの） 139

＊お＊

親子関係 10
親子関係（に関する対人ストレスコーピング研究） 35

＊か＊

解決先送りコーピング 27,32
介護（に関する対人ストレスコーピング研究） 33
外傷体験（traumatic experience） 78
改訂版 重要他者に対する再確認傾向尺度 60
会話不満感 75
学習障害児(Learning Disabilities children：LD児) 91
学習障害児への包括的プログラム 92
過少型対人関係 12
過小利得（underbenefited） 119
過小利得志向性（underbenefiting exchange orientation） 129
過大利得（overbenefited） 119
過大利得志向性（overbenefiting exchange orientation） 129
学校ストレスモデル 138
学校ストレッサー 136
学校不適応 83
関係距離確保（発言抑制行動としての） 75
関係焦点型（のコーピング）（relationship focused coping） 36
感情コーピング尺度（Emotion Coping Questionnaire：ECQ） 41

＊き＊

規範・状況（発言抑制行動としての） 75
共感性コーピング尺度 27
教師による社会的スキル評定尺度 89
共同関係（communal relationships） 132

＊く＊

苦痛に関する自己開示（distress disclosure） 72
グループディスカッション 161
グループワーク 161

＊け＊

言語化（外傷体験の） 80

＊こ＊

交換関係（exchange relationships） 132
交換志向性 129
攻撃・拒否感情 9
衡平理論 117
コーチング（coaching）法 86
コーピング（coping） 19
コーピング資源 156
コーピング・スタイル（coping style） 39
コーピングの安定性 42
コーピング方略 40
互恵（reciprocal）状態 119
個人間発達（interindividual development） 124
個人志向アプローチ（職場でのストレスマネジメントにおける） 158
個人的ストレス耐性の強化（ストレスマネジメントプログラムにおける） 143
個人内発達（intraindividual development） 124
孤独感 70
個別的衡平性（person-specific equity） 124
コンボイモデル（convoy model） 125

＊さ＊

罪悪感 5
再確認傾向 60

サポート源　105
サポート減衰モデル（ソーシャル・サポートの）　112
サポート（の）内容（機能）　102,105
サポートバンク（support bank）　128

＊し＊

時間的枠組み（コーピング測定全般の）　44
時間的枠組み（状況的コーピング測定の）　41
自己隠蔽（self-concealment）　72
自己隠蔽尺度 日本語版　71
自己開示（self-disclosure）　67
自己開示質問紙（榎本の）　68
自己開示の最適水準　72
自己開示の測定方法　68
自己改善　59
自己概念　53
自己確証理論　55
仕事に関連するストレッサー　153
自己評価　69
自己報告による社会的スキル尺度　89
実行されたサポート　103
自分志向（発言抑制行動としての）　75
死別（に関する対人ストレスコーピング研究）　35
社会的感情　5
社会的再適応評価尺度　1
社会的スキル（social skills）　23,83
社会的スキル教育（social skills education）　88
社会的スキル訓練（social skills training: SST）　86
社会的相互作用モデル（対人ストレス過程における）　28
社会的ネットワーク研究　98
社会的問題解決　23
社会的問題解決スキル訓練　87
集団SST　88
重要他者（重要な他者）　53
重要他者からの拒否　58,63
重要他者との相互作用　53
重要他者に対する再確認傾向（reassurance seeking）　60
重要他者働きかけ型対処行動　63
重要他者への対人行動　61
主張行動スキル　140
受容（受領）されたサポート　103
瞬間的コーピング（momentary coping）　43
状況的コーピング（situational coping）　39
上司サポート　159
情動焦点型（のコーピング）　20
職業性ストレスモデル　153

職務満足感　157
心理的教育（ストレスマネジメントプログラムにおける）　143
親和不満感情　9

＊す＊

スキル不足（発言抑制行動としての）　75
ストレス緩衝効果（ソーシャル・サポートの）　109
ストレスマネジメント総合プログラム　151
ストレス抑制モデル（ソーシャル・サポートの）　112
ストレッサー（職業性ストレスモデルにおける）　154

＊せ＊

生活ストレス研究　98
積極的傾聴　159
全体的衡平性（equity with the world）　124

＊そ＊

ソーシャル・サポート（職業性ストレスモデルにおける）　155
ソーシャル・サポート・システム　99
ソーシャル・サポート・ネットワーク　103
組織志向アプローチ（職場でのストレスマネジメントにおける）　158

＊た＊

大学新入生の適応過程　46
対処様式測定法（Ways of Coping Checklist: WCC）　39
対人過失　15
対人葛藤（interpersonal conflict）　15,22
対人ストレス（interpersonal stress）　3
対人ストレスイベント　22
対人ストレスイベント尺度　15
対人ストレスコーピング（interpersonal stress coping）　22
対人ストレスコーピング訓練　37
対人ストレスコーピング尺度　27
対人ストレッサー尺度　15
対人的方略（自己確証の）　55
対人苦手意識　6
対人摩耗　15
対人劣等　15
他者依存性　112

＊ち＊

地域精神衛生（コミュニティ・メンタルヘルス）　98

知覚されたサポート　103
中核的関係性テーマ（情動の）（core relational themes）　4
調整変数（moderator）　112
直接効果（ソーシャル・サポートの）　110

＊て＊

ディストレスタイプ（ストレッサーの）　139
敵意（hostility）　45

＊と＊

同僚からのサポート　156
特性的コーピング（dispositional coping）　39
トランスアクショナルな過程　39

＊な＊

内的作業モデル（Internal Working Model: IWM）　11
仲間媒介法（peer mediated method）　86

＊に＊

2次的評価　146
認知説／認知的評価理論（感情の）（cognitive appraisal theory）　4
認知的技法（ストレスマネジメントプログラムの）　146
認知的再解釈　48
認知的評価　146
認知的方略（自己確証の）　55

＊ね＊

ネガティブ関係コーピング　27,31
ネガティブ感情　3

＊は＊

媒介変数（mediator）　112
発言抑制行動　75
ハットフィールド全体的衡平尺度（Hatfield Global Measure of equity）　121
反映的自己評価　63
反社会的行動（antisocial behavior）　8

＊ひ＊

非社会的行動（asocial behavior）　8

非対人的対処行動　63
筆記（外傷体験の）　81

＊ふ＊

夫婦関係（に関する対人ストレスコーピング研究）　34
不衡平（inequity）　118
負債感　121
負担感　121
不登校　83
分配公正（distributive justice）　117

＊へ＊

ベック抑うつ尺度（BDI）　55

＊ほ＊

包括的コーピング尺度　24
ポジティブ関係コーピング　27,31

＊も＊

問題解決訓練　151
問題焦点型（のコーピング）　20

＊や＊

ヤマアラシ・ジレンマ（porcupine dilemma）　7

＊ゆ＊

友人関係　6

＊よ＊

養育態度（child rearing attitude）　10
抑うつ感情　63
抑うつ的な人　55

＊り＊

リラクセーション技法（ストレスマネジメントプログラムの）　146
リラクセーションの獲得訓練（ストレスマネジメントプログラムにおける）　143
臨床実践への応用（コーピング研究の）　50

＊れ＊

恋愛関係　8

執筆者一覧（執筆順）

橋本　剛	静岡大学人文社会科学部	1章
加藤　司	人間環境大学総合心理学部	2章
佐々木　恵	北陸先端科学技術大学院大学保健管理センター	3章
勝谷　紀子	東京大学先端科学技術研究センター	4章
畑中　美穂	名城大学人間学部	5章
戸ヶ崎泰子	宮崎大学教育学部	6章
福岡　欣治	川崎医療福祉大学医療福祉学部　編者,	7章
谷口　弘一	下関市立大学経済学部　編者,	8章
嶋田　洋徳	早稲田大学人間科学学術院	9章
五十嵐友里	日本学術振興会・東京家政大学人文学部	9章
島津　明人	慶應義塾大学総合政策学部	10章

■■■■■■■■■■■■■■■ **編者紹介** ■■■■■■■■■■■■■■■

谷口弘一（たにぐち・ひろかず）
- 1969 年　和歌山県に生まれる
- 2001 年　広島大学大学院生物圏科学研究科博士課程後期修了
- 現　在　下関市立大学経済学部教授　博士（学術）
- 主　著　Advances in Psychology Research, Volume 33.（collective writing）
　　　　　Nova Science Publishers, Inc.　2004 年
　　　　　学校心理学－社会心理学的パースペクティブ－（共編訳）　北大路書房
　　　　　2005 年

福岡欣治（ふくおか・よしはる）
- 1968 年　京都市に生まれる
- 1998 年　同志社大学大学院文学研究科博士課程後期課程単位取得満了
- 現　在　川崎医療福祉大学医療福祉学部教授　博士（心理学）
- 主　著　援助とサポートの社会心理学（共著）　北大路書房　2000 年
　　　　　臨床社会心理学の進歩（共訳）　北大路書房　2001 年
　　　　　対人心理学の視点（共著）　ブレーン出版　2002 年
　　　　　はじめての臨床社会心理学（共著）　有斐閣　2004 年
　　　　　心理学概論（共著）　ナカニシヤ出版　2006 年

対人関係と適応の心理学──ストレス対処の理論と実践──

| 2006 年 9 月10日　初版第 1 刷発行 | 定価はカバーに表示 |
| 2024 年 3 月20日　初版第 5 刷発行 | してあります。 |

　　　　　　　　　編　著　者　　谷　口　弘　一
　　　　　　　　　　　　　　　　福　岡　欣　治
　　　　　　　　　発　行　所　　（株）北大路書房
　　　　　〒 603-8303　京都市北区紫野十二坊町 12-8
　　　　　　　　　電　話　(075) 431-0361(代)
　　　　　　　　　ＦＡＸ　(075) 431-9393
　　　　　　　　　振　替　01050-4-2083

Ⓒ 2006　印刷・製本／シナノ書籍印刷（株）
検印省略　落丁・乱丁本はお取り替えいたします。
ISBN978-4-7628-2527-9　　Printed in Japan